Denkfehler Innovation

Christoph Burkhardt

Denkfehler Innovation

Warum Fehlentscheidungen oft der Grund für Fortschritt sind

Christoph Burkhardt
San Francisco, Kalifornien, USA

ISBN 978-3-658-11187-8   ISBN 978-3-658-11188-5   (eBook)
DOI 10.1007/978-3-658-11188-5

Die Deutsche Nationalbibliothek verzeichnet diese Publikation in der Deutschen Nationalbiblio-
grafie; detaillierte bibliografische Daten sind im Internet über http://dnb.d-nb.de abrufbar.

Springer Gabler

Gedruckt auf säurefreiem und chlorfrei gebleichtem Papier

Springer Gabler ist Teil von Springer Nature
Die eingetragene Gesellschaft ist Springer Fachmedien Wiesbaden GmbH
Die Anschrift der Gesellschaft ist: Abraham-Lincoln-Str. 46, 65189 Wiesbaden, Germany

Vorwort

Dieses Buch ist veraltet. Im Moment, in dem Sie dies lesen, sind die Beispiele, welche meine Theorien untermauern und verdeutlichen sollen, bereits veraltet. Das mindert die Lebensfähigkeit meiner Empfehlungen nicht, aber es verdeutlicht den Status quo einer Zeit, in der nichts langsamer zu werden scheint und die Beschleunigung selbst noch zunimmt. Das erzeugt Unsicherheit, da uns Vorhersagbarkeit genommen wird und Ambiguität steigt. Nichtsdestotrotz müssen wir uns mit den Mechanismen von Innovation und Fortschritt auseinandersetzen. Auch wenn also die Beispiele in diesem Buch bereits jetzt nicht mehr aktuell erscheinen, so hoffe ich, dass ich verdeutlichen kann, dass die Treiber von Veränderung und Anpassung, von Problem und Lösung, letztlich von Innovation und Fortschritt Prinzipien höherer Ordnung darstellen, die auch ohne aktuellen Bezug nicht an Richtigkeit verlieren.

Vor einigen Jahren bin ich ausgewandert, nach Kalifornien. San Francisco ist mit dem Silicon Valley und all seinen Fortschrittssüchtigen zu meiner Heimat geworden. Kalifornien war schon immer getrieben von dem Neuen, dem besseren Leben, der Freiheit und Selbstbestimmung und der Möglichkeit, das Unmögliche wirklich werden zu lassen. Auch wenn heute die Welt anders aussieht als noch zu Zeiten des Goldrausches, zieht Kalifornien Entdecker noch immer in Kürze in seinen innovativen Bann. Ganz besonders in meiner Wahlheimat San Francisco mit direktem Anschluss an das Silicon Valley lässt sich an jeder Ecke spüren, dass Menschen, die hierherkommen, noch immer nach Gold suchen.

Es ist ein anderes, viel seltener greifbares Gold, das Innovatoren aus der ganzen Welt hierhin treibt. Es ist die Hoffnung auf Gold, die Menschen hier antreibt weiterzumachen, nicht aufzugeben, das Undenkbare denkbar zu machen und immer wieder aufs Neue die Welt zu überraschen und dann zu verändern.

Meine eigene Suche nach Gold dreht sich um die Frage, wie Menschen Fortschritt treiben. Innovationen folgen Gesetzen und Regeln. Gleichzeitig sind diese

Gesetzmäßigkeiten so komplex, dass die gängigen sozialwissenschaftlichen Untersuchungsmethoden versagen. Wir können nicht vorhersagen, wie sich die Welt verändern wird. Zumindest nicht auf lange Sicht. Zu wenig linear verhalten sich Menschen, zu wenig konsistent ist unser Verhalten, als dass wir es durch ein paar Variablen vorhersagen könnten. Aber unser Wunsch, vorherzusagen, ist groß, möglicherweise größer als je zuvor. Diese Welt der Innovation, die da vor mir liegt, in der Menschen für Menschen erschaffen, was nicht vorhersagbar ist, in dieser Welt bin ich zu Hause.

Als Kognitionspsychologe und Wirtschaftswissenschaftler suche ich nach der Verbindung zwischen dem individuellen Denken, der Kognition des Einzelnen, und dem großen Ganzen, dem ökonomischen System, das so entscheidend ist für unseren Fortschritt und damit für unser Überleben. Als Wissenschaftler bin ich in den traditionellen Wissenschaften nie untergekommen. Dazu könnte ich viel schreiben, aber relevant ist besonders eines: Forschung in den Sozial- und Kognitionswissenschaften steht ganz am Anfang eines Verständnisses des Menschen und seiner Systeme. So basal sind unsere Erkenntnisse, dass sie einer meiner Lieblingsprofessoren einmal als Weltwissen eines Fünfjährigen beschrieb. Problematisch sei das nicht, weil ein Fünfjähriger noch nicht genug wissen könne. Problematisch sei das, weil es bedeute, dass unsere Forschung auf unserem Wissen und intuitiven Verständnis vom Menschen beruht und möglicherweise nicht viel mehr als das.

Für mich wurde genau das zum Problem, als ich die vielen kognitiven Verzerrungen und Denkfehler in Aktion erleben durfte, die unseren Alltag mitbestimmen. Wir sind nicht rational, in vielen Fällen sind unsere Entscheidungen irrational. Wenn auch systematisch verzerrt, wir folgen unserer eigenen Logik. Wir denken nicht wie die Computer, die wir geschaffen haben. Wir sind keine Ansammlung von rationalen Algorithmen. Wir sind unfassbar komplex. Und genau dafür muss es Gründe geben. Anstelle diese Gründe zu untersuchen, arbeiten viele Wissenschaftler mit einer Brille, die den Menschen als nahezu rational erscheinen lässt. Wir tun so, als wäre der Mensch fast wie ein Computer. Nur haben wir eben einige Macken, die uns von einem Haufen Algorithmen unterscheiden.

Das Problem an dieser Sichtweise ist die Verzerrung, die diese Brille in unserem alltäglichen Verständnis von menschlichem Denken und Handeln verursacht. Mitarbeiter, Vorgesetzte, ja selbst Lebenspartner und Familienmitglieder erwarten von uns, dass wir möglichst rational agieren, und jede Abweichung stellt eine Verletzung dar. Diese Verletzung allerdings bezieht sich weniger auf eine zu rechtfertigende Art und Weise, sich in der Realität zu bewegen. Diese

Art Verletzung ist nicht mehr und nicht weniger eine Verletzung unserer Erwartungen. Unsere Erwartungen aber stammen aus zwei Quellen: einerseits linearen Vorhersagen aus unserem Wissen und unseren Erfahrungen – was gestern und heute war, wird also auch morgen noch so sein. Auf der anderen Seite ist da Sozialisierung, wir haben also gelernt, bestimmte Regeln zu übernehmen, die sich aus dem Zusammenleben von Menschen ergeben. Dass unsere Unternehmen so funktionieren, wie sie es tun, liegt weniger daran, dass es keine Alternativen zu gängigen Modellen der Unternehmensführung gäbe. Es liegt schlicht daran, dass wir in Unternehmen sozialisiert werden, deren Modell wir für das rational beste halten, weil wir es so gelernt haben.

Dass sowohl die Linearität unserer Vorhersagen als auch unser Glaube an den Sinn von Bestehendem den Kern unserer Fähigkeiten ausmacht, Fortschritt zu treiben, davon handelt dieses Buch.

Inhaltsverzeichnis

Totales Chaos und die Evolution unserer Ideen

Zusammenfassung

Wie viel Chaos vertragen wir? Wie schnell können wir uns wirklich entwickeln? Wie viel Interaktion und Disruption halten wir aus? Bewegen wir uns voran? Oder drehen wir uns im Kreis? Machen wir Fortschritt? Wird irgendetwas besser? Was nicht passt, wird passend gemacht? Passend für wen? Treffen wir die richtigen Entscheidungen? Wie viel wissen wir wirklich? Wie groß ist das Problem Komplexität?

Es geht schnell. Unfassbar schnell manchmal. Veränderung prägt jeden Aspekt unseres Lebens. Innovation und Fortschritt werden immer dann sichtbar, wenn sie verändern. Ohne Veränderung bemerken wir Fortschritt oft gar nicht. Und nicht jede Innovation geht mit einer spürbaren Veränderung einher. Auch wenn jede Generation das Gefühl hat, dass sich in den vergangenen Jahrzehnten mehr verändert hat als je zuvor, und auch wenn dieses Gefühl fast immer einem Denkfehler zugrunde liegt, erleben wir derzeit eine so dramatische Veränderung der Welt, in der wir leben, dass es sich lohnt, genauer hinzusehen. Verändern wir unsere Welt womöglich schneller als je zuvor?[1]

Wir leben in einem Zeitalter der Vernetzung. Wir haben Zugriff auf Informationen und Personen weltweit. Neuigkeiten erreichen jeden einzelnen Menschen auf unserem Planeten schneller und zuverlässiger als je zuvor. Wir interagieren mit mehr Menschen in unserem Leben als die Generation unserer Eltern und mit weniger Menschen als die Generationen nach uns agieren werden.

---

[1]Ray Kurzweil, *The Age of Spiritual Machines*, Viking, 1999.

© Springer Fachmedien Wiesbaden GmbH 2017
C. Burkhardt, *Denkfehler Innovation*,
DOI 10.1007/978-3-658-11188-5_1

Durch diese massive Vernetzung entstehen große Abhängigkeiten. Fortschritt basiert auf den Ideen und Gedanken vieler Köpfe. Die dadurch entstehende Dynamik, mit der wir uns, unsere Gesellschaft und unsere Unternehmen verändern, ist atemberaubend. Und die daraus entstehenden Herausforderungen gewaltig. Wie gehen wir damit um, dass durch die Komplexität der Märkte und organisationalen Strukturen, in denen wir uns bewegen, unsere Fähigkeit zur Vorhersage ständig an Wirkung verliert und wir von Entwicklungen und Disruptionen überrascht werden?

Mit der Realisierung der Unvorhersagbarkeit entsteht bei vielen Menschen das Gefühl, nicht kontrollieren zu können, was geschieht. Globale Kräfte verändern plötzlich lokale Gegebenheiten, die sich über Jahrzehnte kaum verändert hatten. Städte verändern ihr Gesicht, manche explodieren, andere verschwinden. Spätestens seit den Finanzereignissen nach 2008 sollte uns klar sein, dass der Glaube an globale Kontrollierbarkeit eine Illusion darstellt.

Durch unsere Vernetztheit, hohe Volatilität, steigende Unsicherheit, enorme Komplexität und Ambiguitäten haben wir eine menschliche Welt geschaffen, in der die Beeinflussbarkeit unseres Fortschritts infrage steht. Machen wir Fortschritt? Technologisch, gesellschaftlich, moralisch, menschlich? Auch wenn ich an dieser Stelle bereits vorwegnehmen möchte, dass ich es für unwahrscheinlich halte, dass wir Fortschritt machen im Sinne eines positiven Endzustandes, auf den wir zusteuern, gebe ich Robert Wright recht, wenn er sagt, dass Fortschritt kein Nullsummenspiel ist[2]. In anderen Worten: Fortschritt in einigen Gebieten bedeutet nicht automatisch Rückschritt in anderen Gebieten. Als Menschheit stehen wir also heute besser da als vor einigen Tausend Jahren und auch besser als vor Jahrhunderten und möglicherweise sogar besser als die Generation unserer Ururgroßeltern. Je größer wir den Zeithorizont in dieser Frage machen, desto deutlicher wird, dass sinkende Kindersterblichkeit genau wie zunehmender Zugang zu Bildung bis hin zur Gleichberechtigung von Mann und Frau als Indikatoren für Fortschritt gelten können. Dieser Gedanke muss bestehen bleiben, auch wenn wir sehen, dass bestimmte Entwicklungen uns kurzfristig schlechter stellen könnten als unsere Vorgängergenerationen.

In dieser Welt, in der wir gleichzeitig weniger Kontrollierbarkeit und Vorhersagbarkeit erleben, in der wir aber Fortschritte sehen, wenn wir weit genug herauszoomen, in dieser Welt bilden Innovationen und ihre Vertreter den Motor für unser Überleben. Und wenn wir lernen, Innovationsprozesse evolutionär zu

---

[2]Hierzu lohnt sich der Vortrag von Robert Wright, den Sie hier finden können: http://www.ted.com/talks/robert_wright_on_optimism.

verstehen, haben wir die Chance, Fortschritt zu gestalten, Organisationen und Gesellschaften zu formen, die innovative Lösungen hervorbringen, und unsere kognitiven Kapazitäten voll auszuschöpfen, um am Ende eine Welt zu hinterlassen, in der unsere Folgegenerationen Fortschritt und nicht Rückschritt erkennen.

Schnell, laut und vernetzt – Status quo einer chaotischen Welt

Es ist Freitagabend, 21 Uhr Ortszeit in San Francisco. Ich bin gerade gelandet. Es ist warm. Noch im Flugzeug habe ich mithilfe meines iPhones nach meinem Fahrer gesucht. Jetzt sehe ich ihn, er sitzt in einem silbernen Toyota Prius, die Fensterscheibe ist heruntergekurbelt. „Chris?", ruft er mir zu. Ich steige ein, ohne Bargeld, das Fahrzeug ist nicht mit Taxameter ausgerüstet – und doch habe ich ein gutes Gefühl. Mein Fahrer heißt Jake und wird von allen anderen Fahrgästen mit 5 von 5 Sternen bewertet. Auch ich werde Jake 5 Sterne geben – und das nicht, weil mich die Fahrt einen Bruchteil dessen kostet, was ich für ein reguläres Taxi bezahlt hätte. Die 5 Sterne gibt es für die Flasche Wasser, die Jake jedem Fahrgast am Flughafen anbietet: „Willkommen in San Francisco".

Nur wenige Jahre nach seinem Launch im Jahr 2011 hat ein Unternehmen die Welt erobert. New York, Chicago, Washington, D.C., und Paris noch im ersten Jahr. Dann Toronto, London, Sydney und Singapur. Es folgten Südafrika, Mexico, China und Indien. Die Rede ist vom amerikanischen Start-up Uber, einem Online-Vermittlungsdienst für Fahrdienstleistungen. Über Smartphone App werden private Fahrer vermittelt – zu Preisen, die normalerweise deutlich unter den Preisen einer Taxifahrt liegen. Auch wenn Uber vielerorts, wie auch in Deutschland, auf Widerstand seitens Taxilobby und Regierung stößt, lassen sich das enorme Wachstum und die Marktmacht, mit der sich Uber noch immer ausbreitet, nicht ignorieren.[3]

Wie ist so etwas möglich? Wie kann innerhalb kürzester Zeit ein milliardenschweres Taxiunternehmen entstehen, das weder Autos besitzt noch Fahrer

---

[3]An dieser Stelle werde ich häufiger mit Kommentaren zur fragwürdigen Wirtschaftlichkeit von Uber oder anderen Innovatoren im Bereich von Geschäftsmodellen konfrontiert. Wenn ein Unternehmen Milliarden Verluste riskiert oder aktiv in Kauf nimmt, ist es dann ein effektives Unternehmen? Im Bereich digitaler Innovationen ist es heute weniger wichtig, schnell profitabel zu sein als schnell an Marktmacht zu zunehmen. Das liegt insbesondere daran, dass neue Geschäftsmodelle, wie das von Uber, leicht zu kopieren sind und langsame Ausbreitung der App für einen unerbittlichen Preiskampf mit Konkurrenten gesorgt hätte. Verluste werden also für Marktanteile in Kauf genommen.

einstellt. „Die richtige Idee zur richtigen Zeit", so sagen viele, wenn ich frage, wie sie sich das erklären. Und das ist nicht falsch, aber es ist nur die halbe Wahrheit.

Uber offenbart ein Prinzip des Status quo, um das wir nicht herumkommen. Es zeigt uns in aller Deutlichkeit, was möglich ist, wenn Ideen zu Innovationen werden, die einen Markt verändern. Es sind keine neuen Produkte, die hinzufügen oder verbessern. Wir erleben systemische, disruptive Innovationen, die ganze Systeme aushebeln oder umgehen. Manchmal werden diese Innovationen auch *Full-Stack-Innovationen* genannt, weil sie einen Markt mit vielen Mittelsmännern komplett ersetzen oder zumindest das Potenzial dazu hätten. Dazu später mehr.

Ein anderes aktuelles Beispiel für eine Full-Stack-Innovation ist Warby Parker, ein Unternehmen, das online Brillen vertreibt. Soweit nichts Besonderes. Was Warby Parker besonders macht, ist die Tatsache, das vom Design der Brillen bis zum Anprobieren im Store oder zu Hause so ziemlich alles in der Hand eines Unternehmens liegt. Klassische Aufgabenteilung von Designer, Hersteller, Optiker und Logistik stellt Warby Parker infrage – und das mit großem Erfolg. Was sich viele Full-Stack-Innovatoren zunutze machen, stellt für die meisten gewachsenen Unternehmen eine große Herausforderung dar. In Systemen zu denken, anstatt einfach Neues zu entwickeln, fällt in unserer chaotischen Welt besonders schwer. Dinge, die wir schon immer so gemacht haben, hinterfragen wir selten, und das ist gefährlich. Durch die Vernetztheit von Menschen und Informationen haben Unternehmen wie Uber und Warby Parker plötzlich Zugriff auf und teilweise Kontrolle über den Konsumenten. Diese Unternehmen machen sich weitgehend unabhängig von Kollaborationen und Zulieferern. In einigen Märkten erleben wir die durch die Unabhängigkeit entstehende Effizienz bereits. In anderen steht sie uns wahrscheinlich noch bevor. Disruptive Innovationen werden wir noch viele sehen, getrieben durch unsere Vernetztheit, den Zugang zu Informationen und den weltweiten Zugriff auf Menschen und deren Fähigkeiten.

Insbesondere die Anzahl an Menschen, mit denen wir interagieren, macht Fortschritt in seiner Geschwindigkeit erst möglich. Gleichzeitig stellt unsere Interaktionsdichte eine große Herausforderung dar, die selbst nach innovativen Lösungen verlangt.

Wie viele Menschen brauchen wir?

Stellen Sie sich eine Welt vor, in der Ihnen während Ihres gesamten Lebens nicht mehr Menschen begegnen, als Sie auf Facebook in Ihrer Freundesliste oder jemals online kontaktiert haben. Das ist eine Welt, die noch nicht allzu weit in der

Vergangenheit liegt. Noch vor wenigen Jahrhunderten sind wir in einem Leben weitaus weniger Menschen begegnet, haben weniger Kontakte geknüpft, uns seltener vernetzt. Heute leben wir in einer Welt, in der ich innerhalb von Minuten Tausende von Menschen erreiche und tief greifende Informationen in Sekundenschnelle jedem bereitstellen kann, der sich für sie interessiert. Mit der Anzahl der Menschen in unseren Leben ist auch die Anzahl an Interaktionen gestiegen, die wir tagtäglich zu bewältigen haben. Wir leben in dieser Flut von Informationen mit einer enormen kognitiven Herausforderung: Geschwindigkeit. Interaktionsdichte und Überforderung entstehen insbesondere durch die kurze Zeit, die wir haben, um auf Input zu reagieren. Wir müssen schneller verstehen und entscheiden, *Information Overload* ist die Konsequenz.

Interessanterweise sind Informationen gleichzeitig Fluch und Segen. Demokratische Strukturen und vieles, was wir als Fortschritt in Organisationen und Gesellschaften auf der ganzen Welt beschreiben, lassen sich zurückführen auf den zunehmenden Zugriff von Menschen auf Informationen. Es ist einfacher und schneller möglich, Missstände mit der ganzen Welt zu teilen, Proteste zu organisieren und Mitstreiter zu mobilisieren. Die sogenannte Twitter-Revolution ist ein Beispiel für den Einsatz von Technologie zur Verbreitung von Informationen im Iran und Ägypten, den viele als sinnvoll und notwendig ansehen würden.

In 2015 lenkte die nun ehemalige Google-Mitarbeiterin Erica Baker die Aufmerksamkeit auf sich, als sie die Gehälter von Google-Kollegen sammelte, in einer Tabelle zusammenstellte und öffentlich machte. Dabei wurden ungerechtfertigte Unterschiede deutlich. Googles Management war nicht amüsiert über diese Nutzung von Informationen. Auch hier ein Beispiel, in dem Informationen und die zunehmende Vernetzung genutzt werden, um auf Missstände aufmerksam zu machen und kollektive Aktivitäten zu koordinieren.

Trotz dieser positiven Beispiele kann aus *Information Overload* relativ schnell *Informationsangst* werden, wenn die Lücke zwischen den Informationen, die wir verstehen, und denen, die wir glauben verstehen zu müssen, zu groß wird[4]. Je mehr Informationen auf uns zukommen, desto weniger Informationen werden wir relativ gesehen verarbeiten und verstehen können. Zunehmende Vernetzung bedeutet zwangsläufig, dass die Anzahl der Informationen, die sich im Umlauf befinden, ständig zunimmt und kontinuierlich ein verarbeitbares Maß überschreitet. So etwa wie für die meisten Menschen die Flut an E-Mails dieses Maß bereits überschritten hat.

---

[4]Lincoln, Anthony (March 2011). „FYI: TMI: Toward a holistic social theory of information overload". *First Monday 16*.

Wie viele Interaktionen vertragen wir?

Stellen Sie sich vor, jede E-Mail, die Sie erreicht, wäre ein Brief, und Sie würden jede E-Mail mit einem Brief beantworten. Wie würde Ihr Tag aussehen? Wahrscheinlich würden Sie einen Großteil Ihrer Zeit mit dem Beantworten von Briefen verbringen. Möglicherweise haben Sie wie ich das Gefühl, dass Sie, obwohl Sie von Briefen auf E-Mails umgestiegen sind, nicht wirklich Zeit sparen und stattdessen wesentlich mehr Zeit mit E-Mails verbringen. E-Mails wurden populär, weil sie einen Prozess vereinfachen und beschleunigen. Mit anderen Menschen zu interagieren, das ging plötzlich schnell und einfach. Dass wir dadurch aber gleichzeitig die Interaktionsdichte an die erträgliche Grenze brachten, ist uns erst im Nachhinein aufgefallen. Und genau so funktionieren evolutionäre Innovationsprozesse. Die Auswirkungen einer Entwicklung sind für uns in ihrer Breite nicht abschätzbar. Übrigens sind E-Mails bereits auf der Liste der als Nächstes zu ersetzenden Technologien vieler Start-ups in der ganzen Welt. Denn nicht für jede Form von Interaktion sind E-Mails eine geeignete Lösung.

Fakt ist, dass E-Mails die meisten Briefe ersetzt haben. Bis auf einige rechtliche Einschränkungen, die Briefe bis heute am Leben halten, wurde ein Medium nahezu vollständig durch ein anderes ersetzt. Eine Innovation hat eine veraltete Technologie abgelöst. In wenigen Generationen wird es keine Briefe mehr geben. Mit Blick auf unser Klima und dessen Evolution ist diese Entwicklung sogar wünschenswert. Briefe aus Papier, die mit benzinbetriebenen Fahrzeugen befördert werden müssen, sind schlicht nicht zeitgemäß und gehören für viele abgeschafft. Im gleichen Atemzug können wir davon ausgehen, dass es sehr bald schon keine Briefkästen mehr geben wird, denn die gehören einer veralteten Technologie an. Natürlich war auch die Erfindung von Briefen irgendwann einmal eine Innovation, die eine existierende Technologie abgelöst hat. Ich kann an dieser Stelle nur spekulieren, aber ich nehme an, dass auch damals Menschen auf den neuen Zug aufsprangen, in der Hoffnung, dass die neue Technologie ihr Leben vereinfachen würde. Und neue Technologien machen unser Leben oft einfacher. Doch neue Technologien bewirken weitaus mehr und vieles, das wir nicht vorhersagen können. Viele Technologien ermöglichen eine höhere Interaktionsdichte, also mehr Austausch mit mehr Menschen an mehr Orten in weniger Zeit.

Noch vor wenigen Jahrzehnten sah das anders aus. Einige Wissenschaftler gehen davon aus, dass die optimale Gruppengröße bei 150 Mitgliedern liegt. Selbst wenn wir digitale Interaktionen ignorieren, begegnen heute alleine auf dem Weg zur Arbeit den meisten Menschen mehr als 150 andere Menschen. Nahezu unvorstellbar, dass unsere kognitiven Kapazitäten optimiert sind für eine Gruppengröße bis zu 150. Unternehmen, Gesellschaften, Freundeskreise,

Netzwerke agieren optimal, wenn die Anzahl an Agenten nicht zu groß wird. Lassen Sie uns für den Moment bei einer analogen Welt bleiben. Stellen Sie sich eine Welt ohne Smartphones vor. Eine Welt, in der nicht die Anzahl an Kommunikationspartnern, sondern das Medium limitiert ist. Auch diese Welt liegt nicht lange zurück. Smartphones sind eine Entwicklung der letzten Jahrzehnte und ihre Verbreitung liegt in unserer Lebenszeit. Um ein Smartphone zu entwickeln, benötigen wir eine Menge Bausteine. Wir brauchen Technologie, wir brauchen Forschung, Produktion, Rohstoffe, Unternehmen, Mitarbeiter, und nur, wenn alle Bausteine zusammenkommen, erhalten wir das, was wir unter Innovation verstehen. Wenn wir über den Status quo der Welt nachdenken, dann müssen wir feststellen, dass sich einiges dramatisch verändert hat, seit wir nicht mehr in Gruppen von maximal 150 Menschen zusammenleben, sondern, um eine Innovation möglich zu machen, eine weitaus größere Anzahl Menschen brauchen. Wir erleben eine globale Abhängigkeit von Ideen, Technologien und Potenzial, die jedes innovative Vorhaben in ein unglaublich komplexes Projekt verwandelt hat.

Noch dramatischer als die große Abhängigkeit von Bausteinen und Menschen aber ist die Dynamik, mit der wir uns innovativ bewegen. Die Welt ohne Smartphones liegt nicht nur in unserer jüngeren Vergangenheit (die meisten von uns haben diese Welt erlebt). Die Welt ohne Smartphones liegt sehr wahrscheinlich in recht naher Zukunft. Tragbare oder implantierte Technologie entwickelt sich rasant und ist längst in der Testphase. Was sich wie Science-Fiction anhört, entpuppt sich fast immer als realistisches Zukunftsszenario. So erleben wir also gerade eine Welt, die sich von einer Welt ohne Smartphones in eine Welt mit Smartphones wieder in eine Welt ohne Smartphones entwickelt. Und das alles im Laufe eines einzigen Lebens. In keinem anderen Bereich erleben wir so viel Veränderung wie in den direkt durch Technologie beeinflussten Bereichen unseres Lebens, und trotzdem dürfen wir nicht denken, dass exponentielles Wachstum auf Technologie beschränkt ist. Wenn sich komplexe Systeme wie unsere Welt reorientieren, weil ein Bereich fortschreitet und sich dramatisch verändert, hat das üblicherweise Konsequenzen für fast alle anderen Bausteine des Systems. Technologie hat unser Leben verändert, aber wir stehen erst ganz am Anfang einer tatsächlichen Revolution. Diese Revolution ist keine technologische, sondern eine gesellschaftlich-ökonomische Revolution.

Denken Sie an Politiker und wie sich durch globale Kommunikation und Masseninformationsmedien die Art und Weise verändert, in der Politiker agieren. Wenn sich ökonomische Interessen verschieben, verändern sich auch Lobbyisten und mit ihnen nationale und internationale Politik. So wie das Smartphone die Art und Weise unserer Interaktion mit anderen Menschen verändert hat, so hat das

Smartphone auch Politik verändert. Wir erleben ähnliche Machtverschiebungen in unseren Bildungssystemen, in Organisationsstrukturen, Stadtplanung und der Medienlandschaft.

Fortschritt bedeutet für jeden Einzelnen von uns, dass wir ununterbrochen teilhaben an einer Entwicklung, die niemand und gleichzeitig jeder steuert. Wir alle erleben einen winzigen Ausschnitt in der Geschichte unserer Menschheit, einen winzigen Ausschnitt globaler Veränderung, einen Schnappschuss menschlichen Fortschritts, nicht mehr und nicht weniger. Wir müssen uns fragen, wie wir unseren Ausschnitt nutzen. Machen wir Fortschritt oder schauen wir nur zu? Sind wir aktive Teilnehmer an der Entwicklung, auch wenn wir sie nicht steuern können, oder sind wir passiv und hoffen das Beste?

Wir erleben einen Ausschnitt einer Realität, deren Konfiguration sich ständig ändert. Dieser Ausschnitt wird für uns zur Wirklichkeit, obwohl schon im nächsten Moment A, B, C und D vollkommen anders zusammengesetzt sein können. Kausalitäten sind nicht stabil (siehe Abb. 1.1).

Offenkundig haben wir nicht viel Zeit, Fortschritte zu machen. Wenn wir unsere biologische Evolution betrachten, sehen wir, wie langsam diese Anpassung an den Status quo geschieht, und erst im Nachhinein wird eine Entwicklung über viele Generationen hinweg sichtbar. Innerhalb eines Lebensausschnitts sehen wir kaum Fortschritt zwischen zwei Generationen. Kinder sehen ihren Eltern sehr ähnlich – und wir erkennen kaum eine Anpassung an eine sich verändernde Welt. Wir sehen keine Anpassung der menschlichen Hand an die Werkzeuge, die wir benutzen. Wir erleben keine Anpassung unseres Verdauungssystems an die Überdosis an Zucker und Salz in unserem Essen. Warum nicht? Wir können diese Anpassung nicht sehen, weil sie so langsam vonstattengeht, über einige wenige Generationen hinweg so wenig verändert, dass wir erst in Jahrhunderten erkennen würden, dass die biologische Evolution nicht zum Stillstand gekommen ist, sondern nur langsam fortschreitet. Auf der anderen Seite verändern wir unsere Werkzeuge und Essgewohnheiten so schnell, dass es keine biologische Anpassung geben kann. Innerhalb einiger weniger Generationen erkennen wir die Werkzeuge kaum wieder, die durch unsere Evolution von Ideen entstehen. Aus einem globigen Festnetztelefon wird innerhalb weniger Jahre ein Smartphone und kurz darauf ein Implantat oder in die Kleidung integriertes Kommunikationssystem. Da liegen biologisch nicht einmal verschiedene Generationen dazwischen. Wir erleben das in einer einzigen Generation. Anpassung auf biologischer Seite braucht viele Jahrtausende für eine solche Entwicklung. Die Evolution unserer Ideen verläuft dramatisch schnell, aber sie folgt sehr ähnlichen Regeln wie unsere biologische Evolution.

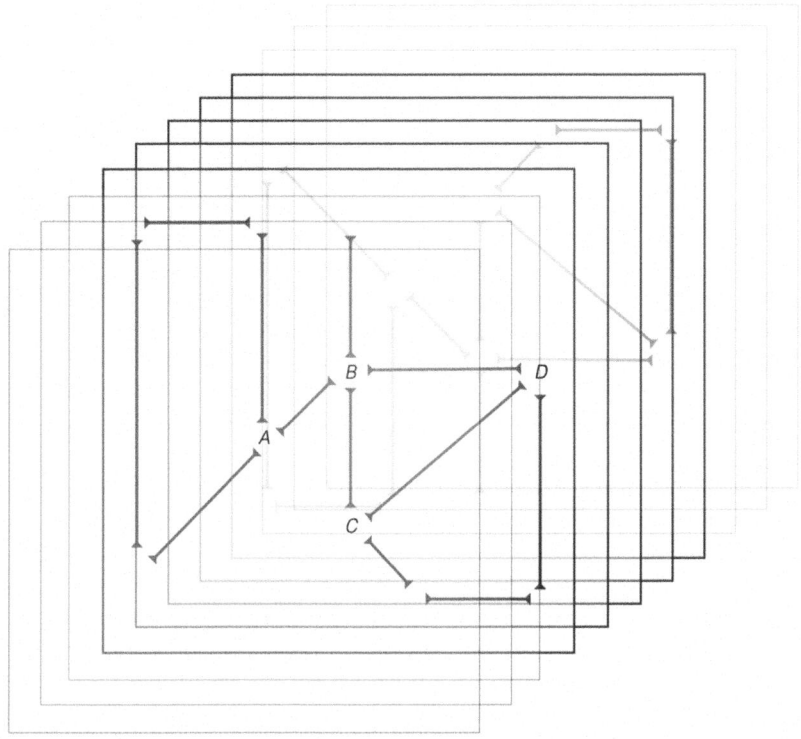

Abb. 1.1 Menschen erleben einen spezifischen Ausschnitt der Realität

Lohnt sich Fortschritt überhaupt?

Wann immer eine neue Idee eine alte ersetzt, ergibt sich eine Situation, in der wir versuchen zu ermessen, ob die Vorteile des Neuen einen Umstieg – weg vom Alten – rechtfertigen. Soweit zumindest die Theorie. Und die Realität? Die sieht dann doch oft anders aus. Mit der Einführung von E-Mails wurde die zeitliche Verzögerung, die durch das postalische Versenden des Briefes entstand, eliminiert und das als Vorteil gesehen. Aber ist das ein Vorteil? Woher wissen wir, was sich lohnt und was nicht? Um zu erfassen, welche Konsequenzen eine Technologie oder Entwicklung nach sich zieht, müssten wir wirklich gut darin sein, Veränderungen vorherzusehen. Und das sind wir nicht.

Wenn wir eigentlich nicht wissen, welche Konsequenzen die Einführung einer neuen Technologie mit sich bringt, sollten wir es dann nicht lieber lassen? Diese Frage suggeriert fälschlicherweise, dass wir eine Wahl haben, dass wir entscheiden können, ob wir Fortschritt machen wollen oder nicht. In der Tat verabschieden sich einige Unternehmen bewusst oder aus strukturellen Gründen vom Innvoationsspielfeld in dem Irrglauben, dass ein heute funktionierendes Produkt, eine heute gut laufende Dienstleistung oder ein heute lukratives Geschäftsmodell auch morgen noch funktioniert, gut läuft und Geld abwirft. Dieser Denkfehler beruht auf einer linearen Vorhersage, die nur in einer nicht komplexen, nicht vernetzt abhängigen und einer viel weniger dynamischen Welt funktioniert. Um an dieser Stelle nicht in Pessimismus zu verfallen: Natürlich können wir in unserer Welt Vorhersagen treffen, die auch zutreffen. Nur die Wahrscheinlichkeit, dass wir richtig liegen, ist dramatisch gesunken. In anderen Worten: Wir können viel weniger sicher sein, dass unsere Vorhersage eintrifft als noch vor wenigen Jahrhunderten.

Warum genau haben wir also keine andere Wahl, als innovativ zu bleiben und Fortschritt zu treiben? Die Antwort hat drei Teile:

1. Die meisten innovativen Errungenschaften der letzten 100 Jahre sind weniger Erfindungen einer vollkommen neuen Technologie, vielmehr werden die meisten Innovationen aus Problemstellungen geboren. Natürlich gibt es auch diejenigen Innovationen, die auf großen visionären Zielen beruhen, wie etwa die Entwicklungen in der privaten Raumfahrt. Aber die meisten erfolgreichen Innovationen lösen ein Problem.
2. Aufgrund der Tatsache, dass wir nur sehr schlecht absehen können, welche Konsequenzen eine Technologie nach sich zieht, bringen nahezu sämtliche innovativen Lösungen Probleme mit sich, die meist zu einem späteren Zeitpunkt neue und innovative Lösungen verlangen. Denken Sie an den Einsatz von Atomkraft zur Energiegewinnung. Was anfangs als die ideale Lösung für Energieprobleme aussah, ist für viele nicht länger tragbar, und die Probleme, die Atomenergie mit sich brachte, sind die Herausforderungen für eine neue Generation von Innovatoren.
3. Wenn Innovationen Probleme lösen und gleichzeitig Herausforderungen schaffen, haben wir keine Wahl, als die Probleme, die wir gestern geschaffen haben, heute innovativ zu lösen. Wir können dabei versuchen nachhaltige Lösungen zu finden, und analysieren, welche potenziellen Konsequenzen unsere Lösungen haben. Genau wissen werden wir es nie. Dazu ist unsere Welt zu komplex. Wir haben eine Welt geschaffen, in der wir unsere eigenen Probleme lösen müssen. Fortschritt abzubrechen bedeutet also mit großer Wahrscheinlichkeit,

dass unsere eigenen Innovationen uns zum Verhängnis werden. Wir haben keine Wahl, weil unsere eigenen Innovationen diese Welt so komplex gemacht haben. Wir tragen die Verantwortung für unsere Zukunft. Ohne weitere Innovationen werden wir dieser Verantwortung nicht gerecht.

Innovation ist wie Tetris. Jede Lösung erzeugt in einer bestimmten Konfiguration neue Herausforderungen. Es wird schneller, je besser wir Lösungen für Probleme identifizieren. Wie bei Tetris besteht auch in der Realität immer eine gewisse Problemstruktur. In bestimmte Lücken passen bestimmte Tetris-Steine. Gleichzeitig sehen wir für unseren gerade fallenden Stein immer eine Lücke, die mal mehr, mal weniger passt. Wenn wir neue Technologien entwickeln, stellen diese immer auch die Antwort auf eine Frage oder die Lösung eines Problems dar. Mal mehr, mal weniger passt eine neue Idee oder Technologie in das bestehende Muster und füllt Lücken oder verbaut auch manchmal den Weg für die nächsten Ideen. Mit jedem neuen Stein verändert sich gleichzeitig die bestehende Problemstruktur, das heißt die Zusammensetzung der Lücken. Wir wissen also zwar, was eine neue Idee in ihrer Umsetzung als Technologie erzeugt. Aber da wir nicht genau wissen, welche Ideen als Nächstes kommen, können wir nur sehr begrenzt optimieren. Zusätzlich haben wir in den letzten Jahrzehnten eine Geschwindigkeitszunahme erlebt, die es fast unmöglich macht, Technologien und Ideen irgendwie anders zu optimieren als durch iteratives Experimentieren. Um in der Tetris-Analogie zu bleiben: Mehr Steine als je zuvor fallen gleichzeitig auf eine sich immer schneller wandelnde Problemstruktur (siehe Abb. 1.2).

Wie in der Innovationsrealität ist der Fit von Problem und Lösung der entscheidende Treiber für Erfolg. Dabei ist die Definition des Problems übrigens selten objektiv gegeben. Sie liegt vielmehr in der Macht der Märkte und am Ende in der Frage, was sich Endverbraucher wünschen und was sie selbst für relevante Probleme halten. So kann es eben dazu kommen, dass ein Selfiestick zum kommerziellen Durchbruch wird, während sich Solaranlagen schwertun. In Tetris-Terminologie hat der Selfiestick genau in die Bedarfslücke von Endverbrauchern gepasst. Problemstruktur und Lösung kamen im richtigen Moment zusammen.

Ein weiterer wichtiger Aspekt in der Wahrnehmung von innovativen Lösungen als Tetris-Steine ist die Tatsache, dass sich die fallenden Steine in ihrer Grundstruktur über die Zeit nicht verändern. Genauso wie sich das Material, aus dem unsere Ideen und Lösungen bestehen, über die Zeit nicht verändert. Aber die Drehung der Steine erzeugt vollkommen neue Möglichkeiten. Die gleichen Bausteine können also mit der richtigen Drehung genau passen oder alles verbauen.

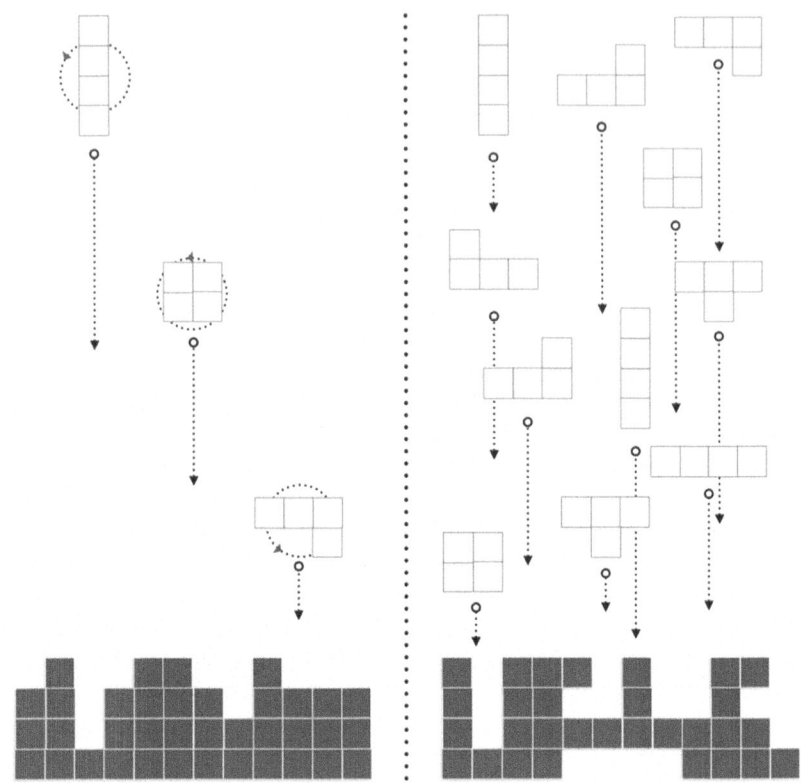

Abb. 1.2 Innovation ist wie Tetris

Unsere Welt ist durch die Anzahl vernetzter Menschen so komplex geworden, dass unsere Fähigkeit, vorherzusagen, was auf uns zukommt, mit jeder neuen Technologie abnimmt. Die Anzahl der Menschen und die Geschwindigkeit, mit der wir interagieren, haben eine Welt geschaffen, in der wir neue Technologien adoptieren, ohne auch nur im Ansatz zu erahnen, mit welchen Konsequenzen wir zu rechnen haben. Die müssen übrigens nicht immer schlecht sein. Unvorhersagbarkeit betrifft positive Konsequenzen genauso wie negative. Nur sind wir von Natur aus eher auf Bedrohungen fokussiert als auf unvorhersehbare positive Ereignisse.

Wie machen wir Fortschritt?

Komplexität ist ein Problem. Zumindest für all diejenigen, die versuchen sie zu kontrollieren. Menschen haben diese Welt komplex gemacht. Wir haben uns in eine Situation manövriert, aus der es kein einfaches Entkommen gibt. Denn auch wenn einige versuchen zu simplifizieren und an einfachen linearen Modellen und Kausalzusammenhängen festhalten, Komplexität ist Realität und sie wird nicht verschwinden. Ein Phänomen dieser Komplexität erleben wir als Globalisierung. Ein Symptom von Komplexität. Globalisierungsgegner sind im Grunde Komplexitätsgegner. Durch die enorme Dichte an Interaktionen, durch die große Anzahl an Kommunikation und die lückenlose Erreichbarkeit haben wir eine Welt geschaffen, in der eine Dynamik herrscht, die wir nicht kontrollieren können.

Gleichzeitig haben wir nicht gelernt, mit mehr Komplexität adäquat umzugehen. Wir sind schlecht vorbereitet auf das, was wir selbst geschaffen haben. Unser Bedürfnis, zu kontrollieren und vorherzusagen, hat nicht abgenommen, obwohl wir immer weniger kontrollieren oder vorhersagen können. Wie kommt es also, dass wir Fortschritte machen? Wie kann es sein, dass wir trotz aller Denkfehler und Fehlentscheidungen der Vergangenheit heute besser dastehen als noch vor einigen Jahrhunderten? Wenn wir nicht gemacht sind für eine vernetzte und komplexe Welt, wie kommt es dann, dass wir nicht nur überleben, sondern die Lebensqualität der Menschheit durch innovative Ideen steigt? Die Antwort liegt in einem Begriff, vielfach falsch verstanden und oft missbraucht, angegriffen oder geleugnet. Ein Begriff, der ein Prinzip beschreibt, das gleichzeitig einfach wie auch unfassbar überzeugend ist. Die Antwort auf die Fortschrittsfrage ist „Evolution".

Erinnern Sie sich an Videorekorder? Erinnern Sie sich an heute globig erscheinende Kassetten und analoge Aufnahmen? In den 1970er-Jahren kamen Videoformate auf den Markt, eines von Sony mit dem Namen Betamax und eines von JVC mit dem Namen VHS. Möglicherweise kennen Sie nur letzteres Format, denn VHS hat sich als Standard durchgesetzt. Interessant ist die Evolution der Ideen dieser Formate. Sony war mit Betamax 1975 zuerst am Markt. Kurz darauf brachte JVC mit dem VHS-Format einen leichteren und billigeren Rekorder auf den Markt, mit dem man anstelle von einer nun zwei Stunden Film aufnehmen konnte. Damit wurden VHS-Kassetten für Verleiher interessant, denn ein ganzer Film passte nun auf eine Kassette. Vielfach diskutiert wird der Kampf zwischen Betamax und VHS, weil Betamax für viele das überlegene Format darstellte. In der Verarbeitung sowie der Aufnahmequalität unterlegen, setzte sich trotzdem VHS durch. Warum? Weil in einer evolutionären Entwicklung sich nicht die bessere Idee durchsetzt, sondern die Idee, die sich am besten angepasst hat. Auf einem Markt, auf dem Preis und Verfügbarkeit eine große Rolle spielen, setzte sich VHS durch, weil es das besser angepasste Format war, auch wenn es in vielerlei Hinsicht nicht die beste Lösung und eben auch nicht die erste Lösung für das Bedürfnis der Nutzer darstellte. Als Videotheken entschieden, den Verleih von Betamax einzustellen und nur noch VHS anzubieten, war das Schicksal von Betamax besiegelt – und das vollkommen unabhängig von der Qualität des Produktes.

Betrachten wir die Evolution dieser Ideen weiter bis heute, sehen wir ähnliche Kämpfe ums Überleben einiger Ideen an jeder Ecke. Einen Videorekorder hat heute kaum jemand mehr. Mit Blu-ray und HD-DVDs haben wir kurzzeitig einen ähnlichen Kampf erlebt wie den zwischen Betamax und VHS. Und auch diese Entwicklung ist nicht zu Ende. Speichermedien sehen sich immer mehr Cloudlösungen gegenüber, und wir können davon ausgehen, dass auch Streaminglösungen nicht das Ende dieser Kette darstellen. Denn wenn wir von evolutionärer Entwicklung sprechen, dann müssen wir uns eine Sache klarmachen: Evolution ist Fortschritt ohne Ziel. Wir streben nicht auf einen idealen Endzustand hin. Der Zweck von Fortschritt ist kontinuierliche Anpassung. Der Zweck ist nicht, einen Endzustand zu erreichen. Der Fortschritt der Menschheit hat kein Ziel. Die Evolution unserer Ideen ist eine Entwicklung, die kein Ideal kennt. Wir entwickeln uns mit unseren Ideen in einer Welt, die sich kontinuierlich verändert. Manchmal durch uns, manchmal durch andere Faktoren. Die Aufgabe von Fortschritt ist es, uns so gut wie möglich an den Status quo anzupassen. Wie wir Innovationen nutzen, um uns anzupassen, davon handelt dieses Buch.

Die Welt zwischen Volatilität, Unsicherheit, Komplexität und Ambiguität

In einer Welt, in der die Ideen von heute die Probleme lösen müssen, die durch unsere Ideen der Vergangenheit entstanden sind, in dieser Welt herrscht großer Druck, innovativ zu bleiben. Gesellschaften und Unternehmen sehen sich diesem Druck ausgesetzt und geben ihn an Bürger und Mitarbeiter weiter. Der Ruf nach innovativen Lösungen wird lauter und trifft auch Industrien und Branchen, von denen lange wenig Innovativität gefragt war. Plötzlich gibt es Autoversicherungen, die per Chip im Auto mein Fahrverhalten messen und mir eine sich kontinuierlich anpassende Versicherungspolice anbieten. Plötzlich gibt es Apps, mit denen ich private Fahrer in ihren Autos in meiner Umgebung finden, buchen und bezahlen kann, damit sie mich von A nach B kutschieren. Und plötzlich gibt es 3-D-Drucker, die ganze Häuser drucken. Versicherungen, Taxifahrer, die Bauindustrie und viele andere haben zu lange ignoriert, dass Innovationen zum Tagesgeschäft gehören. Innovativität in Organisationen ist längst kein Luxus mehr, den man sich leistet und in einer eigenen Abteilung für professionelles Rumspinnen unterbringt. Innovativität gehört in jeden Kopf, in jedes Team und in jede Abteilung. Unser innovatives Potenzial ist die Schlüsselkompetenz, die das Leben oder Sterben unserer Ideen bedeutet und damit das Leben und Sterben von Organisationen.

In dieser Welt, in der uns Entwicklungen überraschen, sehen wir uns vier Phänomenen ausgesetzt, die unser Leben lenken, ohne dass wir uns dessen bewusst sind. Um Innovation zu entschlüsseln, müssen wir genau diese vier Dimensionen verstehen.

Volatilität – die Kraft innovativer Dynamik

Unsere Welt ist dynamischer geworden. Aber was bedeutet das? Was macht denn Dynamik mit uns und unserer Welt? Als Kind hatte ich mehrere Mobiles in meinem Kinderzimmer, die von der Decke hingen. Eines hatte sehr viele Verzweigungen mit Schmetterlingen an den Enden. Ich denke, es waren etwa zehn Schmetterlinge. Wenn man an einem Schmetterling zog und dann losließ, begann das gesamte Mobile, sich zu bewegen. Es dauerte eine ganze Weile, bis sich alle Schmetterlinge wieder beruhigt und das Gleichgewicht erreicht hatten. Aber egal, an welchem Schmetterling man zog, das Mobile hörte irgendwann auf, wieder zu pendeln. Die Dynamik eines Systems ist wie die Bewegung der Schmetterlinge auf einen Faktor zurückzuführen – und das ist Abhängigkeit. Indirekt ist jeder Schmetterling mit allen anderen Schmetterlingen verbunden, und wenn einer bewegt wird, hat das meist Auswirkungen auf alle anderen Schmetterlinge im System. Das Gleiche gilt für Märkte aller Art, in denen Ideen generiert, bewertet und gehandelt werden. Ideen sind voneinander, von Menschen und von Institutionen abhängig. Wird irgendwo eine Idee generiert und kommuniziert, wenn auch nur in einem Meeting, hat das Auswirkungen auf Ideen im gesamten System. Manchmal völlig unerwartete, manchmal vorhersehbare Auswirkungen.

Heute haben wir durch Vernetzung und Abhängigkeit weltweit ein System geschaffen, in dem eine Idee sehr viele andere Ideen bewegen kann. Es dauert nur Minuten, manchmal Sekunden, bis eine Idee den gesamten Globus erreicht hat. Wenn Richard Branson, CEO der Virgin Group, eine neue Idee präsentiert, reagiert der Aktienmarkt. Kapital bewegt sich, hin oder weg von der Idee, je nachdem, was Investoren momentan für richtig halten. Kapitalbewegungen werden beobachtet von Institutionen, die daraufhin politische Empfehlungen abgeben. Fiskalpolitik reagiert möglicherweise, Privathaushalte spüren die Zinsveränderungen und konsumieren mehr oder weniger. Gleichzeitig tritt die PR-Meldung von Richard Branson eine Lawine an Statements von Experten und solchen los, die sich dafür halten, und verdrängt Neuigkeiten in der Öffentlichkeit zu Flüchtlingsfragen oder politischen Krisensituationen. Daraufhin entscheiden einige Politiker, nicht Asylpolitik, sondern Wirtschaftswachstum zum Kern der aktuellen Diskussion zu machen. Das wiederum beobachten wirtschaftsnahe Institutionen und bestätigen die Wichtigkeit des Themas, woraufhin einige Investoren einen möglichen Aufschwung wittern und ihr Aktienportfolio anpassen (siehe Abb. 1.3).

Während in (1) jedes Element nur ein anderes Element beeinflusst und sich so eine Kettenreaktion vorhersagen lässt, enthält (2) bereits einen zirkulären Kausalring. Dabei wirkt ein Element also über ein zweites und drittes Element auf sich selbst ein. In (3) sind bereits so viele Interaktionen möglich, dass es für das menschliche Gehirn mit einigen Ausnahmen unmöglich wird, zu berechnen, was am Ende mit dem System passiert. Noch mehr Beeinflussung zwischen den Elementen sehen wir in (4). Trotz der in allen vier Bedingungen gleichen Anzahl an Elementen, also Ideen oder Technologien, haben wir es von (1) bis (4) mit zunehmender Volatilität zu tun, denn die Dynamik ist nicht nur unvorhersehbarer und schwerer zu kalkulieren. Sie schwankt auch stärker, da sich Elemente zunehmend rückverstärken. Unsicherheit steigt durch die mangelnde Vorhersagbarkeit, Kom-

Abb. 1.3 Steigende Komplexität, zunehmende Volatilität, Unsicherheit und Ambiguität

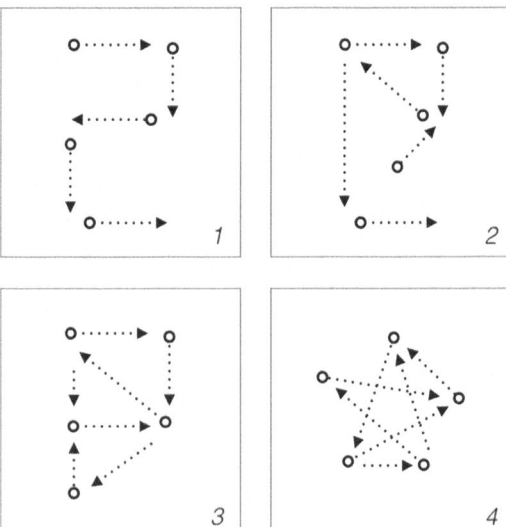

plexität steigt durch die chaotischen Kausalketten, die sich in jedem einzelnen Moment entwickeln. Als Reaktion steigt die Ambiguität von einem Zustand zum nächsten, denn wir wissen nicht, welche Auswirkungen genau eintreten, wenn wir ein Element bewegen oder verändern.

Mein Mobile hatte zehn Schmetterlinge, die nach einer Weile ihr Gleichgewicht erreichten und sich dann nicht mehr bewegten. In unserer Welt existiert dieses Gleichgewicht nicht. Das System lebt von kontinuierlicher Veränderung, als würden 8 Mrd. Menschen ununterbrochen an Schmetterlingen ziehen, die alle indirekt oder direkt miteinander verbunden sind.

Für innovative Ideen bedeutet diese Dynamik eine große Chance. Denn auch wenn wir vollkommen wertungsfrei unsere Welt beobachten, können wir nur schwer argumentieren, dass die neue Idee von Virgin dafür verantwortlich ist, dass bei meinem Aldi um die Ecke der Milchpreis steigt. Obwohl das möglicherweise stimmt, besteht in einem chaotischen System nicht die Möglichkeit, sämtliche kausalen Faktoren zu identifizieren oder gar vorherzusehen, was wann, wo und wie beeinflusst wird. Wir leben in diesem Chaos, ohne dass es jemand steuert. Und auch wenn es zunächst wenig danach aussieht, genau darin liegt die große Chance für uns als Innovatoren.

Volatilität steigt, weil weitaus weniger Trends, als wir es gerne hätten, sich linear verhalten. Stellen Sie sich vor, Sie hätten vor fünf Jahren beobachtet, wie um die Ecke eine Blockbuster-Videothek aufmacht. Und dann, wenige Monate später, noch eine zwei Straßen weiter. Und plötzlich noch eine – nicht weit von Ihrer Arbeitsstelle entfernt. Sie fangen an, sich für das Wachstum zu interessieren, checken die Statistiken und sehen, dass die Anzahl an Videotheken in allen größeren Städten linear zunimmt, 30 neue Videotheken jeden Monat. Wenn Sie jetzt Menschen befragen, wie das weitergeht, würden viele sagen, dass es wahrscheinlich mehr Videotheken werden, bis alle Städte versorgt sind. Und dann erleben Sie innerhalb weniger Monate, wie alle Videotheken verschwinden, bis auf die letzte. Sie verschwinden schneller, als sie gekommen sind. Warum? Weil kein Mensch mehr DVDs ausleiht, wenn sich Filme auch streamen lassen.

Disruptive Innovationen, getrieben durch Unternehmen wie den Streamingservice Netflix, sorgen für Überraschungen, die eigentlich keine sind. Was Uber für Taxifahrer ist und Netflix für Blockbuster, ist der weit entfernte Schmetterling, an dem jemand gezogen hat und ich es gar nicht bemerkt und dann ignoriert habe. Kein falsch verstandenes Statement höre ich von meinen Klienten häufiger als den Denkfehler „Das hat nichts mit uns zu tun". Doch, das hat alles mit uns zu tun, nur wissen wir nicht genau wie. Innovatoren sind auf der Suche nach dem „Wie", und so stößt eine Idee eine Kettenreaktion an, die sich bis in unser Privatleben fortsetzt. Innovationen in der Biotechnologie lösen analoge Ideen in der Kommunikationstechnologie aus, und Start-ups beschreiben sich nicht ohne Grund als „Facebook der Immobilienbranche" oder als „Uber der Hotellerie".

Auch wenn wir nicht genau wissen, welche Ideen woher stammen, wer also tatsächlich verantwortlich ist für eine Innovation, können wir festhalten, dass die zunehmende Volatilität dafür sorgt, dass innovative Ideen längst Branchen- und Industriegrenzen überschreiten. Anders ausgedrückt, liegt genau deswegen die Bedrohung eines Unternehmens nicht in der direkten Konkurrenz, sondern kommt von außerhalb. Wer sich nur in der eigenen Industrie umsieht, verpasst die Chance, disruptive Bewegungen früh genug zu erkennen oder selbst auszulösen. Nur weil die drei nahe hängenden Schmetterlinge sich nicht bewegen, heißt das überhaupt nicht, dass das so bleibt, auch wenn wir das gerne so hätten. Wenig Bewegung bedeutet nicht wenig Dynamik.

Als Resultat einer zunehmend volatilen Welt ergibt sich große Unsicherheit. Psychologisch hängt diese Unsicherheit an der Kontrollierbarkeit und Beeinfluss- barkeit unserer Welt. Wenn wir das Gefühl bekommen, unsere Welt nicht vorher- sagen zu können, sie also auch nicht mehr kontrollieren und beeinflussen können, treffen wir Entscheidungen unter Unsicherheit. Und diese Unsicherheit hat dra- matische Konsequenzen für unsere Toleranz von Innovationen.

Unsicherheit – die Basis von Innovation und Chaos

An sich ist Unsicherheit kein Zustand, der die Welt beschreibt, sondern vielmehr unsere Reaktion auf unsere Umwelt. Entscheidungen unter Unsicherheit sind zu einem viel beforschten Thema geworden. Nicht nur in der kognitiven Psy- chologie, sondern in allen Sozialwissenschaften haben sich Entscheidungen als ausschlaggebende Momente durchgesetzt, die es zu erforschen lohnt. Manche Ökonomen gehen davon aus, dass sich jedes wirtschaftliche Phänomen auf Ent- scheidungen zurückführen lässt und im Grunde jede Entwicklung an Entschei- dungen von Menschen hängt. Da Unsicherheit ein immer wichtiger werdender Faktor in unseren Entscheidungen darstellt, lohnt es sich zusammenzufassen, was wir darüber wissen, wenn Menschen Entscheidungen treffen müssen, ohne hinrei- chende Informationen über die Konsequenzen einer Fehlentscheidung zu haben.

Entscheiden ist anstrengend. Barack Obama will nicht entscheiden, was er isst oder anzieht. Er sagt, er habe genug wichtige Entscheidungen zu treffen. Wenn wir nach der Arbeit beim Einkaufen im Supermarkt nicht mehr wissen, was wir nehmen sollen, dann sprechen Psychologen von Entscheidungsmüdigkeit, *Deci- sion Fatigue*. Was Entscheidungen so anstrengend macht, ist unsere Unsicher- heit. Wenn es im Unternehmen um Fortschritt, Wachstum und Innovationen geht, haben wir es mit ganz besonders viel Unsicherheit zu tun. Unter Unsicherheit haben wir gelernt, Entscheidungen auf einer von vier Grundlagen[5] zu treffen – und das geht nicht immer gut.

Wissen als Basis für Entscheidungen

Innovationsentscheidungen bleiben im Bereich der Unsicherheit, Unplanbarkeit und Umvorhersagbarkeit. Tatsächlich aber kommt es in Unternehmen häufig zu Entscheidungsstillstand, *Decision Paralysis,* weil mit viel Aufwand Informationen gesucht werden, die am Ende für die Entscheidung irrelevant sind. Um ein Gefühl der Kontrolle zu gewinnen, werden Informationen beschafft, die Annahmen bestätigen, Entscheidungen werden herausgezögert und wertvolle Zeit geht verloren. Besonders Wissen als Basis für Zukunftsentscheidungen ist nur dann nützlich, wenn die Kosten der Beschaffung von Information die Konsequenzen für die Entscheidung rechtfertigen. Wenn eine weitere Analyse die Unsicherheit der Entscheidung nicht senkt, sollten wir keine weiteren Analysen starten. Wenn ein zu detaillierter Projektplan so viel Zeit in Anspruch nimmt, dass er eine Markteinführung behindert, dann ist die Gefahr groß, dass ein Konkurrent schneller ist und den Markt übernimmt. Wissen muss – ganz besonders bei Innovationsentscheidungen – im Verhältnis zur Geschwindigkeit, also dem Zeiteinsatz, gesehen werden. Wer zu lange braucht, weiß am Ende mehr, aber die Innovation ist keine mehr.

Erfahrung als Basis für Fortschritt

„Das machen wir schon immer so. Und es hat immer funktioniert. Warum sollten wir das jetzt ändern?" Wir sind als Menschen darauf getrimmt, lineare Vorhersagen zu treffen, also anzunehmen, dass sich die Dinge so entwickeln, wie der Trend es sagt. Unser Gewicht zum Beispiel wird sich nicht innerhalb einer Woche verdoppeln, zumindest ist das recht unwahrscheinlich. Wenn Sie Ihr Gewicht aufzeichnen vom Beginn Ihrer Karriere bis heute, dann sehen Sie möglicherweise den gleichen Aufwärtstrend wie viele Menschen für ihr Einkommen. Und doch gibt es einen fundamentalen Unterschied: Unser Gewicht wird nicht plötzlich auf null sinken, bei unserem Einkommen kann das sehr wohl passieren. Erfahrung als Entscheidungsgrundlage hat einen übermächtigen Feind, nämlich die Dynamik.

---

[5]Abgeleitet aus Frank Knights Taxonomie der Unsicherheit in Knight, F. H. (1921). Risk, Uncertainty, and Profit. Boston: Hart, Schaffner & Marx.

Was heute funktioniert, muss morgen überhaupt nicht funktionieren. Märkte, Kunden, Mitarbeiter und Organisationen verändern sich schneller, als uns lieb ist. Unsere Entscheidungen auf Erfahrung zu stützen, ist gefährlich, weil wir das Auftreten unwahrscheinlicher Ereignisse unterschätzen.

Regeln als Basis für Entscheidungen unter Unsicherheit

Normative Entscheidungen sind objektiv, wir können uns auf Werte und Prinzipien einigen – und Unternehmen schreiben sich gerne große Worte auf die Fahnen. Die Herausforderung von Regeln besteht in ihrer Anwendbarkeit. Wenn ein Unternehmen Verantwortung und Offenheit als Werte definiert, muss jedem Mitarbeiter klar sein, wie er Entscheidungen darauf aufbaut. Eine Regel wie „Schnell ist besser als langsam" ist da klarer. Im besten Fall sind normative Entscheidungen als „Wenn-dann"-Statements formuliert: „Wenn ich als Führungskraft ein Teilprojekt delegiere, dann gebe ich die Verantwortung mit ab. Wenn ein Kunde nach Informationen fragt, gebe ich diese heraus, ohne erst meinen Chef um Erlaubnis zu fragen." Werte sind wichtig, aber fast immer zu abstrakt. Ganz besonders bei Innovationsentscheidungen brauchen wir Klarheit darüber, welche Regeln gelten. Darf ich Fehler riskieren? Wann muss ich um Erlaubnis fragen? Wie bringe ich meine Ideen ein? Solange diese Fragen offen bleiben, hilft es Unternehmen nicht, sich Innovation auf die Fahne zu schreiben. Da das eh jeder macht, zeigt dies eigentlich nur, wie wenig innovativ das Unternehmen wirklich ist.

Regeln und Prinzipien haben viele Vorteile. Sie sind anpassbar, optimierbar, kommunizierbar und häufig explizit. Doch das macht sie nicht unbedingt zu guten Entscheidungsträgern bei Innovations-entscheidungen. Denn Prinzipien können dysfunktional sein, wenn die Kriterien für Erfolg schwammig oder zu kurzfristig angelegt sind. Profit beispielsweise ist kein Zweck eines Unternehmens. Das ist ungefähr so kurzsichtig formuliert wie die Annahme, dass es der Zweck einer Gesellschaft ist, Steuern einzutreiben. Die Frage nach dem Zweck ist die Frage nach der Existenzberechtigung eines Unternehmens genau wie einer Gesellschaft. Kurz gesagt, müssen Prinzipien und Regeln also gut konstruiert sein, um wirklich einen Mehrwert zu stiften. Falls sie dieses Kriterium nicht erfüllen, sind sie als Entscheidungsgrundlage vollkommen unbrauchbar (auch wenn sie in der Realität erschreckend häufig eingesetzt werden).

Intuition als Basis für den nächsten großen Wurf

Zu komplex, zu wenig rational, zu wenig greifbar lauten die Argumente ganz besonders in deutschen Unternehmen. Und da ist etwas dran, aber das eigentliche Problem an intuitiven Entscheidungen ist ihre Manipulierbarkeit. Ein Bauchgefühl lässt sich erzeugen. Wir haben ein gutes Gefühl bei der Sache, unser Bauch sagt uns, die Idee wird fliegen, wir können uns gut vorstellen, dass ein Produkt am Markt einschlägt. Der richtige Einsatz von Beispielen, Bildern und Visionen kann den entscheidenden Unterschied machen. Unsere Intuition ist abhängig von Informationen, viele von ihnen solche, die im Moment verfügbar sind. Gleichzeitig ist unsere Intuition skeptisch bei neuen Ideen, weil unser Unterbewusstsein keine passenden Informationen findet. Insbesondere bei neuen Ideen, die ein Umdenken in einem Skript oder Schema erfordern, fällt uns ein intuitives Verständnis enorm schwer. Als Folge entsteht bei uns ein ungutes Gefühl. Als Beispiel lassen sich Bezahlvorgänge und die Rolle von Banken heranziehen. Heute verwalten Banken Konten, mit deren Hilfe wir Transaktionen vornehmen. Wir bewegen also Geld von einem Konto auf ein anderes. Dafür werden wir in Kürze aber keine Banken mehr benötigen. Im Zuge einer fast vollständig digitalisierten Währung können wir unsere Konten und Transaktionen selbst verwalten beziehungsweise an Unternehmen abgeben, die zusätzlich zur Transaktionssteuerung weiteren wesentlichen Mehrwert bieten, meist online. Im nächsten Schritt verlieren Kreditkarten vollständig an Bedeutung, beispielsweise dann, wenn sich das Bezahlen per Fingerabdruck durchgesetzt hat. Dieses Bezahlsystem bietet einen wesentlich höheren Sicherheitsstandard als die Kreditkarte, denn Ihren Fingerabdruck verlieren Sie nicht – und geklaut werden kann er auch wesentlich schwerer als Ihre Kreditkarte.

Intuitiv fällt es uns möglicherweise schwer, eine Welt zu konstruieren, in der Banken keine Rolle spielen. Intuitiv können wir auch schwer nachvollziehen, dass unser Bildungssystem kaum wiederzuerkennen sein wird, dass fast alles, was wir heute an Technologie nutzen, vom Flachbildfernseher bis zum Smartphone, in Kürze nicht mehr existieren wird. Wir haben intuitiv auch keinen Zugang zu einer Welt, in der wir mehrere Hundert Jahre alt werden, in der Roboter Operationen durchführen, in der es keine physische Arbeit geben wird, eine Welt, in der wir mit Computersystemen sprechen wie mit anderen Menschen, und eine Welt, in der einfach nichts so ist wie in der Welt, die wir kennen. Außer Frage steht jedoch, dass diese Welt, die wir gut zu kennen glauben, sehr bald schon nicht mehr so aussehen wird, wie wir sie kennen. Dieses Unvermögen einer intuitiven Bemessung der Zukunft macht Intuition zu einem gefährlichen Werkzeug.

Besser zu entscheiden bedeutet zu verstehen, auf welcher Basis wir unsere Entscheidungen treffen, und zu entscheiden, ob wir uns im richtigen Modus befinden. Wenn Sie Entscheidungen in Ihrem Unternehmen beobachten, werden Sie sehen, dass manche Entscheidungen auf nur einer Basis der vier getroffen werden. Der Schlüssel zu höherer Entscheidungsqualität liegt in der Diversifizierung. Bei Innovationsentscheidungen brauchen wir angemessenes Wissen, die richtige Erfahrung, ein ausgeklügeltes Wertesystem und unsere Intuition. Je weniger wir

die Basis für unsere Entscheidungen streuen, desto geringer die Chance, dass wir
uns richtig entscheiden.

Komplexität – die Ursache von Durchbruchsideen und Kopfschmerzen

Was ist das eigentlich, Komplexität? In einer chaotischen Welt passieren also
Dinge in Zusammenhängen, die wir nicht verstehen können. Unsere kognitiven
Kapazitäten reichen schlicht nicht aus. Wenn wir beispielsweise vor der Entscheidung stehen, ein Jobangebot anzunehmen oder nicht, treffen wir auf diese kognitive Überforderung, häufig als Overload bezeichnet. Eine einfache Entscheidung
mit nur zwei Optionen, das Angebot anzunehmen – oder eben nicht. Doch die
Gedanken, die es als Informationsbasis für diese Entscheidung braucht, gehen in
die Tausende. Wir müssen scheinbar unendlich viele Dimensionen gleichzeitig
betrachten: Ist das der Job, den ich wirklich will? Ist die Bezahlung angemessen,
ausreichend und fair? Sollte ich verhandeln? Mit welchen Argumenten? Ist der
Ort der neuen Arbeit erreichbar? Wie würde ich dort hinkommen? Sind die Mitarbeiter nett? Komme ich mit dem Chef klar? Kann ich mich weiterentwickeln?
Welche Karriereschritte sind üblich? Was werden Freunde denken, meine Familie, mein Partner?

Und neben den Dimensionen, die den Job betreffen, entwickeln wir gleichzeitig „Was-wenn-"Szenarien – und diese üblicherweise negativ. Was, wenn es doch
nicht der richtige Job ist. Was, wenn ich überfordert bin in meiner Aufgabe, was,
wenn ich unterfordert werde. Was, wenn das Unternehmen pleitegeht. Was, wenn
wir familiär bedingt umziehen müssen. Was, wenn meinen Kindern die Schule
nicht gefällt. Was, wenn Fortschritt meine Rolle überflüssig macht. Was, wenn
ich nicht gut genug bin. Und schon überlappen sich Entscheidungsdimensionen
untereinander.

Immer dann, wenn sehr viele Faktoren einen Zustand der Welt erzeugen,
den wir nicht vollkommen durchschauen können, haben wir es mit Komplexität
zu tun. Die Frage ist eigentlich nicht so sehr, in welchen Situationen wir es mit
Komplexität zu tun haben, sondern eher, wann eigentlich nicht.

Wenn wir unsere Entscheidung analysieren, könnten wir beispielsweise auf
Kriterien verweisen. Anstatt also alle Dimensionen zu betrachten, greife ich
einige wenige heraus und definiere, welche Kriterien der neue Job erfüllen muss,
damit ich ihn annehme. Anstatt also die gesamte Komplexität der Situation zu
erfassen, könnten wir sagen, dass uns das Gehalt, die Karrierechancen und die
Kollegialität am wichtigsten sind. Im nächsten Schritt würden wir versuchen,

genau die Informationen zum Gehalt zu finden, die wir brauchen, um einen Cut-off-Wert zu definieren. Also so etwas wie ein gerade noch so zu akzeptierendes Gehalt. Das hängt an unseren Ausgaben, unserem Marktwert und daran, wie sich Gehälter in unserer Branche entwickeln: Geht es relativ sicher in kleinen Schritten aufwärts oder besteht die Chance, eine steile Kurve zu durchlaufen, falls die Leistung dies rechtfertigt? Unsere Ausgaben bekommen wir schnell zusammen, die hängen nicht an unzähligen unterschiedlichen Faktoren. Gut, das haben wir also. Jetzt unser Marktwert: Das ist schon komplexer, der hängt an vielen Faktoren. Aber bei Glassdoor oder LinkedIn werden die relevanten Daten für uns zusammengetragen, und wir bekommen relativ schnell einen Eindruck, was jemand in unserer Position in verschiedenen Branchen im Durchschnitt verdient. Und dann ist da noch die Entwicklungsmöglichkeit unseres Gehaltes. Steigt das langsam, aber sicher, oder schnell, aber nur möglicherweise? Sollten wir das überhaupt berücksichtigen? Ja unbedingt, denn bei einem relativ sicheren steilen Anstieg könnten wir ein niedrigeres Startgehalt akzeptieren. Unser Cut-off-Wert hängt also direkt von der Entwicklung unseres Gehaltes der nächsten Jahre ab. Und schon stehen wir vor einer komplexen Fragestellung, denn die Entwicklungsstufen unseres Gehaltes hängen in vielen Fällen von einer Vielzahl Faktoren ab, die ich nicht so einfach berechnen kann: dem Marktpotenzial des Unternehmens, der Relevanz meiner Abteilung, der gesamten Marktentwicklung, Faktoren der Unternehmenskultur, der Zusammensetzung meines Teams, der Sichtweise von Vorgesetzten etc.

Immer dann, wenn wir uns einer Vielzahl Faktoren ausgesetzt sehen, die uns zwar betreffen, die wir aber nicht verändern können, treffen wir Entscheidungen mit komplexen Strukturen. Die kosten Energie und Zeit, und zwar nicht zu knapp.

Wissenschaftlich gesehen besteht Komplexität von Natur aus überall. Die Realisierung dieser Tatsache sorgt dafür, dass wir heute unter Sozialwissenschaftlern drei distinkte Sichtweisen unterscheiden können: Die einen ignorieren Komplexität und tun so, als würde sie nicht existieren, die Nächsten verstehen zwar, dass Komplexität existiert, gehen aber davon aus, dass sie keine gravierenden Auswirkungen hat und deswegen gut und gerne ausgeblendet werden darf. Und die dritte Gruppe akzeptiert die Tatsache, dass Komplexität kein Problem darstellt, sondern den Status quo beschreibt, und sucht nach Möglichkeiten, komplexe Systeme zu verstehen. Zur dritten Gruppe zähle ich mich selbst, auch aus der einfachen Tatsache heraus, dass die Untersuchung von Menschen in der Praxis unweigerlich zu komplexen Herausforderungen führt. Menschen im Labor sind besser zu kontrollieren, einzelne Faktoren also isolierter zu betrachten, aber die Übertragung in die reale Welt scheitert in fast allen Fällen grandios.

Im Bereich des Innovationsmanagements in Unternehmen sieht das ganz ähnlich aus. Ein Unternehmen in die Zukunft zu führen, das ist eine komplexe Aufgabe. Unendlich viele Faktoren müssen berücksichtigt werden, unzählige Entscheidungen getroffen werden – und eine unvorhersehbare Dynamik muss kontrolliert werden. Produktentwicklung und strategische Zukunftsplanung stehen vor einer Herausforderung, wie Wissenschaftler auch. Die Gefahr besteht, den Denkfehler Komplexität zu begehen, also entweder so zu tun, als wäre die Aufgabe nicht komplex, oder so zu tun, als wäre die Komplexität kein Problem, da man sie kontrollieren könne. Stattdessen gilt es, sie anzuerkennen, ohne zu resignieren.

Wenn ich meine Forschung in der Praxis erkläre, dann nutze ich das folgende Bild: Stellen Sie sich vor, Sie hätten Puzzleteile von vielen verschiedenen Puzzles gemischt auf einem Haufen vor sich liegen. Sie wissen aber nicht, dass es sich um unterschiedliche Puzzles handelt. Sie fangen an, einige Teile zusammenzusetzen, und es entstehen Bildausschnitte vor Ihnen, die Ihnen erste Anhaltspunkte geben, was da abgebildet sein könnte. Allerdings macht das Ganze wenig Sinn, denn irgendwie bekommen Sie die Bildausschnitte nicht zusammen. Das geht ja auch gar nicht, denn sie gehören zu ganz unterschiedlichen Puzzles. Das wiederum wissen Sie aber nicht. So arbeiten Sozialwissenschaftler unterschiedlicher Disziplinen daran, das Puzzle „Innovation" zu entschlüsseln. Und genau so arbeiten auch Innovationsmanager in der Praxis. Sie setzen ein Puzzle zusammen, auf dessen Packung „Innovationsgetriebenes Wachstum" steht. In der Packung befinden sich viele unterschiedliche Puzzles, was viele nicht ahnen. Sie beginnen zu puzzeln, setzen zusammen, probieren, experimentieren, aber zusammen kommen die Teile nicht. Meine eigene Arbeit hat sich dramatisch geändert, als ich erkennen musste, dass ich die ersten Jahre damit verbracht hatte, Einzelteile zusammenzusetzen, die kleine Bildausschnitte darstellten, aber im Zusammenhang kein Bild ergaben. Die Forschung der Psychologie, insbesondere der kognitiven Psychologie, steckt in dem Versuch fest, Teile zusammenzusetzen, die nur für sich genommen Sinn ergeben. Meine Aufgabe, wie ich schmerzhaft feststellen musste, war es nicht, Puzzleteile zusammenzusetzen, sondern herauszufinden, an welchen Puzzles wir überhaupt arbeiten.

Innovationsstrategien bestehen aus mehreren Puzzles. Wer irgendwo Teile zusammensetzt, hat natürlich die Chance auf Innovation, aber Erfolg ist fast zufällig. Wer wirklich innovativ sein will, muss akzeptieren, dass wir nicht an einem, sondern vielen verschiedenen Puzzles gleichzeitig arbeiten. Anders ausgedrückt, besteht unsere Aufgabe nicht darin, Komplexität zu reduzieren, sondern sie zu verstehen.

Leider wird gelegentlich die Herausforderung Komplexität missverstanden als eine Situation, in der nichts steuerbar oder kontrollierbar ist. Das führt unweigerlich in die Resignation und Inaktivität. Genau darin besteht jedoch der logische Fehlschluss. Komplexität sorgt in der Tat für eine vollkommen andere Dynamik und macht deswegen viele Vorhersagen schwer. Diese sind oft nicht linear, was bedeutet, dass das, was gestern war, scheinbar nichts mit dem zu tun hat, was da morgen auf uns zukommt. Tatsächlich hat das Gestern natürlich alles mit dem Morgen zu tun. Nur weil wir die Verbindung nicht sehen können, bedeutet das weder, dass es sie nicht gibt, noch, dass wir nichts tun können. Ganz im Gegenteil. Wer Komplexität versteht, kann sie nutzen. Wer an Linearität und einfachen Kausalmodellen hängt, wird allerdings an ihr scheitern. Wir denken gerne linear und kausal. Das bedeutet aber nicht, dass das sinnvoll ist. In einer komplexen Umgebung, einer chaotischen Welt, wird uns ausschließlich lineares, kausales Denken nicht weit bringen. In einer wenig komplexen Umgebung dagegen, einer Welt mit klaren Ursache-Wirkungs-Zusammenhängen, werden wir mit chaotischem Denken nicht weit kommen.

▶ Es geht nicht darum, eine alte Art, zu denken, aufzugeben. Es geht darum, eine neue Sichtweise zuzulassen, die in bestimmten Situationen funktionaler ist. Wie eine Sonnenbrille, die ja auch nicht alle anderen Brillen ersetzt, die aber bei grellem Sonnenschein klar von Vorteil ist.

Was also tun wir, um Komplexität zu unserem Vorteil zu nutzen? Sonne ist schließlich eine gute Sache, solange man eine Sonnenbrille hat. Ein Denkfehler des Managements im 20. Jahrhundert war die Idee, Komplexität zu reduzieren. Was damit häufig gemeint war, hatte mit einer tatsächlichen Reduktion von Komplexität nichts zu tun. Es ging um eine Verschlankung von Prozessen, um die Vermeidung des Unnötigen und die Steigerung von Effizienz. Alles wichtige Bausteine im Bestehen eines Unternehmens und letztendlich auch einer Gesellschaft. Tatsächlich aber ging es nicht darum, die Komplexität der Welt zu reduzieren, sondern künstlich Kontrollierbarkeit in ein System einzubauen, das auf längere Sicht an den Konsequenzen von gefühlter Kontrolle zerbrechen muss.

Die Komplexität von Entscheidungen zu reduzieren, das bedeutet, entweder die Anzahl an Optionen oder die Anzahl an Teilentscheidungen zu verringern. Das geht auf verschiedene Arten. Aber um das ineffiziente Herauszögern von Entscheidungen zu verhindern, das in größeren Organisationen als *Decision Paralysis* durchaus verbreitet ist, lohnt es sich, die Struktur komplexer Entscheidungen genauer anzusehen. Bei einer unübersichtlichen Anzahl von Optionen, wie etwa der großen Auswahl an Produkten im Supermarkt, kommt es zur Ermüdung und damit zum Stillstand, bis irgendwann die Kosten des Entscheidungsprozesses größer sind als der potenzielle Gewinn durch das Auswählen der richtigen, also der bestmöglichen Option. Das nennt Barry Schwartz ein *Paradox of Choice*. Das Paradox of Choice tritt nicht nur auf, wenn komplexe Entscheidungen zu treffen sind, sondern auch dann, wenn einfache Entscheidungen gefällt werden müssen und es zu viele Optionen gibt.

Bei Innovationsentscheidungen spielt eine unübersichtlich große Menge an Faktoren eine Rolle, sie sind also schon per definitionem komplex. Allerdings kommen bei fast allen Entscheidungen über Zukunftsfragen sogenannte *unbekannte Unbekannte* hinzu. Das bedeutet, dass nicht nur unbekannt ist, welche Auswirkungen bestimmte Faktoren haben, sondern insbesondere, welche Faktoren überhaupt existieren. So werden nicht nur einfach bestimmte Faktoren ignoriert, von deren Existenz wir wissen, wie etwa, was unsere Konkurrenz macht, was andere Industrien erleben oder welche Ressourcen eigentlich vorhanden sind, die genutzt werden könnten. Es kommt vielmehr zu Überraschungen, weil es in komplexen Systemen immer Faktoren gibt, von deren Existenz wir gar nichts wussten. So kann etwa eine Zielgruppe ihre Einstellung zu einem Thema innerhalb kurzer Zeit so radikal ändern, dass eine Vermarktung unmöglich wird. Das passiert immer dann, wenn Trends nicht rechtzeitig gesehen oder zu lange ignoriert werden. Da wir die Welt, auch die komplexe, immer anhand unseres bereits bestehenden Wissens erklären, nutzen wir zur Einordnung von Neuem unsere alten Instrumente. Wir sehen auf eine neue Welt durch eine alte Brille. Und die schränkt unsere Sicht ein, sodass wir bestimmte Bewegungen und Elemente gar nicht sehen können. Gleiches passiert, wenn wir mit einer neuen Brille auf eine alte Zeit blicken. Wir werden nicht die gleiche Welt sehen wie die, in der die alte Brille zum Betrachten genutzt wurde. Wir dürfen unsere intentionalen und unbekannten Brillen nicht für objektiv halten. Weder unsere Sicht auf die Zukunft noch unsere Sicht auf die Vergangenheit ist unabhängig von der Sichtweise unseres Status quo. Wir sehen, was wir sehen können. Wir verpassen, was wir nicht verstehen.

Eine komplexe Welt sorgt also bei uns für subjektive Filter, derer wir uns meistens gar nicht bewusst sind – und das ist in vielen Fällen nicht problematisch. Unser Denken passt sich immer wieder einer sich wandelnden Umgebung an. Jetzt ist es Zeit, sich einer komplexen Umgebung durch chaotisches Denken anzunähern. Was genau das bedeutet, hat viel mit der Art zu tun, wie wir die Welt konstruieren.

Ambiguität – die zwei Gesichter der dreiseitigen Münze

Einer der entscheidendsten Faktoren, der bei Individuen den Unterschied ausmacht zwischen der Fähigkeit, Neues zu entwickeln, zu entdecken und vollkommen anders zu denken, lässt sich zurückführen auf Ambiguitätstoleranz. Die Frage, wie viel Ambiguität zu einem gegebenen Moment ertragbar ist, scheint von Mensch zu Mensch unterschiedlich. Das bedeutet keineswegs, dass diese Toleranz angeboren oder gar unveränderbar ist. Das wäre ein trauriger Fehlschluss. Aber was ist Ambiguität überhaupt und warum ist sie so wichtig? Um diese Frage im Bereich Innovation zu beantworten, müssen wir verstehen, aus was Ideen eigentlich bestehen (siehe Abb. 1.4).

Für die Hypothesen in diesem Buch sollten wir drei Bestandteile unterscheiden, denn Ideen bestehen aus

1. Elementen – diese müssen nicht physisch oder materiell sein. Tatsächlich sind die meisten Elemente einer Idee immateriell, weswegen es nicht ganz richtig wäre, sie Bestandteile zu nennen. Aber im Grunde sind die Elemente einer Idee die inhaltlichen Bausteine, ohne die es keine Idee gäbe. Die Idee eines

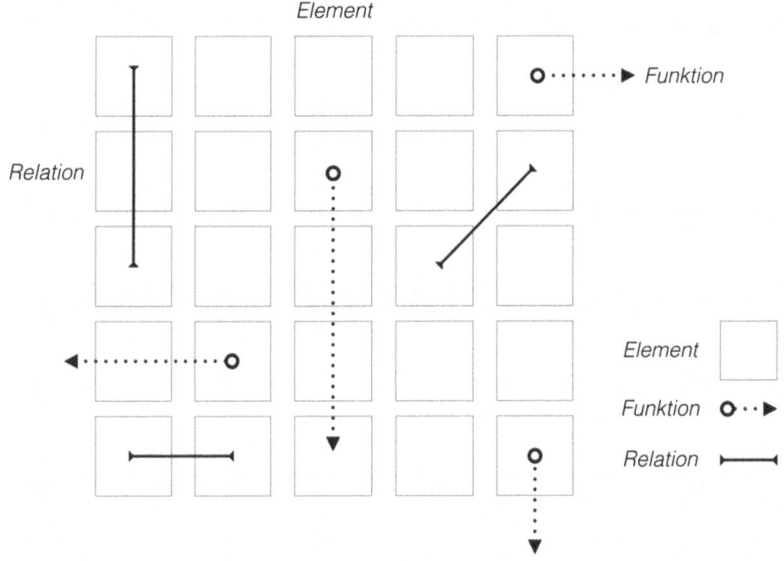

Abb. 1.4 Elemente, Relationen und Funktionen von Ideen. Bestandteile voller Ambiguität

Smartphones besteht aus einem Display, einer Antenne, einem Fotoapparat, Knöpfen, Tasten usw. Die Idee von Demokratie besteht aus Wahlen, Menschen, Entscheidungen, Kandidaten und vielen weiteren Elementen.

2. Relationen – beschreiben die Verbindungen dieser Elemente oder die Verbindungen zur Umgebung der Idee. Die Relation von den Tasten eines Smartphones zum Nutzer besteht beispielsweise im Drücken. Das klingt banal, ist aber für Fortschritt entscheidend, da dieser häufig einfach Relationen verschiebt oder austauscht. In einer Demokratie würde zwischen den Menschen und Wahlen eine Relation bestehen, indem es einen bestimmten Zeitpunkt gibt, in dem Menschen eine Wahl treffen und dies zu einem Ergebnis führt.

3. Funktionen – sind die interessanteste Dimension neuer Ideen und auch die für Einsteiger am einfachsten zu begreifende. Funktionen stellen dar, wozu ein bestimmtes Element gut ist oder warum eine bestimmte Relation in einer gewissen Weise existiert. Hier lässt sich sehr schnell Neuartiges entwickeln, wie wir später sehen werden.

Ambiguität kann sowohl Elemente als auch Relationen und Funktionen betreffen. Je nachdem, wo wir sie suchen, werden wir sie finden. Im einfachsten Sinne bedeutet Ambiguität Doppeldeutigkeit oder Mehrdeutigkeit. Ein Begriff beschreibt mehrere Dinge. Ein Smartphone ist ein Telefon, aber gleichzeitig ein Fotoapparat und ein Notizbuch. Wenn wir Kindern beim Spielen zusehen, werden wir sehen können, wie fluide Konzepte sein können und wie viele Bedeutungen ein Gegenstand haben kann, wenn wir ihn konstruieren. Das Kinderzimmer kann vom Raumschiff über ein Stadion bis hin zum U-Boot alle möglichen Kontexte abdecken. Die Fähigkeit, die Mehrdeutigkeit unserer Umgebung zu erkennen, legen wir genau dann ab, wenn wir aufhören zu spielen. Das Simulieren einer parallelen, manchmal auch surrealen alternativen Realität ist eine enorm wichtige Eigenschaft unserer Vorstellungsgabe. Je länger wir in Kontexten leben und arbeiten, in denen Ambiguität verhindert oder unterdrückt wird, desto ungeübter werden wir darin, in neuen Kontexten unseren Spieltrieb zu nutzen.

Beispiel

Welche Elemente, Relationen und Funktionen hat beispielsweise ein Meeting? Es gibt einen Raum, einen Konferenztisch, Stühle, etwas zum Schreiben, Menschen und Hierarchien. Es gibt Abstimmung, Koordination, Austausch, Best Practice und Entscheidungen. Ein Meeting dauert zwischen 15 und 90 min, wir sitzen, trinken Kaffee, unterhalten uns und eine Person leitet das Gespräch. Zudem gibt es eine Agenda, ein Protokoll und Verantwortlichkeiten.

Einige Elemente haben wir gelistet, wie etwa den Raum oder die Agenda. Relationen bestehen beispielsweise zwischen Gesprächsleiter und Hierarchien. Funktionen sind beispielsweise die Koordination von Aktionen durch den Austausch von Informationen, aber eben auch Menschen für Entscheidungen. Wenn die Funktion eines Meetings ist, Entscheidungen zwischen Menschen zu ermöglichen, welche Elemente können wir dann verändern oder streichen? Den Raum, den Tisch, den Kaffee, das Gespräch, die Dauer? Wo würden Sie ansetzen?

▶ Jede Idee beinhaltet Ambiguität. Nichts ist einfach so, wie es ist. Nichts hat eine bestimmte unveränderbare Funktion. Elemente, Relationen und Funktionen lassen sich verändern, verschieben, rekombinieren oder auch eliminieren. So entsteht ständig Neues.

Und jetzt noch einmal wie früher: drei Ebenen der Analyse

Komplexität bedeutet neben der Überforderung unseres kognitiven Apparates auch, dass wir über Individuen, Teams, Unternehmen, Organisationen und Gesellschaft sprechen, als ob sie alle in die gleiche Kategorie gehörten. Dabei gibt es natürlich große Unterschiede in den Implikationen für verschiedene Teilbereiche eines Systems.

Beispielsweise kann eine rechtliche Entscheidung wie die gegen Uber in Deutschland zwar kurzfristig einigen Taxifahrern den Job retten. Langfristig jedoch können ähnliche Entscheidungen den Standortvorteil Deutschlands gefährden. Wenn beispielsweise Gesetzgeber besondere Auflagen machen, wie etwa in der Automobilbranche Autos an verschiedenen Orten der Welt verschiedenen Auflagen unterliegen, dann kann es passieren, dass es sich nicht mehr lohnt, für bestimmte Standorte überhaupt Modelle zu entwickeln. Wenn die Absatzmärkte zu klein werden, lohnt sich die Anpassung eines neuen Modelles eventuell nicht mehr, und das Auto wird in einer entsprechenden Region nicht mehr angeboten. Jetzt denken Sie möglicherweise an Umweltauflagen, bei denen wir argumentieren könnten, dass das Ausbleiben des neuen Modells gerade den Zweck erfüllt, den die Auflage erreichen wollte. Aber ich will Ihnen ein anderes Beispiel geben: Stellen Sie sich vor, es gäbe an bestimmten Orten der Welt das Recht, unangeschnallt zu fahren. Das neue Auto müsste aber auch dort den Fahrer schützen. Also braucht es ein vollkommen anderes Airbag-System, das auch unangeschnallte Insassen im Falle eines Unfalles schützt. Die Entwicklung eines solchen zusätzlichen Systems kostet Millionen. Ähnliche Beispiele gibt es viele. Gesetzgeber erzielen fast immer mehr als nur den intendierten Effekt – und der Grund dafür liegt in der Komplexität der Welt. Alle Effekte einer Regulierung lassen sich im Vorhinein nie absehen. Gleichzeitig hinkt die Regulierung oft den Entwicklungen hinterher, wie bei vielen Internetfragen. Hier erzeugen Innovatoren Druck auf Gesellschaft und Politik, indem sie neue, bisher nahezu rechtsfreie Räume erschließen. Oft besteht dringender Handlungsbedarf, aber wenig Expertise.

Durch die vielen Wechselwirkungen zwischen den einzelnen Bürgern – oder abstrakt den Agenten eines Systems, den Unternehmen und Organisationen, den Institutionen und Gesetzgebern sowie gesellschaftlichen und globalen Kräften – sind Innovationen nicht einfach als losgelöste Ideen analysierbar. Wir brauchen ein Verständnis für diese Wechselwirkungen, die anhand von drei Ebenen analysiert werden.

Zunächst lassen sich Individuen immer auf der Mikroebene verstehen und untersuchen. Wenn wir Menschen beobachten, tun wir dies von Natur aus als Individuen gegenüber anderen Individuen. Wir sehen uns selbst als mehr oder weniger unabhängige Einheiten und beobachten deswegen auch andere Menschen als mehr oder weniger unabhängig voneinander. Die Psychologie, insbesondere die Kognitionswissenschaften, haben diesen Mikrokosmos unseres individuellen Denkens und Handelns noch nicht wirklich verlassen, auch wenn wir natürlich über soziale Kognitionen sprechen oder Gruppendynamik in ganz unterschiedlichen Kontexten. Dass aber auf dem Mesolevel Teams als Einheiten verstanden werden müssen, so weit gehen selbst Sozialpsychologen selten. Stattdessen arbeiten wir intuitiv mit einem Modell des Menschen, in welchem Individuen in Gruppen eingebettet sind und diese Gruppen in größeren Zusammenhängen, wie etwa Unternehmen, Gesellschaften oder auch ganz situativ in Massen.

Interessanterweise gibt es, sowohl zum Individuum als auch zur Masse und deren Verhalten, einiges zu sagen. Für Fortschritt und Innovationen entscheidend ist im ersten Schritt aber vor allem anzuerkennen, dass es auf allen Ebenen Bewegungen und Evolution gibt. Diese passieren gleichzeitig und natürlich nicht unabhängig voneinander. Vielmehr beeinflussen sich die verschiedenen Ebenen vom Individuum über die Gruppe bis hin zur Organisation gegenseitig in ihren Bewegungen und Trends. Wenn wir von oben auf die Prozesse und Bewegungen blicken, erscheinen tatsächlich Individuen eingebettet in Gruppen und Gruppen eingebettet in Organisationen. Das liegt aber, wie wir sehen werden, schlicht an der Perspektive der Betrachtung. Derzeit beschreibt diese Perspektive die gängige Sichtweise der Wirtschafts- und Sozialwissenschaften und damit auch der meisten Unternehmer.

Stellen Sie sich nun vor, unser Denken fände nicht in unserem Kopf statt, sondern um uns herum. Stellen Sie sich vor, unsere Gedanken würden sichtbar für uns wie ein Film auf einem LCD- Screen. Wir sind dieser Bildschirm. Wir können beobachten, was auf uns sichtbar wird, aber wir erzeugen nicht den Film. Der Film entsteht außerhalb unseres Denkens. Wir sehen das Ergebnis. Gleichzeitig entscheidet nicht unser Bildschirm über die Qualität des Films, den wir sehen. So können wir auch Kognitionen verstehen. Kognitionen lassen sich nicht verorten, wir können sie nicht spüren. Wir können nicht fühlen, ob wir mit unserem Kopf denken oder nicht. Es ist einfach, anzunehmen, dass wir mit unserem Gehirn Kognitionen erzeugen. Viele gute Gründe für diese Annahmen gibt es wie so oft nicht.

Die Mikroebene von Kognitionen beschreibt also diesen Raum um uns herum, in dem Kognitionen entstehen, deren Ergebnis wir sichtbar machen können. Da im Raum um uns herum auch andere Kognitionen entstehen und bestehen, die wir gar nicht sehen können, entsteht auf der Mesoebene ein anderer Film. Wenn wir also in Gruppen handeln, in Teams Entscheidungen treffen, Meetings abhalten oder Aufgaben koordinieren, dann sind wir auf der Mesoebene im gleichen Raum unterwegs, aber das Denken ist anders. Dieser Gedanke gefällt nicht vielen Menschen, er klingt gefährlich. Nicht ohne Grund wird seit Jahrzehnten vor Group Think gewarnt, einem Phänomen, das auftritt, wenn Gruppen dysfunktional entscheiden. Tatsächlich denken wir aber anders, wenn wir in Gruppen sind. Nicht einfach nur mit mehr Köpfen, sondern in einem anderen Raum. Im Raum der Mesoebene funktionieren Kognitionen anders. Wir denken als Gruppe. Die Gruppe denkt, nicht wir. Wir sehen einen anderen Film.

Übrigens bedeutet das keineswegs, dass wir das Gleiche beobachten oder den Film auf die gleiche Art verstehen. Vielleicht haben Sie schon erlebt, dass Sie, nachdem Sie mit Bekannten einen Film gesehen haben, sich Ihre Gedanken um ganz andere Motive und Erzählstrukturen des Filmes drehten als die Gedanken der Menschen um Sie herum. Obwohl wir den gleichen Film sehen, verstehen wir ihn auf Basis unseres eigenen Denkens anders als die Menschen um uns herum.

Wenn die Mesoebene auf diese Weise Einfluss nimmt auf die Mikroebene, verstehen wir auch schnell, warum es so entscheidend ist, die beiden Ebenen zu trennen, auch wenn sie nicht unabhängig sind. Individuelle Kognitionen finden in einem anderen Raum statt als die Kognitionen einer Gruppe. Dadurch ermöglichen die beiden Ebenen unterschiedliche Schlussfolgerungen in der gleichen Situation. Das sorgt im Endeffekt für Ambiguität, eine der wichtigsten Voraussetzungen für Innovation (siehe auch Abb. 1.5).

Die drei Räume, in denen wir denken, befinden sich in ständiger Bewegung. Wir müssen auch nicht physisch im gleichen Raum sein, um Kognitionen zu

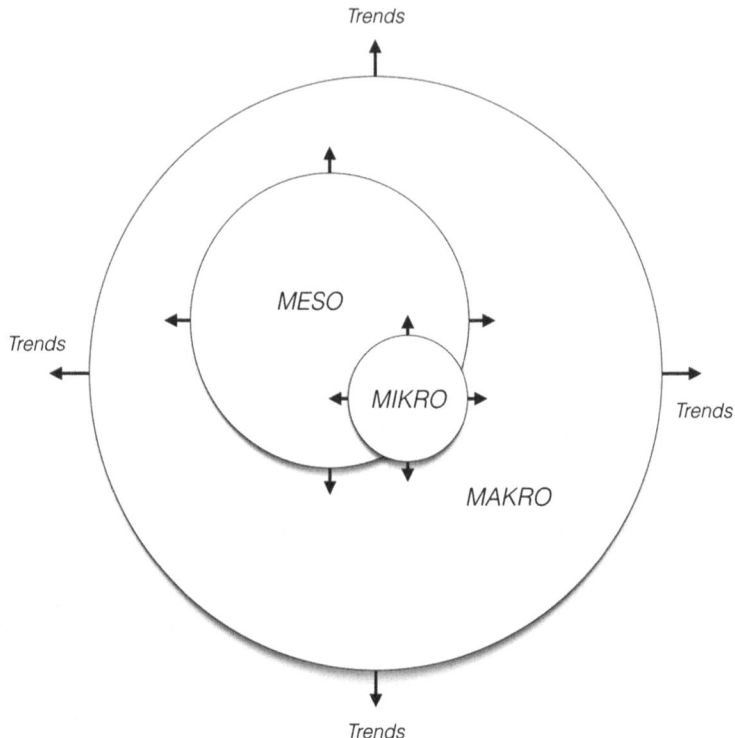

Abb. 1.5 Drei Ebenen von Kognition. Individuum, Gruppe und Organisation

teilen. Auch wenn wir vollkommen alleine am Schreibtisch sitzen, können wir
auf der Mesoebene denken, denn die Gruppe muss nicht vor Ort sein, um sie zu
nutzen. Unsere Vorstellungsgabe reicht aus, um Kognitionen in anderen Räumen
zu nutzen. Interessant sind die Bewegungen immer dann, wenn sie sich widersprechen. Wenn beispielsweise ein Makrotrend im Denken für die Überzeugung
sorgt, dass global Mobilität zunimmt, wir also immer schneller und einfacher von
einem Ort an den anderen kommen, gleichzeitig die Überzeugung herrscht, dass
Geschäfte am besten von Person zu Person gemacht werden und auf Mesoebene
der Glaube an die Funktionalität virtueller Teams existiert. Wir werden in verschiedenen Situationen erleben, dass Trends durch unterschiedliche Überzeugungen, Glaubenssätze und letztendlich unterschiedliche Kognitionen auf den drei
Ebenen ausgelöst werden.

Ideen entstehen als Konsequenz unseres Denkens in einem bestimmten Raum, also auf einer bestimmten Ebene. Manche Ideen betreffen direkt den Raum des Individuums, also unsere Mikroumgebung. So kommt eine Kaffeemaschine als Idee beispielsweise in den meisten Haushalten vor. Gleichzeitig existiert in vielen Teams und Gruppen die Idee einer Kaffeeküche, zu der auch die Idee einer Kaffeemaschine gehört. Auf der Makroebene schließlich hat Kaffeetrinken eine soziale und kulturelle Bedeutung und somit eine Identität, eine weitere Idee, die sich im gleichen Themenbereich bewegt. Auch wenn sich alle diese Ideen um das Element Kaffee drehen, sind sowohl die Ideen als auch die Bedeutungen und Funktionen sehr unterschiedlich. Wir müssen darauf achten, dass wir beim Generieren und Evaluieren von Ideen nicht der Falle erliegen, diese Ideen in der gleichen Schublade abzulegen, nur weil sie ähnliche Elemente enthalten. Dieser Denkfehler wäre so, wie zu behaupten, Uber sei ein Taxiservice, Netflix eine Videothek oder Spotify ein Plattenladen. Die verbindenden Elemente und auch viele Funktionen sind ähnlich, aber die distinkten Elemente und ihre Relationen sorgen dafür, dass die eine Idee zur Innovation wird und die andere verschwindet. Das Neue vom Alten zu unterscheiden, Weiterentwicklung als Fortschritt zu verstehen und ununterbrochen den Versuch zu wagen, etwas Neues aus dem Bestehenden zu entwickeln, darin liegt der Kern der Transformation von Ideen in Innovationen.

▶   Es sind nicht die Ideen an sich, die über den Erfolg entscheiden. Es ist unsere Sicht auf die spezifische Konfiguration der Elemente einer Idee, die aus unseren eigenen Ideen Innovationen macht oder eben nicht.

Ideen entstehen in allen Räumen unseres Denkens, Mikro-, Meso- und Makroebene. Sie treffen dabei auf die jeweiligen Bewegungen und Trends der Ebene.

Was passiert nun, wenn Ideen auf einer Ebene unseres Denkens auf andere Ebenen Einfluss nehmen? Was passiert, wenn eine Idee Auswirkungen auf die Bewegungen anderer Ebenen hat? Siehe auch Abb. 1.6.

Eine Idee im Raum des Individuums, also auf Mikroebene, könnte sein, Filme nicht mehr in der Videothek auszuleihen, sondern online zu streamen. Netflix entwickelt sich als Idee im Raum des Individuums. Die Gruppe der Verleiher erkennt die Bedrohung ihres Geschäftsmodelles zu spät, als Folge des Gruppendenkens auf Mesoebene. Gleichzeitig trifft Netflix als Idee auf den Makrotrend, Mittelsmänner zwischen dem Produzenten und Konsumenten eines Produktes zu beseitigen. Auf dem gleichen Makrotrend fußt die Idee von Warby Parker für Brillen oder Spotify für Musik. Diese wiederum lösen auf der Mesoebene Aktivitäten für den Schutz lokaler Märkte aus, Aktivisten werden in Gruppen aktiv, um lokale

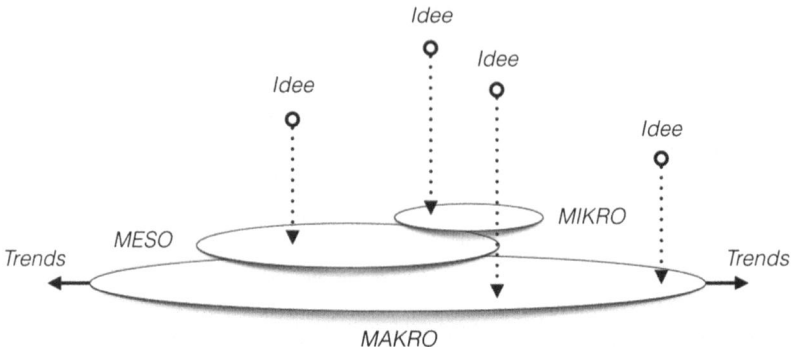

Abb. 1.6 Drei Ebenen von Innovation und ihr Zusammenspiel

Angebote zu schützen, wenn beispielsweise der lokale Buchladen durch Amazon in seiner Existenz bedroht wird. Die Mesobewegungen beeinflussen auf der Makroebene die Veränderung von Kundenerwartungen in bestimmten Bereichen, z. B. hin zu mehr lokalen Produkten bei Lebensmitteln, gleichzeitig aber zu mehr Verfügbarkeit und Auswahl wie bei Filmen oder Musik. Diese Kundenerwartungen übertragen sich im Mikroraum auf andere Bereiche, wie etwa das Anstehen an der Supermarktkasse. Plötzlich hat der Streamingservice Netflix durch seine Idee, Filme online verfügbar zu machen, dafür gesorgt, dass wir vor Ort im Supermarkt nicht mehr so lange anstehen müssen. Siehe auch Abb. 1.7.

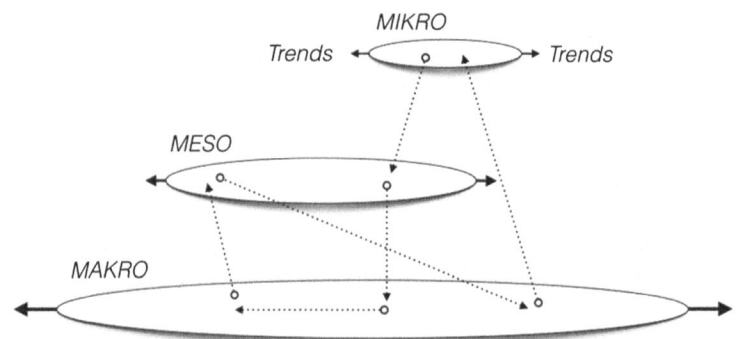

Abb. 1.7 Wenn Ideen andere Ebenen beeinflussen und Dynamik fördern

Ob sich diese Kausalkette so belegen lässt, weiß ich nicht. Aber der Punkt ist, dass wir realistischerweise davon ausgehen können, dass Ideen auf allen Ebenen unseres Denkens für Effekte sorgen, die wir nicht vorhersagen können. Komplexität entsteht gerade durch die vielen nicht intendierten Effekte einer Idee. Und diese Effekte sind eben auch nicht immer positiv oder so harmlos wie in unserem Beispiel.

Einfach Gehirn einschalten: Warum wir denken, wie wir denken

2

Zusammenfassung

Was bestimmt unseren Fortschritt? Warum können wir nicht einfach aufhören? Welche Denkweisen stehen uns im Weg und welche helfen unserem Fortschritt? Warum ist Innovation so anstrengend?

Seit Urzeiten versuchen Menschen, ihr eigenes und das Denken von anderen Menschen zu beeinflussen. Womöglich sind wir die einzige Spezies auf unserem Planeten, die in der Lage ist, ihr eigenes Denken zu untersuchen, es zu verstehen und Erkenntnisse zu nutzen, um es zu verändern.

Unser Denken hat sich entwickelt. Es ist gewachsen, hat sich angepasst und verändert. Auch wenn wir historisch beobachten, dass sich vieles geändert hat in dem, **was wir denken,** liegt die viel gravierendere Entwicklung wahrscheinlich im Bereich dessen, **wie wir denken.** Die Inhalte unserer Gedanken hängen zwangsläufig von unserer Situation ab. Was uns umgibt, hat Einfluss darauf, was wir gerade denken. Jede Information, jeder Input, jeder fremde Gedanke kann eine Kette an Assoziationen freisetzen, die ohne unser willentliches Eingreifen nicht zum Stillstand kommt. Dieses Denken lässt sich nicht stoppen, bremsen oder steuern. Es geschieht weitgehend automatisch. Unsere Umwelt triggert Gedanken, die wir nicht aufhalten können. Aber zu welchem Zweck? Wozu treiben wir Gedanken in dieser assoziativen und damit oft hochgradig unlogischen Reihe?

Menschen sind Sinnsucher. Wir könnten fast sagen, dass Menschen sinnsüchtig sind. Sinnloses bleibt in unserem Denken wertlos. Erst der Sinn verleiht unseren Gedanken den Antrieb. Sinn ist häufig die Antwort auf die Frage „Warum?". So besessen sind wir davon, diese Frage zu beantworten, dass wir sie auch beantworten, wenn wir offenkundig gar keine Antwort haben. Wir können nicht

© Springer Fachmedien Wiesbaden GmbH 2017
C. Burkhardt, *Denkfehler Innovation,*
DOI 10.1007/978-3-658-11188-5_2

aufhören Sinn zu erkennen, ihn zu konstruieren, Dinge zu erklären, Events einzuordnen, Kontext zu geben oder Zusammenhänge herzustellen. Und wir tun dies
auch dort, wo gar kein Sinn ist. Was wir denken, lässt sich in den Zeichen unseres
Zeitgeistes ablesen. Wie wir denken, ist viel schwieriger herauszufiltern.

Post Hoc Ergo Propter Hoc

„Danach, also deswegen" ist die deutsche Übersetzung dieses lateinischen Aus-
spruchs, der einen von vielen logischen Fehlern beschreibt, die wir häufig begehen, weil wir so besessen nach Sinn suchen, dass wir mehr von ihm sehen, als
eigentlich ist.

Stellen Sie sich ein High-Performance-Team vor. Neun hoch motivierte und
ambitionierte Teammitglieder liefern seit Monaten Höchstleistung. Aufgrund
eben dieser hohen Leistung und des rasant ansteigenden Workloads des Teams
entscheiden sich die Führungskräfte dazu, ein weiteres Teammitglied einzustellen. Schon wenige Wochen, nachdem der Neue in das Team eingeführt worden ist, beginnt die Leistung des Teams nachzulassen. Das Pensum wird nicht
erreicht, Ziele und Deadlines werden verpasst, Umsätze gehen zurück und Stakeholder äußern Unzufriedenheit (siehe Abb. 2.1).

Während es intuitiv kaum eine andere Möglichkeit der Erklärung gibt, wie der
Leistungsnachlass des Teams zu erklären sein könnte, liegt es viel weniger auf
der Hand als wir denken. Was die Ursache der Leistungseinbußen sein könnte,

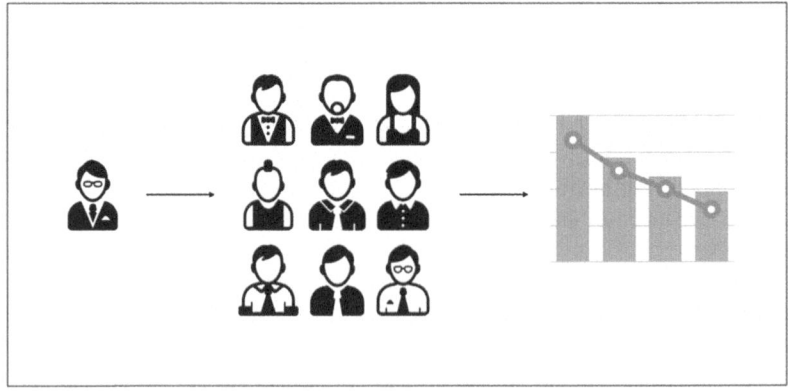

Abb. 2.1 Ein neues Teammitglied wird eingestellt, der Erfolg des High-Performance-
Teams lässt nach

ist viel weniger eindeutig als wir gerne glauben würden. Wenn wir uns der Komplexität der Situation bewusst werden, können wir eine tatsächliche Analyse vollziehen, die uns vor dramatischen Schlussfolgerungen bewahrt. Wie gute Wissenschaftler (also eben nicht solche, die versuchen, ihre intuitiven Hypothesen zu belegen) müssen wir die situationalen Komponenten auseinandernehmen, um der Sache auf den Grund zu gehen. Was also könnte hier passiert sein?

Während wir von außen ein Team als eine Gruppe wahrnehmen, sieht das von innen oft anders aus. Nicht jeder ist mit jedem in gleicher Weise vernetzt. Verschiedene Gruppenmitglieder haben verschiedene Talente und ganz unterschiedliches Wissen. Es ist also ganz natürlich, dass wir in bestimmten Situationen mit den einen und in anderen Situationen mit anderen Mitgliedern engeren Kontakt pflegen. Zusätzlich dürfen wir nicht unterschätzen, dass Sympathie und eine relationale gemeinsame Geschichte eine große Rolle dabei spielen, wann wir beispielsweise wem welchen Gefallen tun und wessen Anfragen wir ablehnen. Rational-analytisch betrachtet besteht ein Team aus gleichartigen, gleichwertigen und gleichberechtigten Mitgliedern. In unserer chaotischen, oft irrationalen Realität sind wir weder das eine noch das andere. Wir sind unterschiedlich – und so unterschiedlich sind auch unsere Beziehungen zueinander (siehe Abb. 2.2).

Wenn unser neues Teammitglied nun also auf ein Team mit bestehenden – nicht gleichartigen – Beziehungen trifft, verschieben sich einige dieser Verbindungen. Beispielsweise so: siehe Abb. 2.3.

Durch den Neuen im Team bewegt sich nicht das gesamte Team auf einmal, sondern Schritt für Schritt bewegen sich die Individuen in Anpassung an die Gegebenheiten. Durch die Einzelbewegungen entsteht Schritt für Schritt eine

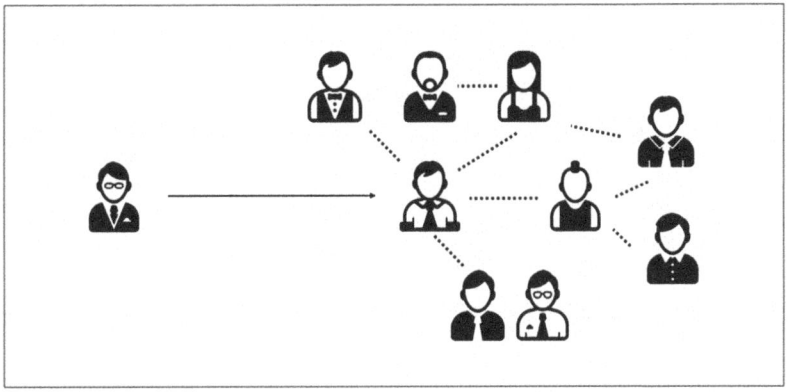

Abb. 2.2 Ein neues Teammitglied trifft auf ein bestehendes Netzwerk von Verbindungen

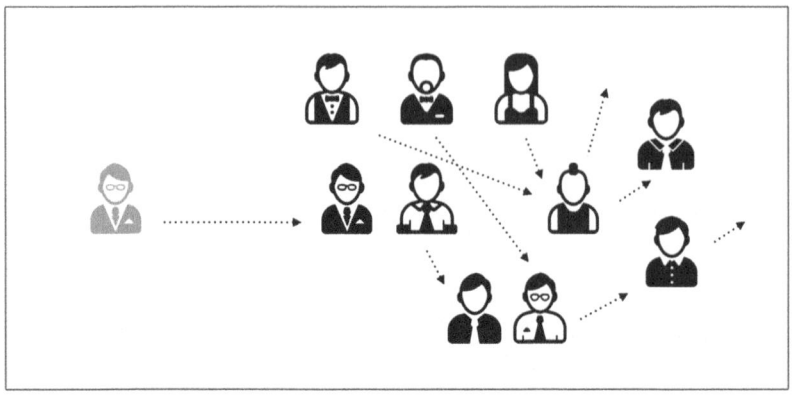

Abb. 2.3 Das Team reagiert auf den Neuen, indem sich Verbindungen verschieben und Teammitglieder neue Allianzen formen

neue Teamkonfiguration. Eine Dynamik entsteht, und wie ein Mobile pendelt sich das Team in einer neuen Position ein. Nach einer Weile herrscht dabei auch wieder Ruhe und ein neues Gleichgewicht, aber jedes neue Element im Mobile bewegt zunächst jedes einzelne andere Element in diesem Mobile, bis schließlich das gesamte System eine neue Ordnung gefunden hat.

Diese neue Ordnung könnte in unserem Beispiel dann so aussehen wie in Abb. 2.4 dargestellt.

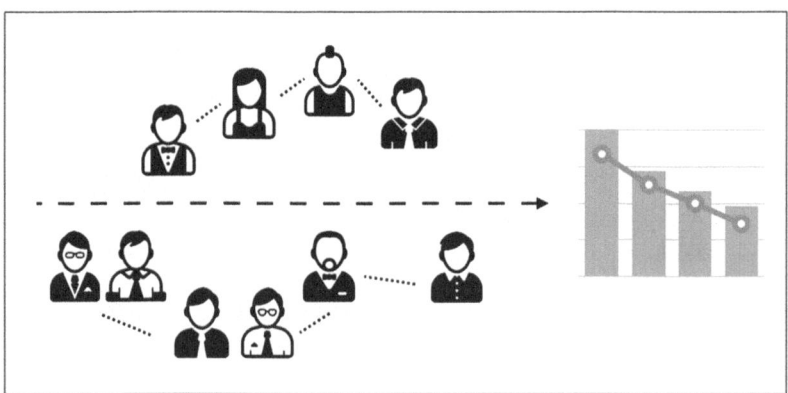

Abb. 2.4 Das System Team findet ein neues Gleichgewicht, was letztendlich für den Leistungsverlust der Gruppe verantwortlich ist

Das neue Gleichgewicht der Gruppe entsteht durch die neuen Allianzen, die sich in der Gruppe bilden. Ein Gleichgewicht bedeutet aber keineswegs, dass es der Gruppe jetzt besser geht als vorher. Sie hat sich einfach an die gegebenen Umstände angepasst und eine neue Konstellation gebildet, die bei eben den gegebenen Umständen funktional ist. Funktional allerdings ist die Konstellation nicht unbedingt in Bezug auf das Kriterium Team-Performance, sondern vielmehr in Bezug auf die Allianzstruktur innerhalb des Teams. Anders gesagt: Jeder im Team ist gerade so zufrieden mit dem Status quo seiner Beziehungen im Team, dass sich eine Veränderung von Relationen nicht lohnen würde. Schließlich kostet es Energie, neue Beziehungen aufzubauen und alte aufrechtzuerhalten.

In unserem Beispiel sehen wir, dass das neue Gleichgewicht dieser Gruppe, unseres High-Performance-Teams, in seiner neuen Struktur aus Beziehungen in zwei Lager zerfallen ist. Zwischen der einen Hälfte des Teams und der anderen gibt es keine stabilen Beziehungen mehr, keinen informellen Austausch, keine Weitergabe von irrelevanten oder auch relevanten Informationen außerhalb der formal vorgegebenen Bahnen eines Teams. Dies erklärt im Endeffekt, warum die Gesamtleistung des Teams absinkt. Und jetzt stellt sich die entscheidende Frage: Wessen Schuld ist das? Ist das die Schuld des Neuen im Team? Ist das die Schuld der Teamstruktur? Ist es vielleicht die Schuld jedes Einzelnen im Team?

Dass jegliche monokausale Erklärung scheitern muss, sehen wir an einem einfachen Gedankenexperiment. Jetzt, da wir wissen, dass die Teamstruktur sich durch das Auftreten des Neuen und damit die verschobenen Allianzen in zwei Lager geteilt hat und deswegen die Leistung des Gesamtteams leidet, was können wir tun, um die Leistung wieder auf den alten Stand beziehungsweise auf den eigentlich angestrebten erhöhten Stand zu bringen? Eine Sache ist klar, den Neuen zu entfernen, das löst das Problem nicht.

Genau da setzen wir aber an, wenn wir ohne tiefere Analyse dem Mantra „Post Hoc Ergo Propter Hoc" folgen. „Danach, also deswegen" lässt den vollkommen plausibel erscheinenden Schluss zu, dass aus „Nachdem der Neue kam, ging die Leistung bergab" wird: „Weil der Neue kam, ging die Leistung bergab".

Da die Verwechslung von temporalem und kausalem Zusammenhang so häufig passiert, haben wir uns fast daran gewöhnt, sie einfach hinzunehmen. Noch dazu haben die meisten kausalen Zusammenhänge temporale Folgen, was bedeutet, dass in den meisten Fällen der umgekehrte Weg zutrifft, dass nämlich „weil A zu B führt" auch bedeutet, dass B eintritt, nachdem A eingetreten ist. Kausal bedeutet also häufig auch temporal, temporal bedeutet aber viel seltener kausal. Der Unterschied ist entscheidend, wenn wir über Fortschritt und Innovationen nachdenken.

Warum sind manche Unternehmen innovativer als andere? Was zeichnet einen erfolgreichen Entrepreneur aus? Und welche Produkte und Dienstleistungen haben das Potenzial, die Welt zu verändern? All dies sind Fragen nach kausalen Erklärungen, Fragen auf der Suche nach Faktoren, die sich verändern oder steuern lassen. Tatsächlich sind viele Erklärungsmuster allerdings durch kausale Missverständnisse verzerrt. Wenn Google damit erfolgreich ist, Mitarbeitern 20 % freie Arbeitszeit für Innovationen aller Art zu geben, dann ist das ein großes Commitment. Ob diese Time off allerdings zu Innovationen führt, können wir nicht eindeutig beantworten. Nur weil Google dieses Modell vertritt und gleichzeitig hoch innovativ ist, heißt das nicht unbedingt, dass andere Unternehmen in vollkommen anderen Märkten mit vollkommen anderen Geschäftsmodellen genauso innovativ werden, nur weil sie Mitarbeitern einen Tag pro Woche für Innovationen zur Verfügung stellen. Statements wie „Google ist erfolgreich, weil Mitarbeiter genug Zeit haben, sich über Fortschritt Gedanken zu machen" suggerieren Kausalität, tatsächlich ist die Sache aber viel komplexer.

▶   Es sind die richtigen Mitarbeiter, die im richtigen Moment, mit den entscheidenden Ressourcen und einer effektiven Politik eine marktrelevante Entwicklung erkennen, dann durch eine Idee ausreichend Mehrwert generieren und, mit Umsetzungskompetenzen ausgestattet, den nächsten Schritt wagen.

Es sind weder flache Hierarchien noch digitale Whiteboards noch eine gelungene Fehlerkultur, die den Unterschied machen. Es ist eine komplexe Kombination aus interagierenden Faktoren, die keiner richtig versteht. Die Lösung für dieses Unverständnis kann aber nicht eine kausale Vereinfachung sein, die mit so großer Wahrscheinlichkeit danebenliegt, dass es schlicht unverantwortlich ist, wenn Unternehmensberater und Strategen diese Komplexität auf Einzelfaktoren herunterbrechen und anhand dieser dann zu verändern suchen. So einfach ist das nicht – und das ist auch gut so.

Für den Menschen des 21. Jahrhunderts ist es schwer zu verstehen, dass unsere Kognitionen nicht funktionieren wie ein Computer, wie ein einfaches Input-Output-Modell. Informationen erreichen das Gehirn, werden verarbeitet, durchdacht und in Handlungen umgesetzt. Informationsverarbeitung im Gehirn so darzustellen, das ist, als würden wir das Internet als große Zeitung bezeichnen. Das Bild greift zu kurz und ist schlicht nicht haltbar, auch wenn es technisch als Metapher funktioniert. Genau wie unsere Welt über die Zeit komplexer und chaotischer wurde, wurde auch unser kognitiver Apparat komplexer. Wir sind keine Maschinen, und wenn Sie genau verfolgen, wie sich künstliche Intelligenz entwickelt, werden Sie schnell erkennen, dass Intelligenz gerade die Fähigkeit voraussetzt, mit Volatilität, Unsicherheit, Komplexität und Ambiguität, also der Unvorhersagbarkeit von Ereignissen und den psychologischen Effekten dieser Unvorhersagbarkeit umzugehen. Ein Gehirn, das funktioniert wie eine Maschine, wird in unserer Welt nicht überleben. Wir müssen genauer hinsehen, wenn wir unser eigenes Denken verändern wollen, um innovativer zu sein.

Ich will Sie nicht mit Definitionen langweilen – auch wenn viele meiner Forschungskollegen das wahrscheinlich für wissenschaftlich[1] hielten –, aber die folgende Unterscheidung lohnt sich, um zu untersuchen, wie wir denken:

Big Data ist nicht gleich Big Information. Was ist der Unterschied zwischen Daten und Informationen? Der Mensch. Daten existieren auch ohne unser Beisein. Informationen nicht. Es braucht immer mindestens einen Menschen, der aus Daten Informationen macht. Gleichzeitig hat ein Datenpunkt ohne den Menschen keine Bedeutung. Erst unser Denken schreibt Bedeutung zu. An und für sich haben Daten keinerlei Bedeutung – und es stecken auch keine Informationen in Daten. Erst der Mensch, der Daten beobachtet und analysiert, kann Schlussfolgerungen ziehen und Informationen konstruieren. Dies kann er auf Basis von Wissen, Erfahrung, Prinzipien oder Intuition tun, die wir bereits im Zusammenhang mit Unsicherheit beschrieben haben.

Daten werden zu Informationen auf der Basis von Wissen: Zum Beispiel werden deutlich mehr Frauen schwanger als Männer. Die Datenlage erlaubt das Statement, und Ihre Reaktion ist möglicherweise wie die vieler Menschen. Ist doch klar. Männer werden nicht schwanger. Das wissen wir doch. Stimmt, aber auch nur, weil wir bereits Informationen haben, die uns erlauben, die Datenlage zu erklären. Die Daten selbst enthalten keine Informationen über die Möglichkeit von Schwangerschaften bei Männern, die Daten geben das schlicht nicht her.

Daten werden zu Informationen auf der Basis von Erfahrung: Sie stehen bei Freunden in der Küche. Sie sind zum Essen eingeladen und Sie stützen sich am Spülbecken, während Sie tief in ein Gespräch verwickelt sind. Als Ihr Gastgeber Sie mit einem Handzeichen bittet, das Spülbecken freizugeben, bewegen Sie sich Richtung Herd, auf dem noch nichts steht. Beim Überfliegen der Herdplatten bemerken Sie eine Signalleuchte an einer der vorderen Platten, die rot leuchtet. Ohne Ihr Gespräch zu unterbrechen, suchen Sie eine andere Ecke der Küche

---

[1] In den Sozialwissenschaften sind Definitionen nur bedingt hilfreich, da sie immer andere Definitionen voraussetzen und die meisten Definitionen nicht das tun, was sie eigentlich sollten: abgrenzen, was eine Sache nicht ist, anstatt auf unterschiedliche Weisen zu artikulieren, was eine Sache ist.

auf, denn am Herd werden Sie sich nicht abstützen können. Warum haben Sie sich nicht am Herd abgestützt? Weil Ihre Erfahrung Ihnen sagt, dass bei roten Signallampen in Herdnähe Vorsicht geboten ist. Streng genommen können Sie nicht wissen, ob das bei dem Herd Ihrer Freunde auch so ist. Aber Ihre Erfahrung reicht vollkommen aus, es nicht zu riskieren. Das Leuchten der roten Signallampe enthält keinerlei Information. Es ist schlicht ein Datenpunkt. Erst Ihre Erfahrung macht aus diesem Datenpunkt Information.

Daten werden zu Informationen auf der Basis von Prinzipien: Sie stehen an einer Ampel, der nächste Termin erwartet Sie. Sie haben es eilig. Die Ampel wird einfach nicht grün. Sie stehen an der roten Ampel kurz davor, die freie Straße zu überqueren, als Sie plötzlich Ihre Meinung ändern. Der Grund? Auf der anderen Straßenseite kommt eine Horde Kindergartenkinder mit ihren Betreuern auf die Ampel zu. Ein Betreuer hebt seinen Arm und deutet auf die rote Ampel. Die Karawane bleibt stehen – und Sie tun das auch. Aber warum? Aus Prinzip. Es ist weder Wissen, das Ihnen verbietet, die Straße zu kreuzen, noch haben Sie viel Erfahrung mit Kindergartenkindern an Ampeln. Aber Sie erkennen ein Prinzip in der Erziehung dieser Kinder. Sie wollen kein schlechtes Vorbild sein oder gar die Lektion des Betreuers infrage stellen. Sie nutzen eine Menge Datenpunkte in Kombination, um Informationen zu generieren, die Ihre Entscheidung formen, stehen zu bleiben. Kindergartenkinder an einer roten Ampel aber sind keine Information. Erst das Prinzip macht aus den Daten eine sinnvolle Entscheidungsgrundlage.

Daten werden zu Informationen auf der Basis von Intuition: Jetzt wird es kompliziert. Intuition ist ein Trick unseres kognitiven Apparates, uns mit Wissen, Erfahrungen und Prinzipien zu versorgen, wenn wir keine Zeit haben oder eine Sache zu komplex ist, um auf bewusst-rationalem Weg zu einer Entscheidung zu kommen. Stellen Sie sich vor, Sie sind Garri Kasparow, ehemaliger World Chess Champion, ein absolutes Superhirn im Schachspielen, der sagt, er denke 15 Züge im Voraus. Garri Kasparow sagt auch, dass die Gesamtanzahl möglicher unterschiedlicher Züge in einer Partie Schach größer ist als die Anzahl an Sekunden, die seit dem Urknall vergangen sind. Und genau deswegen sei „Intuition die entscheidende Stärke eines großartigen Schachspielers". In Kasparows Fall ermöglicht Intuition die Verarbeitung von Daten zu Informationen in präziserer Weise, als es rationale Strategien vermögen würden. Streng genommen wissen wir zwar, welche Figur welchen Zug machen kann, wenn wir auf das Schachfeld blicken. Möglicherweise wissen wir auch aus Erfahrung, welche Reihe an Zügen sich ergeben könnte, wenn wir einen bestimmten Zug machen, und eventuell haben wir sogar bestimmte Prinzipien und Muster parat, die uns erkennen lassen, welche Strategie unser Gegenüber wohl fährt. Aber, um aus all diesen Informationen sinnvoll zu schlussfolgern, berufen wir uns auf Intuition.

Was wir denken, hängt zum großen Teil von unserem Wissen, unserer Erfahrung, unseren Prinzipien und intuitiven Beurteilungen ab. Die Inhalte unserer Gedanken sind nie unabhängig von diesen vier Bausteinen. Sie ergeben die Brille, mit der wir die Welt verstehen. Neue Daten erreichen uns also nie ungefiltert. Was wir sehen, können wir nur aufgrund dieser Basis sehen. Wir sind schlicht nicht in der Lage, den reinen Datensatz der Welt zu sehen. Und das hat gravierende Auswirkungen auf unseren Fortschritt als Menschheit. Viele sprechen von einer Box, außerhalb derer Innovation stattfindet. Eine Box, die wir verlassen müssen, um Neues zu schaffen. Was viele als die Box bezeichnen, beschreibt unsere Brille mit den vier Komponenten. Wir können nicht anders, als unser Wissen zu nutzen, wir können nicht aufhören, Erfahrungen zu machen und sie einzusetzen, wir können auch nicht alle Regeln und Prinzipien ignorieren, die wir irgendwann akzeptiert haben. Und ganz sicher können wir nicht verhindern, dass wir in vielen Situationen ein intuitives Bauchgefühl haben, das uns sagt, was zu tun ist. Aber genau das konstruiert die Box, aus der wir so schwer kommen.

▶   Um innovativ zu denken, müssen wir lernen, bestimmte Denkweisen für einen bestimmten Zeitraum zu ignorieren.

Der Schwächste fliegt. Selten. Evolution als Anpassung an den Status quo

Evolution ist Anpassung. Das ist in der Biologie nicht anders als in der Evolution unserer Ideen. Evolution in sozialen Systemen, Märkten und Organisationen ist allerdings nicht getrieben durch zufällige Mutation, sondern durch menschliche Kognition.

Biologisch werden Informationen über Gene weitergegeben, die mutieren und durch Selektion für Anpassung des Organismus sorgen. Dabei hat also jede Folgegeneration eine minimal andere genetische Ausstattung. Im Denken können wir eine assoziative Mutation annehmen. Wir könnten also sagen, dass von einem Gedanken zum nächsten es nicht unbedingt logisch vorgeht, sondern assoziativ. Wissen speichern Menschen nicht in Kisten, sondern in Netzwerken. Da die sehr individuell sind, können zwei Menschen eine gegebene Idee vollkommen unterschiedlich verstehen. „So hatte ich das gar nicht verstanden." Meeting zur Ideengenerierung für ein neues Produkt mit fünf Personen, der erste Vorschlag löst ein Feuerwerk an Assoziationen aus, die Idee wird entwickelt und die individuellen Gedanken entwickeln sich ebenfalls evolutionär. Die Idee, die gerade passt, wird aufgegriffen. Nach welchen Regeln allerdings die Selektion geschieht, dazu später mehr.

Nicht zufällig, aber chaotisch: Auch wenn das theoretisch hoch spannend ist, will ich dem Leser ersparen, tief in die Diskussion um Zufall und Chaos einzusteigen. Stattdessen will ich etwas über die Konsequenzen sagen. Ideen zu haben ist kein Zufall, insbesondere gute Ideen sind kein Zufall. Aber sie entstammen dem Chaos unserer Assoziationsnetzwerke. Was bedeutet, dass wir nicht wissen, warum wir oder wie wir auf eine bestimmte Idee gekommen sind, aber natürlich gibt es Gründe. Genau deswegen ist es wichtig zu verstehen, dass Innovationen nicht auf dem Zufall basieren, sondern auf einem chaotischen Denkprozess. Und genau diesen chaotischen Denkprozess haben wir evolutionär entwickelt, weil er adaptiv ist, also zu unserer Welt gepasst hat.

Wenn Fortschritt sich selbst verhindert

Drei Annahmen, mit denen viele von uns an Innovation herangehen, sind durch unser Denken und soziale Überzeugungen derart verzerrt, dass sie als dysfunktionale Kognitionen unser Leben erschweren, wenn es um Fortschritt geht.

Fortschritt ist ohne Alternative. Wir können nicht einfach aufhören

Wachstum und Fortschritt sind keineswegs ein und dasselbe. Wenn Unternehmen auf Wachstum setzen und Ökonomen in aller Welt auf die Notwendigkeit kontinuierlichen Wirtschaftswachstums hinweisen, dann meinen sie nicht Fortschritt. Ob und wie ein Unternehmen oder eine gesamte Ökonomie fortschrittlich ist oder es wird, hängt nicht vom Wachstum ab. Jedenfalls nicht ausschließlich. Wie immer ist die Sache komplexer.

Müssen wir wachsen? Müssen wir Fortschritt treiben? Warum können wir nicht einfach aufhören und uns darauf einigen, dass der Status quo dieser Welt in ökonomischer, sozialer und ethisch-moralischer Sicht gut genug ist? Brauchen wir wirklich ständig mehr? Müssen wir uns tatsächlich immer weiterentwickeln? Warum ist Fortschritt so wichtig?

Während die Frage von Wachstum nicht so einfach zu beantworten ist, besteht im Bereich Fortschritt kein Zweifel: Fortschritt ist ohne Alternative. Wir können weder als Unternehmen noch als Gesellschaft oder als ethisch-moralisches kollektives Gewissen je aufhören, uns weiterzuentwickeln. Wir müssen Neues schaffen, wir müssen Probleme lösen und Fragen beantworten, die wir selbst geschaffen haben. Der Gedanke an Stillstand in der Entwicklung der Menschheit ist ein Trugschluss. Stillstand existiert in dynamischen, komplexen Systemen nicht. Selbst wenn wir uns auf ein ruhigeres Tempo dieses Fortschritts einigen könnten, würde es effektiv nicht zu einer Verlangsamung kommen. Fortschritt wird getrieben von Ideen, die in der Form von Innovationen unsere Welt verändern. Das Tempo zu reduzieren würde bedeuten, die Entwicklung von Ideen zu unterbinden. Und das ist zum Glück selbst in den restriktiven Gesellschaften unserer Welt nicht möglich. Was allerdings gesteuert werden kann und in Deutschland sehr sichtbar gesteuert wird, ist die Umsetzung von Ideen in Innovationen. An Ideen mangelt es in Deutschland nicht, genau wie in den meisten anderen Ländern. Aber es mangelt an der Infrastruktur, dem Risikobewusstsein und einem Verständnis für die Komplexität einer globalisierten Welt. Wie in vielen Teilen der Erde auch.

Also wird effektiv Fortschritt unterbunden? Nicht ganz, denn genau hier wird der Unterschied deutlich zwischen Fortschritt und Wachstum. Durch das Unterbinden der Umsetzung von Ideen beenden wir nicht die Evolution der zugrunde liegenden Ideen. Wir beenden lediglich die wirtschaftliche Ausbeutung dieser Ideen. Faktisch verhindern wir innovationsgetriebenes Wachstum. Dass das nicht ewig gut geht, müssen wir nicht vertieft erläutern.

▶ Für Wachstum zählt nicht die Anzahl der Ideen, sondern die Anzahl erfolgreicher Innovationen. Fortschritt dagegen besteht aus Ideen, die einen Zweck erfüllen. Ideen mit Sinn lassen sich nicht bremsen. Innovationen dagegen sehr wohl.

Was gestern funktioniert hat, wird auch morgen funktionieren

Leider ist diese so intuitiv verständliche Schlussfolgerung in einer komplexen Welt vollkommen unberechtigt und gefährlich. Märkte verändern sich, Bedürfnisse verändern sich. Neue Ängste entstehen, neue Sorgen beschäftigen die Wissenschaften. Durch die Vernetzung aller Ideen in irgendeiner Weise kommt es zu Wechselwirkungen, die es sehr unwahrscheinlich machen, dass das, was gestern funktioniert hat, auch morgen noch funktionieren wird.

Unternehmen mit robusten, aber starren Strategien, die sich eben nicht anpassen, werden zwangsläufig irgendwann verschwinden, so wie Briefkästen und Telefonzellen, obwohl sie ihre Aufgabe vollkommen ausreichend erfüllen, irgendwann vollständig verschwunden sein werden. Teil einer evolutionären Entwicklung ist zwangsläufig, dass nicht einfach nur immer mehr neue Ideen zu den bestehenden hinzukommen. Ganz im Gegenteil, für eine neue Idee müssen häufig viele bestehende Ideen geändert oder ersetzt werden. Das Leben und Sterben von Ideen ermöglicht Fortschritt, und auch wenn uns aus nostalgischen Gründen mancher Abschied von Ideen schwerfällt, ist er unumgänglich.

Die Idee von der Ehe als Bund von Mann und Frau wird verschwinden. Genauso die Idee, an fünf Tagen der Woche von 9 bis 17 Uhr zu arbeiten. Auch die Idee, Neuigkeiten in Tageszeitungen zu veröffentlichen, wird verschwinden. Wenn Gedrucktes erscheint, ist es oft veraltet. Das bedeutet nicht, dass die Idee von Tageszeitungen verschwindet, aber sie wird sich dramatisch verändern. Mit mehr und mehr Einsatz von künstlicher Intelligenz, Algorithmen, Big Data und Smart Robotics werden Jobs verschwinden. Vom Projektmanagement bis zum Verkauf werden sich Aufgaben verschieben und immer mehr Tätigkeiten überflüssig, da Technologie sie ersetzen kann.

Ob uns das gefällt oder nicht, die Veränderung der Welt schreitet voran und macht einige Ideen überflüssig. Und damit wird das, was gestern noch einwandfrei funktioniert hat, morgen nicht mehr funktionieren. Natürlich können wir noch immer auf einem Schwarz-Weiß-Röhrenfernseher Bilder sehen, aber neue Sendestandards, Bildraten und hochauflösende Bilder werden den Röhrenfernseher ersetzen, ganz unabhängig davon, wie lieb gewonnen wir ihn haben. Und das nicht, weil er aus der Mode ist oder nicht mehr funktioniert. Er wird nur einfach keine Funktion mehr haben. Seine Existenzberechtigung wird ihm entzogen.

Genau diese Existenzberechtigung entziehen wir einigen Ideen auch in anderen Bereichen des Lebens. Unternehmen müssen ihre Funktion überdenken, Sinn erkennen und Zweck definieren von dem, was sie tun. Es ist absehbar, dass Unternehmen nicht überleben, deren offensichtliches Ziel Profit ist. Unternehmen, die nach Profit streben, funktionieren noch. Genau wie unser Röhrenfernseher, aber Stück für Stück wird ihnen die Existenzberechtigung entzogen. Neue Unternehmen treiben diesen Fortschritt voran. Er ist nicht aufzuhalten, nicht zu bremsen, und das Bestehende kann nicht erhalten bleiben, ganz unabhängig davon, wie sehr wir das möchten. Auch wenn diese neue Form der Existenzberechtigung von Unternehmen genau wie die Ehe zwischen zwei Männern oder die Idee einer vollständig globalisierten Welt noch nicht in der Mitte der Gesellschaft angekommen ist, bedeutet das nicht, dass diese Ideen sich nicht durchsetzen werden. Politische und gesellschaftliche Institutionen und Mittel sind schlicht zu machtlos, als dass sie solche Entwicklungen aufhalten könnten.

▶ In der Einschätzung von dem, was auf uns zukommt, können wir uns nur darauf verlassen, dass die Welt eine andere sein wird, als wir sie heute kennen. Im Umkehrschluss bedeutet das, dass viele Ideen, die heute funktional erscheinen, in dieser neuen Welt nicht funktionieren werden.

Was gestern nicht funktioniert hat, wird auch morgen nicht funktionieren

„Haben wir alles schon versucht." Dass Fortschritt nicht linear verläuft und absolut nicht von gestern auf morgen geschlossen werden kann, ist spätestens seit dem Zusammenbruch der Finanzsysteme in 2008 überdeutlich geworden. Viele andere Beispiele beleuchten die gleiche Fehleinschätzung auch in unserem tagtäglichen Leben. Schüler, die immer schlechte Noten nach Hause bringen und dann plötzlich eine Eins schreiben, machen sich verdächtig – und wir würden wohl eher nach Belegen für Betrug suchen. Dagegen werden Schüler, die immer gut abschneiden und dann plötzlich schlecht, nicht im Verdacht stehen, immer betrogen zu haben. Die hatten vielleicht einfach einen schlechten Tag. In beiden Szenarien bestehen wir auf stabilen Faktoren zur Erklärung eines linearen Trends, nämlich der Schulleistungen. Die Möglichkeit zufälliger Schwankungen oder gar langfristiger Richtungswechsel erscheint uns unwahrscheinlich und oft sogar bedrohlich. Wir möchten vorhersagen können. Das geht zulasten unserer Genauigkeit.

Was gestern funktioniert hat, muss morgen überhaupt nicht funktionieren. Die Welt verändert sich und ist morgen eben nicht mehr die gleiche. Ein Hersteller von Selfiesticks wird das möglicherweise bald merken. Wenn das Problem, das ein Selfiestick heute löst, morgen verschwunden ist, stellt auch der Selfiestick keine Lösung mehr da. Gleichzeitig hätte die Erfindung eines Selfiesticks vor der Entwicklung von Smartphones mit Kamerafunktionen und der gleichzeitigen sozialen Entwicklung, sich selbst an verschiedenen Orten zu fotografieren, keinen Sinn gemacht. Was gestern nicht funktioniert hätte, würde heute also sehr wahrscheinlich funktionieren.

▶ In vielen Fällen ist nicht die Idee unreif für die Welt, sondern die Welt noch nicht reif für eine Idee.

Wenn das Ziel den Weg versperrt

Wenn wir Innovationsprozesse beobachten, dann sind diese oft begleitet von Strategien zu Kommerzialisierung, Monetarisierung und im besten Fall durch innovative Geschäftsmodelle. Das ist auch richtig so. Für Unternehmen müssen sich Innovationen lohnen, sie müssen sich rechnen. Innovation ist kein Selbstzweck. Sie kann als Teil der Leitwerte eines Unternehmens definiert werden und damit zur Entscheidungsgrundlage in bestimmten Situationen herangezogen werden, aber an und für sich ist Innovation kein Ziel. Innovation ist ein Key Performance Indicator, einer der Indikatoren, an denen sich das Potenzial eines Unternehmens bemessen lässt. Immer häufiger habe ich es mit Klienten zu tun, die mir nicht genau erklären können, wozu sie eigentlich innovativ sein wollen. Innovation als reinen Trend zu betrachten birgt eine große Gefahr. Als schlichtes Buzzword verliert es seine ursprüngliche Existenzberechtigung. Innovationen führen – direkt oder indirekt – zu Fortschritt und damit ultimativ zum Überleben und Bestehen der Menschheit. Nicht jede Innovation und in vielen Fällen nicht direkt, aber doch besteht Fortschritt aus konstanten Anpassungen und Veränderungen von Bestehendem, kurz aus Innovationen. Zudem kommen die meisten dieser Innovationen heute von Unternehmen. Regierungen, politische und gemeinnützige Organisationen präsentieren sich selbst als weniger innovativ und stellen sich auch seltener als innovativ dar. Was in Folge dazu führt, dass viele Pioniere nicht in der Politik, sondern in Unternehmen landen. Das ändert aber an der Tatsache gar nichts, dass wir auch politisch, gesellschaftlich und sozial Fortschritte machen. Nur ist dieser Fortschritt getrieben durch Innovationen aus der Informationstechnologie, die sehr früh schon Kommerzialisierung erfahren hat.

An dieser Stelle sei nur an das Unternehmen Google erinnert, dessen Kerngeschäft nicht eine Suchmaschine war und ist. Das Geld wird durch andere Produkte verdient, so zum Beispiel durch sehr gezielte Werbung. Wir würden Google aber nicht als Werbeplattform erleben. Innovativ trat Google mit einer kostenlosen Suchmaschine in Erscheinung, fast so wie eine Non-Profit-Organisation, die aus einer Mission heraus einen Service bereitstellt, der vielen Menschen hilft. Und definitiv hat Google den Fortschritt in unserer Welt der letzten Jahre dramatisch vorangetrieben. Als Unternehmen, das besonders für eine Fähigkeit Anerkennung verdient, die vielen – ganz besonders vielen deutschen – Unternehmen fehlt: die Fähigkeit zu innovativen Geschäftsmodellen. Wer wann wie für was bezahlt, steht nicht fest. Unzählige neue Businessmodelle haben sich entwickelt, und eine große Herausforderung für Unternehmen besteht heute darin, herauszufinden, welches Modell für die eigenen Produkte in Zukunft funktionieren wird. Warum Businessmodell-Innovation besonders schwer umzusetzen ist, erklärt sich in erster Linie im menschlichen Aufbrechen von Denkgewohnheiten. Relationale Modelle wie Geschäftsmodelle sind viel schwieriger neu zu denken als Produkte, die ohne viele Verknüpfungen auskommen. Greifbarkeit ist eine der wichtigsten Dimensionen für die menschliche Vorstellbarkeit.

Warum stellt es einen Denkfehler dar, sich auf Innovation als Ergebnis eines kreativen Prozesses zu verlassen? Warum ist es strategisch ineffizient, auf das Ergebnis eines Prozesses zu fokussieren statt auf den Prozess? Oder anders gesagt, warum lohnt es sich, Ideen als KPI für Innovativität aufzunehmen, anstatt lediglich Innovations-Outcomes zu messen? Drei Gründe: Erstens kommt Innovation oft überraschend und in unabsehbarer Form; zweitens werden viele gute Ideen aus den falschen Gründen nie umgesetzt, und drittens ist der Weg viel mehr Ziel als das Ziel selbst, weil der Innovationsprozess so viel Unsicherheit enthält, dass aus ihm mehr gelernt wird als aus den kommerziellen Erfolgen einzelner Ideen. Lassen Sie uns diese drei Punkte im Detail analysieren, denn es gibt viele Missverständnisse rund um die Verwendung von KPIs im Innovationsmanagement. Die meisten dieser Missverständnisse entstammen der Schwammigkeit von Definitionen wie etwa der ROWE (Results Only Work Environment).

1. Warum kommt Innovation häufig überraschend? Wenn Mahatma Gandhi ausführt: „Erst ignorieren sie dich, dann lachen sie über dich, dann bekämpfen sie dich und dann gewinnst du!", dann erklärt er die eine Seite des Problems. Wir ignorieren neue Ideen, Entwicklungen, Trends und Fortschritt so lange wie möglich. Einerseits stellt Neues eine Bedrohung dar, und darüber hinaus gibt es zu viele Entwicklungen und parallele Trends, als dass wir allen folgen könnten. Wenn wir sie nicht länger ignorieren, dann belächeln wir, was da kommt. Wir nehmen Bedrohungen nicht ernst, wir verdrängen die Realität oder halten das Neue für nicht umsetzbar. Wir können uns nicht vorstellen, dass wir in ein Auto steigen, das keinen Fahrer mehr braucht. Genauso werden sich in wenigen Jahren Menschen nicht mehr vorstellen können, dass wir Autos je selbst gefahren haben. Der Status quo ist klebrig – und wir bleiben hängen, ob wir wollen oder nicht. Das Loslösen erfordert Kraft und Energie. Ein wichtiger Grund dafür, dass Innovation uns überrascht, ist unsere Vorstellungskraft und wie weit wir vom Status quo in mögliche Zukunftsszenarien denken können. Auf der anderen Seite steckt in überraschenden Innovationen eine ganz systematische Komponente. Innovationen kommen unvorhersehbar, weil in der Komplexität der Welt so viele unterschiedliche Entwicklungen parallel laufen und sich gegenseitig beeinflussen, dass jegliche Vorhersage über den nächsten evolutionären Schritt der Welt und damit den nächsten Durchbruch in unserem Fortschritt mit so großen Fehlern behaftet ist, dass diese Vorhersage fast zufällig ist. Natürlich können wir für einen gewissen Zeitraum Vorhersagen mit besserer Quote erreichen. Aber Unternehmen

sind oft zu schnell darin, eine Wahrscheinlichkeit mit Gewissheit zu verwechseln. Wenn wir annehmen, dass das Internet der Dinge mit einer Wahrscheinlichkeit von 80 % dafür sorgen wird, dass Supermärkte weltweit verschwinden, weil Kühlschränke einkaufen gehen und nicht mehr Menschen. Supermärkte sind aber nicht für Kühlschränke konzipiert, sondern für Menschen. Mal abgesehen davon, dass Wahrscheinlichkeiten wie diese häufig auf abstrusen Wegen zustande kommen, so zum Beispiel durch Expertenbefragungen (135 Experten haben wir befragt, für wie wahrscheinlich sie selbst einkaufende Kühlschränke halten) oder relative Häufigkeiten (80 % aller Kühlschrankhersteller arbeiten daran, autonome Interaktionen zwischen Nahrungsmittellieferanten und Ihrem Kühlschrank [via Internet] zu ermöglichen). Also ganz abgesehen von diesen selbst mit Fehlern behafteten Methoden, sind 80 % eben nicht 100 %. Mit 20 % Wahrscheinlichkeit werden Kühlschränke eben nicht autonom einkaufen gehen. Ja, aber was werden sie denn dann tun? Was wird denn sonst passieren? Sobald wir mit einer hohen Wahrscheinlichkeit von einem Zukunftstrend ausgehen, beginnen wir uns vorzustellen, wie es wohl sein wird, wenn der Trend sich durchsetzt. Das ist ja auch viel einfacher, als sich vorzustellen, was passiert, wenn der Trend sich nicht fortsetzt. Aber nur weil etwas einfacher ist, ist es eben nicht wahrscheinlicher. Wir müssen lernen zu verstehen, dass unsere Vorstellungskraft kein besonders guter Indikator für die Wahrscheinlichkeit ist, dass etwas Bestimmtes eintrifft oder nicht. Bis wir das lernen, werden uns Innovationen überraschen, positiv und negativ.

2. Warum werden Ideen nicht umgesetzt? Ideen sind in der Zukunft lokalisiert, nicht in der Vergangenheit oder Gegenwart. Sie existieren also in einer Welt, die in vielerlei Hinsicht von unserer heutigen Welt stark abweicht. Wenn wir einschätzen sollen, ob Kühlschränke in Zukunft im Supermarkt für uns einkaufen, setzt das voraus, dass niemand dafür gesorgt hat, dass in dieser zukünftigen Welt Kühlschränke überflüssig sind. Aber ist das nicht wahrscheinlich irgendwann der Fall? Entweder, weil Lebensmittel nicht mehr gekühlt werden müssen, da sie so manipuliert werden, dass sie keine Kühlung mehr brauchen. Oder aber, weil wir grundsätzlich keine Lebensmittel mehr verzehren, sondern einen auf unseren Stoffwechsel hin optimierten Nährstoffmix in Form einer Pille oder Spritze. Wenn wir uns eine Idee in der Zukunft vorstellen, gehen wir zu häufig davon aus, dass sich außer unserer Idee in der Zukunft nicht viel ändert. Ein Denkfehler mit gravierenden Konsequenzen. Da unsere Vorstellungskraft in der Gegenwart verankert ist, wir aber Ideen für die Zukunft entwickeln, ist die Liste der Gründe, die gegen den Erfolg einer Idee sprechen, immer länger als die Liste der Gründe, die für eine Idee sprechen. Und genau deswegen setzen wir Ideen nicht um, auch wenn sie funktionieren würden. Wenn wir nicht den falschen Anker hätten, wäre das übrigens ein absolut rationales Vorgehen. Wenn die Idee funktionieren würde,

hätten wir sie ja schon. Irgendwer würde sie schon umgesetzt haben, wenn sie in unsere Welt passen würde. Stimmt, nur sprechen wir eben nicht über die Welt, wie sie ist, sondern wie sie sein könnte. 3. Warum lernen wir mehr aus dem Innovationsprozess als aus erfolgreichen, innovativen Produkten? Erfolgreiche Innovationen kommen zustande, wenn die richtigen Ideen zur richtigen Zeit am richtigen Ort sind, wenn Märkte sich so entwickeln, dass eine bestimmte Idee eine adaptive Lösung für ein Problem darstellt oder irgendeinen Mehrwert liefert, der vorher nicht bestand. Alles, was wir aus erfolgreichen Innovationen der Vergangenheit lernen können, ist, dass sie adaptiv waren für den Kontext, in dem sie umgesetzt wurden. Atomkraftwerke waren adaptive Lösungen, die heute nicht mehr eindeutig als großartige Idee gefeiert werden, um das einmal vorsichtig auszudrücken. Aus der Innovation können wir inhaltlich also kaum lernen. Ihre Zeit ist vorbei. Wir leben in einem neuen Kontext mit anderen Fragen, neuen Problemen, vorher nie da gewesenen Herausforderungen. Wenn Führungskräfte und Unternehmer herausfinden wollen, wie Innovationen zustande kommen, fragen sie häufig nicht nach den Ideen, sondern den Personen dahinter. Wie machen das erfolgreiche Innovatoren? Wie kommen die auf ihre Ideen? Wie sieht deren Innovationsstrategie aus? Die Frage nach Strategie ist durchaus sinnvoll, aber der Innovationsprozess bietet weitaus mehr Potenzial als nur die Strategie der Erfolgreichen. Problem ist die gleiche Verzerrung bei Innovationsstrategien wie das, was in den Wissenschaften Publikationsverzerrung genannt wird.

Angenommen, Sie führen 100 Experimente durch, um eine These zu belegen. In fünf Experimenten finden Sie genau das, was Sie laut These erwarten würden, alle anderen 95 Versuche sind nicht eindeutig. Wie wahrscheinlich ist es wohl, dass Ihre These stimmt? Genau, nicht sehr wahrscheinlich. Jetzt sind Sie aber Wissenschaftler und werden gemessen an der Anzahl erfolgreicher Publikationen, so wie ein Innovator an der Anzahl erfolgreicher Ideen gemessen wird. Als Wissenschaftler nehmen Sie jetzt also die fünf erfolgreichen Ergebnisse, schreiben einen Artikel und reichen ihn zur Veröffentlichung in einem Fachjournal ein. Er wird publiziert, und Wissenschaftler in der ganzen Welt sehen, dass Sie in fünf Experimenten belegen konnten, dass Ihre These stimmt. Wenn Sie lesen, dass jemand in fünf aufeinanderfolgenden Experimenten zeigen konnte, dass er recht hat, wie wahrscheinlich ist es dann, dass er recht hat? Stimmt, ziemlich wahrscheinlich. Von den 95 nicht erfolgreichen Versuchen wird nie jemand erfahren, denn uneindeutige Ergebnisse sind keine Ergebnisse und werden deswegen nicht publiziert. Übrigens nicht, weil Wissenschaftler das unbedingt geheim halten wollen, sondern weil es Journale so verlangen. Erlauben Sie mir an der Stelle den Seitenhinweis, dass es glücklicherweise wissenschaftliche Journale in der Form, wie sie heute betrieben werden, nicht mehr lange geben wird. Deren Zeit ist gekommen, denn die gesamte Existenzberechtigung der Journale besteht in ihrer Filter- und Evaluationsfunktion (absurderweise *Peer Review* genannt). Wir haben längst effektivere Instrumente, Wissen zu evaluieren, indem wesentlich mehr als nur eine Handvoll Wissenschaftler am Prozess beteiligt wird.

Was bedeutet das für Ihren Innovationsprozess? Das, was wir als Ergebnis eines Innovationsprozesses sehen können, enthält so viel Information wie der wissenschaftliche Artikel, der nur präsentiert, was funktioniert hat. Was nicht funktioniert, bleibt verborgen. Wer also wirklich herausfinden möchte, wie aus Ideen Innovationen werden, muss sich um den Prozess kümmern und nicht das Ergebnis beleuchten. Der Weg von Ideen durch Entscheidungsprozesse und Umsetzungshürden bietet unendlich viel Lernpotenzial und stiftet im Endeffekt mehr Wert als erfolgreiche Innovationen.

Ein Grund, warum Großkonzerne wie Google und Facebook junge Unternehmen mit guten Ideen übernehmen, ist auch, dass diese jungen Unternehmen großes Erfahrungswissen haben darüber, was alles nicht funktioniert. Übernommen wird der gesamte Lernprozess, der zur Innovation geführt hat, und der ist wertvoller als das Produkt, das am Ende herauskommt.

Wenn Kernkompetenz den Pudel vertreibt

Denkfehler sind dann ein Problem, wenn sie für dysfunktionales Verhalten sorgen. Denkfehler sind nicht deswegen Denkfehler, weil sie fragwürdige Schlüsse zulassen oder Ambiguität fördern, und ganz besonders sind Denkfehler nicht Denkfehler, weil sie irrational sind. Die einzige Frage, die wir an Denkfehler stellen müssen, ist, ob sie in einem bestimmten Kontext, in dem wir uns gerade bewegen, funktional für ein von uns angestrebtes Ziel wie etwa Innovation und Fortschritt sind, oder eben nicht.

Wenn ich mit Klienten zum ersten Mal arbeite, steht ein Denkfehler im Fokus. Ein Gedanke muss überwunden, ein Glaubenssatz ersetzt und eine Überzeugung gebrochen werden, bevor wir überhaupt beginnen können. Das zu überwindende System dreht sich um die Annahmen über Talent, Disposition und die uralte Frage nach angeborenen oder erlernten Fähigkeiten. Viele Wissenschaftler versuchen sich an dem Erkunden kognitiver Fähigkeiten und Potenziale und dem großen Geheimnis außergewöhnlicher Leistungen. Wie in allen Wissenschaften, die sich um den Menschen drehen, beginnen viele Untersuchungen mit der falschen Einheit, nämlich dem Menschen. Wir haben von Natur aus ein Bedürfnis, kausale Attributionen auf unveränderbare Ursachen zu vollziehen oder, anders gesagt, wir suchen nach Gründen, die die Welt erklären und das auch morgen noch tun. Die Faktoren, die wir heranziehen, sollen möglichst stabil bleiben. Wäre ja auch ein mit enormen Kosten verbundener Aufwand, nach Faktoren zu suchen, die zwar heute gelten, aber schon morgen nicht mehr. Wir suchen nach Stabilität in unseren Erklärungen. Also nicht verwunderlich, dass wir, wenn es um den Menschen und seine Fähigkeiten geht, nach Faktoren suchen, die tief im Menschen angelegt und möglichst angeboren sind. Tief bedeutet, dass wir nach etwas suchen, was weit mehr als ein sichtbares oder leicht greifbares Merkmal darstellt. Wenn Sie gefragt würden, warum manche Menschen kreativer sind als andere, was würden Sie antworten?

Wenn ich diese Frage stelle, bekomme ich üblicherweise Antworten wie: die richtigen Gene, Talent, angeborene Fähigkeiten. Danach kommen: Umgebung, Erziehung, Ausbildung, Übung. Und schließlich werden Faktoren genannt wie: ausreichend Zeit, inspirierender Austausch und Kultur. Um zu verdeutlichen, was ich meine, stellen Sie sich die Frage, für wie wahrscheinlich Sie es halten, dass eine außergewöhnlich kreative Person morgen aufwacht und etwa gleich kreativ ist wie heute. Im Gegenzug fragen Sie sich, wie wahrscheinlich es ist, dass eine vollkommen unkreative Person morgen aufwacht und das gleiche Level an Kreativität an den Tag legt wie die außergewöhnlich kreative Person. Die meisten Menschen halten Ersteres für wesentlich wahrscheinlicher als Letzteres. Wir glauben also, dass Kreativität eine recht stabile Eigenschaft ist, die wir entweder haben oder aber nicht, und dass deswegen niemand morgen aufwacht und vollkommen kreativ ist, der es heute nicht ist.

Wenn wir die Faktoren für Kreativität genauer ansehen, macht das auch Sinn. Da wir Kreativität für weitgehend angeboren, stabil und genetisch bedingt unveränderbar halten, macht es mehr Sinn, herauszufinden, wer kreativ ist und wer nicht. Und genau das tun wir in der Praxis. Wir messen und sortieren Menschen. Einige Faktoren betreffen Umgebung und Bildung, aber auch diese sind relativ unveränderbar, da sie weit in der Vergangenheit liegen, wie etwa frühkindliche Erziehung, oder aber in jahrelanger Ausbildung einen langen Zeitraum einnehmen. Faktisch ist unsere Überzeugung für Kreativität eine, die sich als Talent beschreiben lässt. Und damit begehen Organisationen und Institutionen in aller Welt einen der gravierendsten Denkfehler unserer Zeit: Innovation kommt nicht durch talentierte Genies zustande. Fortschritt ist nicht getrieben von außergewöhnlich talentierten Menschen. Fortschritt ist das Resultat eines funktionalen Systems und nicht einzelner Talente.

Der Glaube an Talent ist der größte Innovationskiller unserer Zeit, und seine Existenz bremst unseren Fortschritt in unbeschreiblichem Ausmaß. Der Denkfehler Talent kostet Organisationen und Volkswirtschaften Milliarden.

Was sind die Konsequenzen dieses Denkens, der Überzeugung, dass Talent der treibende Faktor ist hinter kreativem Denken und Innovation? Relativ einfach zu ergründen: Solange Menschen an Talent als Ursache für Erfolg aller Art glauben, lässt sich der Erfolg anderer auch immer durch Talent erklären. Wenn das gelingt, lässt sich der eigene Misserfolg jederzeit mit einem Mangel an Talent erklären. Da ich daran ja nichts ändern kann, muss ich auch gar nicht viel unternehmen, um kreativer, innovativer oder allgemein erfolgreicher zu sein. Stabil und unveränderbar ist der Status quo, weil er sich vollständig auf unveränderbare Faktoren zurückführen lässt.

Wir lieben unsere Helden. Unsere Verehrung von großen Talenten folgt einer perversen Logik. Auch wenn wir einerseits gerne so wären wie unsere Helden, liegen gleichzeitig alle Gründe, warum wir keine Helden sind, außerhalb unserer Kontrolle. Wir sind eben keine Helden, und je größer die kollektive Verehrung einzelner Helden, desto einfacher wird es für uns, zu akzeptieren, dass wir dort nie landen werden. Manchmal nimmt dieses Spiel traurige Züge an, und ich kann nur schätzen, wie viel tatsächliche Innovationskraft wir verlieren, weil Menschen, die mindestens so viel können wie Mark Zuckerberg und Elon Musk, nie glauben werden, dass sie es könnten. Unsere vollkommen überzogene Heldenverehrung für die kreativen Genies unserer Zeit bremst unseren Fortschritt und steht in keinem Verhältnis zu den tatsächlichen Fähigkeiten dieser Personen. Die Verehrung ist ein Zeichen für das Ausmaß, mit dem wir versuchen, den Druck aufzulösen, selbst etwas Außergewöhnliches zu leisten.

Mögen Sie zeitgenössische Kunst? Haben Sie schon einmal jemanden gehört, der sich ein modernes Kunstwerk ansieht und etwas sagt wie: „Das hätte ich auch gekonnt" oder „Und dafür bekommt der Millionen". Paradoxerweise haben wir es bei Kunst mit einem scheinbaren Gegentrend zu tun, wenn es um Talent geht. Allerdings nur auf den ersten Blick. Denn auch wenn wir einen bestimmten Strich auf eine weiße Leinwand gebracht hätten, würde unser Bild noch lange keiner ausstellen. An dieser Stelle mischt sich unser Denkfehler Talent mit den Denkfehler Outcome. Genau wie die Entwicklung von Facebook als Ergebnis eines langen, schweren und frustrierenden Prozesses gesehen werden muss, so muss auch die Entwicklung eines modernen Gemäldes als Prozess gesehen werden, den die meisten Menschen nicht durchstehen würden oder zumindest nicht bereit sind durchzustehen. Künstler sehen sich genau wie Innovatoren ständiger, hartnäckiger Kritik und enormen Zweifeln ausgesetzt. Die Fähigkeit, mit Angriffen und Ignoranz umzugehen, macht den wahren Unterschied aus zwischen denen, die es schaffen, und denen, die es nicht einmal richtig versuchen. Wenn wir große Helden feiern, müssen wir darauf achten, dass wir sie für die richtigen Gründe feiern. Wenn Organisationen Innovationen fördern wollen, müssen sie funktionale Überzeugungen fördern. Sie müssen den Glauben an Veränderbarkeit und Willenskraft stärken, anstatt Talent als Ursache zu verankern. Die Idee des Monats zu feiern kann also eine gute Idee sein, wenn deutlich wird, dass jeder diese Idee hätte haben und umsetzen können. Die Idee des Monats zu feiern dagegen wird vollkommen dysfunktional, wenn Mitarbeiter danach eine Person für talentiert halten und das Generieren von guten Ideen auf die Fähigkeiten dieses talentierten Menschen schieben.

Aber sind denn nicht manche Menschen einfach talentierter als andere? Schon möglich. Wissenschaftlich ist das nicht ganz klar. Denn es scheitert an einer eindeutigen Definition von Talent. Eines ist aber klar: Der Glaube an Talent ist dysfunktional, selbst wenn er begründet ist. Das wiederum scheint paradox, ist es aber nicht. Was tatsächlich stimmt, ist nicht immer das, was wir hören müssen, um Fortschritt zu treiben. Zum Zwecke des Fortschritts sind funktionale Überzeugungen wichtiger als empirische Ergebnisse, die – und das sage ich mit jahrelangem Forschungshintergrund und der damit verbundenen Frustration – weder die eine Wahrheit noch die erhoffte Stabilität aufweisen, die wir bräuchten, um Talent als Ursache für Kreativität zu definieren. Tatsächlich müssen wir davon ausgehen, dass so ziemlich jede menschliche Fähigkeit Faktoren enthält, die auf momentane und situationale Bedingungen zurückzuführen sind. So etwa haben die Menschen, mit denen ich mich umgebe, das Klima, die Unternehmenskultur, meine Ernährung, meine Beziehung, Freunde, Familie, Geldsorgen, generelle Gesundheit, Fleiß, Ausdauer und Zukunftsängste weitaus größeren Einfluss auf meine aktuelle Kreativität als meine Gene oder frühkindlichen Erfahrungen. Nicht alle, aber sehr viele dieser Faktoren sind beeinflussbar – und das durch uns selbst. Anders und wesentlich unbequemer ausgedrückt: Der Grund, warum wir keine Genies sind, liegt in der Tatsache, dass wir nichts dafür tun, selbst welche zu werden. Auch wenn wir gerne glauben würden, dass das eher an einem Mangel an Talent liegt.

Wenn's mal wieder länger dauert

Menschen haben sich entwickelt und entwickeln sich noch immer nach den Regeln der Evolution. Streng genommen kommt diese Entwicklung vollkommen ohne Plan oder Design aus. Kontinuierliche Anpassung, zufällige Veränderungen und Anpassungsfähigkeit optimieren uns für den Status quo. Biologische Evolution sorgt dafür, dass wir uns aufgrund langsam verändernder Umweltbedingungen mit kleinen Schritten, von Generation zu Generation, an den Status quo anpassen und dadurch überlebensfähig bleiben. Gleichzeitig müssen wir verstehen, dass diese Anpassung keinem Zweck folgt. Evolution hat keinen

Endzustand, kein Ziel. Sie sorgt für Überleben, aber selbst das ist kein Ziel. Die Evolution unserer Ideen folgt ähnlichen Regeln, verläuft aber wesentlich schneller. Die Art und Weise, in der Menschen von einem Gedanken zum nächsten Gedanken gelangen, ist nicht zufällig, und Mutationen in unseren Ideen sind es auch nicht, sondern das Resultat kalkulierter Eliminierung von Optionen, die nicht funktionieren werden. Evaluation von Ideen bedeutet immer Eliminierung von Zufallsmutationen, die assoziativ für neue Ideen sorgen, aber eben nicht funktional sind. Funktionalität ist eines der wichtigsten Kriterien für das Überleben in evolutionären Systemen. Ist eine bestimmte Verhaltensweise funktional, wird sie sich durchsetzen. Das bedeutet, sie wird von vielen Menschen übernommen und weiterverbreitet. In manchen Bereichen ist das sehr einleuchtend, in anderen nur indirekt zu sehen. So kann beispielsweise nutzloses Wissen absolut funktional sein. Als nutzloses Wissen oder *Fun Facts* würden wir Informationen bezeichnen, die irgendwie interessant sind, deren Verfügbarkeit mir aber in wenigen Kontexten weiterhilft. Funktional ist nicht das nutzlose Wissen, sondern was ich damit machen kann. Da ich anderen davon erzählen kann und mich damit beispielsweise als Gesprächspartner interessanter mache, hat das nutzlose Wissen nun eine Funktion, die für Relevanz sorgt. So finden wir viele Dinge interessant, weil sie relevant sind, nicht aufgrund ihres direkten Nutzens, sondern aufgrund ihrer sozialen Funktionalität.

Was funktional ist, setzt sich also durch. Bei nutzlosem Wissen sehen wir schnell, dass die soziale Funktionalität schwindet, sobald zu viele Menschen das gleiche Wissen teilen. Relevanz entsteht durch die Einzigartigkeit der Information und nicht durch den Wert der Information an sich. Nutzloses Wissen erfüllt noch eine andere Funktion. Es löst Assoziationsketten in quasi-zufällige Richtungen aus. Das kann in Form von Analogien und Metaphern passieren oder aber durch direkte Beeinflussung der kognitiven Gedankenkette. Wenn Sie über ein neues Geschäftsmodell nachdenken, und ich erwähne die zunehmende Anzahl von Senioren, die über 100 Jahre alt werden, dann können Sie das Alter analog übertragen und plötzlich über das Altsein an sich nachdenken, über Kurzlebigkeit und Vergänglichkeit. Oder Sie fühlen sich an Ihre Großeltern erinnert und denken an eine bestimmte Zeit mit ihnen. Dabei denken Sie an Orte und Zeitpunkte in der Vergangenheit, die Sie auf andere Gedanken bringen. Was funktional ist, überlebt.

Kann es sich für uns also lohnen, weniger rational durch unseren Alltag zu gehen, weil es zu einem bestimmten Zeitpunkt funktional war? Tatsächlich scheint sich unser kognitiver Apparat ununterbrochen an den Status quo angepasst zu haben – und mit großer Wahrscheinlichkeit tut er das auch noch heute. Dass Schüler heute weniger auswendig können, dass wir uns keine Telefonnummern mehr merken, und das möglicherweise auch gar nicht mehr könnten, liegt daran, dass sich unsere Umgebung in einer Art geändert hat, die das Auswendigwissen nicht mehr erfordert. Jedenfalls nicht in dem Umfang, wie das noch vor 50 Jahren der Fall war.

Die Fähigkeit, Gedichte, Telefonnummern, Adressen und Geburtstage zu lernen, verschwindet mit dem Mangel an Training. Der Mangel an Training entsteht hingegen durch die veränderte Umwelt, in der wir uns einfach weniger merken müssen. Was einmal hoch funktional war, ist es heute nicht mehr. Gleichzeitig bedeutet der Rückgang in einer Fähigkeit fast immer dysfunktionale Auswirkungen auf andere Bereiche des Lebens, in denen die Fähigkeit zwar seltener, aber dennoch von Vorteil wäre.

Funktionales Denken bedeutet also keineswegs optimiertes Denken oder gar optimales Denken. Es meint schlicht, dass Denken für ein bestimmtes Kriterium in einem bestimmten Zeitraum funktioniert. Unser Denken ist also selbst sehr dynamisch angelegt. Gleichzeitig hat sich für uns ein Konservatismus in der Anpassung von Denken herausgebildet, der dafür sorgt, dass wir einmal erzeugte Denkgewohnheiten nicht einfach aufgeben. Ganz besonders nicht innerhalb einer Generation. Wir überlassen Veränderung von Denkgewohnheiten lieber der nächsten Generation. Wenn junge Menschen „völlig anders denken", liegt das nicht daran, dass ältere Menschen nicht genau so denken könnten. Es liegt daran, dass wir unser Denken nur äußerst ungern verändern. Es hat sich deswegen ausgezahlt, das „Völlig-anders-Denken" einfach der nächsten Generation zu überlassen.

Wenn Spinner recht haben

Was, wenn Innovationen nicht etwas sind, was wir uns als Unternehmen oder Gesellschaft oder gar Menschheit leisten, damit es uns morgen auf irgendeiner Dimension besser geht als heute? Was, wenn Fortschritt kein Luxus, sondern überlebensnotwendig ist? Was, wenn wir als Menschheit morgen nicht mehr existieren? Sollten wir aufhören, uns ständig weiterzuentwickeln?

Das Problem des Rufes nach rationalen Entscheidungen, systematischen Innovationen und Fortschritt ohne Chaos ist das Problem eines guten Kriteriums. Nehmen wir zum Beispiel unsere Fähigkeit, Auto zu fahren, und vielleicht noch spezifischer unsere Fähigkeit des parallelen Rückwärts-Einparkens. Wenn Sie Menschen in Deutschland befragen, wer sich für überdurchschnittlich gut hält im Einparken, wer für durchschnittlich und wer für unterdurchschnittlich gut, werden Sie mit großer Wahrscheinlichkeit sehr viele Menschen finden, die sich für überdurchschnittlich gut im Einparken halten. Das liegt an einem Phänomen, das *Overconfidence* genannt wird, ein generell überzogenes Selbstbewusstsein also, das jeden Menschen betrifft. Nicht jeden in allen Bereichen gleich stark, aber

irgendwo trifft es jeden von uns. In allen möglichen Bereichen ihres Lebens überschätzen Menschen ihre Fähigkeiten. 94 % aller Highschool-Lehrer in den USA
halten sich für überdurchschnittlich gute Lehrer. Es handelt sich um eine Miss-
kalibrierung unserer Kompetenz, uns selbst in verschiedenen Fähigkeiten einzu-
schätzen. Wenn wir nun überlegen, zu was diese Verzerrung führt, dann kommen
wir dem Kriterium näher, mit dem wir hier arbeiten.

Menschen, die sich für bessere Fahrer halten, als sie sind, bauen mehr Unfälle,
weil sie riskanter fahren. Lehrer, die sich für besser halten, als sie sind, überschätzen nicht nur ihre eigenen, sondern auch die Fähigkeiten ihrer Schüler und
hängen viele von ihnen im Unterricht ab. Offensichtlich zwei nicht gerade wün-
schenswerte Szenarien. „Da müsste jemand etwas gegen tun", das sagen viele
meiner Klienten, wenn ich sie frage, was sie davon halten. Und dann versuche
ich zu erklären, dass *Overconfidence* in manchen Situationen, wie etwa auf der
Straße oder im Klassenzimmer, zum Problem wird, in anderen Situationen aber
der Antrieb für Innovationen ist. Überlegen Sie, was ein Mitarbeiter macht, der
die Qualität seiner Ideen oder seine kreative Problemlösekompetenz überschätzt.
Steigt oder sinkt die Wahrscheinlichkeit, dass dieser Mitarbeiter sich zu Wort
meldet und seine Vorschläge einbringt? Denken Sie an eine Gesellschaft, in der
Politiker ununterbrochen Reformvorschläge machen, weil sie ihre Fähigkeiten im
Vergleich zu anderen Politikern überschätzen. Profitiert oder leidet eine Gesellschaft unter einer Pluralität von Vorschlägen und Ideen? *Overconfidence* sorgt
dafür, dass mehr Ideen zutage kommen, dass wir mehr Teile haben, die Weiterent-
wicklungen inspirieren, und dass die Evolution von Ideen nicht abbricht.

Unter der Annahme, dass Innovation kein Luxus ist und Fortschritt kein Maxi-
mierungsziel hat, sondern pures Überleben bedeutet, unter dieser Annahme können wir davon ausgehen, dass das Kriterium „rational" nicht ausreicht, um die
richtigen Ideen in Innovationen zu verwandeln. Würden sich Mitarbeiter hinsicht-
lich ihrer Fähigkeiten rational richtig einschätzen, wären Unternehmen weniger
innovativ, Gründer weniger leidenschaftlich, Gesellschaften weniger fortschrittlich und letztendlich wir alle in großer Gefahr, die Herausforderungen einer chaotischen Welt nicht mehr zu bewältigen. Anders gesagt: Irrational zu denken, zu
entscheiden und zu handeln ist ein strategischer Treiber für den Erfolg von Unternehmen und uns als Menschheit. Wir werden später noch sehen, wie und wann
genau sich Irrationalität auszahlt und wie wir sie gezielt einsetzen können.

Weniger rational bedeutet schnellere, fehlerhafte, intuitive Entscheidungen.
Das ist gut und schlecht gleichzeitig. Vorhersagbar irrational, systematisch unlogisch, überlebensfähig. Angepasst an eine chaotische Welt. Irrationales Denken,
assoziativ-chaotisch, versus rationales Denken, analytisch-systematisch. Beides
wichtig, eines dramatisch übertrainiert.

Die Grenzen der Logik sind erst der Anfang

3

Zusammenfassung

Warum denken wir so unlogisch? Und warum fühlt es sich doch so logisch an? Woher kommen unsere Schlussfolgerungen? Auf welcher Basis treffen wir Entscheidungen über die Zukunft? Gibt es sinnfreie Ideen? Woran erkennen wir sinnvolle Vorschläge? Warum lehnen wir lieber ab, wenn es um Veränderungen geht?

Wir sind systematisch irrational. Und das ist auch gut so

Stellen Sie sich vor, Sie sind in einer Entscheidungssituation über neue Projekte und deren Finanzierung in Ihrem Unternehmen. Sie haben drei Optionen:

1. Für das erste Projekt setzen Sie auf das Wirtschaftswachstum Indiens, das Risiko ist überschaubar und die Investitionskosten liegen bei 20 Mio. EUR.
2. Das zweite Projekt setzt auf Brasiliens internationale Machtstellung, das Risiko ist ebenfalls überschaubar und die Investitionskosten liegen bei 18 Mio. EUR.
3. Und schließlich liegen beim dritten Projekt, das ebenfalls auf das Wirtschaftswachstum Indiens setzt, die Investitionskosten bei 18 Mio. EUR, wobei das Risiko ebenfalls überschaubar ist.

Dies ist eine einmalige Gelegenheit und Sie müssen sofort entscheiden. Wie entscheiden Sie? Dan Ariely nennt den Effekt, der bei solchen Entscheidungen eintritt, den *Decoy-Effekt*. In seinem Buch „Predictably Irrational" (Vorhersagbar irrational) beschreibt Ariely, was passiert, wenn wir zwischen Optionen entscheiden müssen, die sich auf manchen Dimensionen schwer, auf anderen aber leicht

© Springer Fachmedien Wiesbaden GmbH 2017
C. Burkhardt, *Denkfehler Innovation,*
DOI 10.1007/978-3-658-11188-5_3

unterscheiden lassen. In unserem Fall müssen wir die drei Optionen vergleichen anhand der Machtstellung Brasiliens und des Wirtschaftswachstums Indiens. Dieser Vergleich ist schwierig. Die andere Dimension ist der Preis von 20 oder 18 Mio. Dieser Vergleich ist einfacher, was dazu führt, dass viele Menschen dem dritten Projekt (18 Mio. und Indiens Wachstum) den Vorrang geben. Der Vergleich zwischen Option 2 und Option 3 ist so schwierig, dass Option 3 zur dominanten Option wird, weil wir eher 18 mit 20 Mio. vergleichen als Indiens Wachstum mit Brasiliens Machtstellung. Option 1 ist dabei der Decoy, da er Option 3 besser dastehen lässt als bei einem direkten Vergleich von Option 2 und 3.

Wir bedienen uns einer Daumenregel, einer kognitiven Abkürzung, um eine Entscheidung zu treffen. Erstens vergleichen wir immer zwei Optionen und nicht alle drei auf einmal, wir nutzen also Paarvergleiche. Und zweitens ziehen wir für die drei Paarvergleiche unterschiedliche Dimensionen heran. Wenn wir Option 2 und 3 vergleichen, können wir nicht auf die Kosten zurückgreifen, da diese bei beiden gleich hoch sind. Wir ziehen dann den Schluss, dass wir eine Entscheidung aufgrund der Dimension treffen, die wir am einfachsten verarbeiten können. Das ist unsere kognitive Daumenregel. Wie in so vielen Fällen führt diese Regel aber nicht zur besten Entscheidung, sondern lediglich zu einer Entscheidung. Wir haben schließlich kaum logische Argumente, Option 3 zu präferieren.

Daumenregeln, also kognitive Abkürzungen, brauchen wir in einer chaotischen Welt. In einer durchsichtigen und vorhersagbaren Welt müssten wir keine Entscheidungen unter Unsicherheit treffen. Wir tun dies, weil wir trotz fehlender Informationen Entscheidungen treffen, einfach, weil wir entscheiden müssen. So entstehen evolutionäre Strategien, in unsicheren Situationen Entscheidungen bestmöglich zu treffen. Das funktioniert dann in vielen Situationen auch. Ganz häufig liegen wir mit unseren Daumenregeln absolut richtig. Aber in manchen Situationen sind die Regeln und Strategien, die sich evolutionär gebildet haben, nicht mehr zutreffend. Evolution erzeugt ein bestmöglich angepasstes System und kein universell funktionales System. Deswegen muss sich bei Veränderung der Welt auch unser Denken ändern. Kognitive Strategien sind nur für einen gewissen Zeitraum und einen ganz bestimmten Kontext adaptiv. Wenn dieser nicht mehr gegeben ist, braucht es Veränderung. Die Individuen, die mit ihrem Denken im neuen Kontext angepasst sind, werden ihr Denken weitergeben. Solche, deren Denken dem Kontext nicht mehr entspricht und sich nicht anpasst, werden verschwinden. Nicht zwangsläufig für immer, aber für die Zeit des neuen Kontextes mit seinen situationalen Herausforderungen.

An dieser Stelle wird einigen bereits auffallen, dass Logik ein System darstellt, das per definitionem universell ist und sich Veränderungen nicht anpasst. Die Regeln der Logik ändern sich nicht. Das Rationale bleibt bestehen. An dieser

Stelle muss Klarheit geschaffen werden. Denn Logik gibt sich als kontextfreies System. Aber sichtbar wird Logik fast immer in einem Kontext. Spätestens wenn wir menschlich irrationale Entscheidungen oder Verhaltensweisen aufdecken oder ändern wollen, stoßen wir an die Grenze der Kontextfreiheit. Bei weiteren Gedanken rund um dieses eher philosophische Problem stellt sich bald die Frage, ob es ein Mensch war, der Logik entwickelt hat. Ist das Rationale eine Erfindung, haben wir es entwickelt, um Entscheidungen zu rechtfertigen?

Wir werden den Verdacht nicht wegreden können, dass wir Rationalität und Irrationalität nur im Kontext einer chaotischen Welt bemessen können, und die Ambiguität dieser Welt erlaubt kaum ein Urteil, ob eine Entscheidung oder auch ein Verhalten rational oder irrational ist. Denn es braucht einen Menschen, um Rationalität zu bewerten. Denn es erfordert die Frage nach Sinnhaftigkeit und die Frage nach Funktionalität. Wenn wir anerkennen, dass kognitive Abkürzungen und Irrationalität einer Systematik folgen, dann ist auch Irrationalität im Kontext funktional, vielleicht sogar sinnvoll. Kann dann irrationales Denken und Handeln auch rational sein?

Logik ist auch keine Lösung

Strategisch innovativ zu denken, das bedeutet, Sinnhaftigkeit und Logik anfangs auszuschalten. Der Grund, warum wir nicht wissen, wo unsere Ideen herkommen, liegt in der Tatsache, dass wir nicht durch logische Verfahren auf sie kommen, sondern durch assoziative. Fortschritt ist nicht logisch, er beruft sich auf Assoziationen, für die es keine Logik gibt.

Assoziationskette: Sie sind auf dem Weg zur Arbeit, denken über Ihren ersten Termin nach. Im Vorbeigehen sehen Sie auf der anderen Straßenseite einen Hund, einen Beagle, um genau zu sein. Sie wissen das sehr genau, denn Sie hatten sich als Kind immer einen solchen gewünscht, aber nie bekommen. Sie kommen an eine Kreuzung und bleiben automatisch stehen. Ihre Gedanken kreisen um Haustiere, und Sie stellen sich vor, wie Sie im Park für Ihren Traumhund den Ball werfen, dann stellen Sie sich vor, wie Sie von einer langen Geschäftsreise nach Hause kommen und Ihr Hund Sie begrüßt. Er springt an Ihnen hoch und freut sich offensichtlich sehr. Jetzt fällt Ihnen ein Video ein, in dem amerikanische Soldaten nach Hause kommen und von ihren Hunden so überschwänglich begrüßt werden, dass Ihnen die Tränen kamen, als Sie das Video auf YouTube fanden. Sie lächeln über sich selbst, dass Ihnen bei einem Video die Tränen in die Augen steigen. Das passiert Ihnen nicht häufig. Ganz anders als Ihrer Tante, die hatte immer nah am Wasser gebaut. Sie denken darüber nach, wie Ihre Tante trotz ihrer starken Emotionen so erfolgreich in ihrem Beruf werden konnte. Sie haben sie immer bewundert. Viel von ihr gelernt. Einmal hatte sie zu Ihnen gesagt: Vertraue nicht auf deine Fähigkeiten … du kannst immer dazulernen, von jedem. Später bei Ihrem ersten Termin, einem internen Strategiemeeting, schlagen Sie vor, sich mehr auf eine steile Lernkurve zu fokussieren, anstatt sich auf bestehende Produkte zu verlassen. Sie schlagen vor, für ein neues Produkt noch in der Entwicklung Kunden und Lieferanten einzubeziehen, um von ihnen zu lernen.

Auch wenn Sie absolut keine Ahnung haben, woher Sie Ihren Vorschlag haben oder wie Sie darauf kommen, können Sie gut argumentieren, warum sich Ihr Vorschlag lohnt. Sie können ihn logisch begründen und rational rechtfertigen. Aber bei genauerer Betrachtung kommt Ihr Vorschlag von einem Hund, der Ihnen zufällig auf der Straße begegnet ist, und einer Reihe von nicht logisch verbundenen Gedanken, die Sie zu Ihrer Tante geführt haben. Auch wenn Sie jetzt im Meeting mit Ihren Kollegen rational argumentieren, kommt Ihre Idee aus einer chaotischen, assoziativen Kette ohne logische Ableitungen oder rationales, zielführendes Denken. Und genau da liegt der Kern von innovativen Ideen. Wir brauchen rationale Logik, um unsere Ideen zu kommunizieren und umzusetzen, aber wir brauchen chaotisches Denken, um sie zu generieren. Unternehmen, die chaotisches Denken vernachlässigen, verlieren die Chance auf große Mengen innovativer Ideen.

Auf der Suche nach dem unassoziierten Neuen hilft uns Logik selten weiter, die Lösung liegt in der assoziativen Verkettung von Ideen; wir müssen viele Ideen durchlaufen, um bei der brauchbaren anzukommen, aus der Innovation wird.

▶   Zukunft wird erst simuliert, dann gemacht.

Neben der Assoziativität unserer Ideen spielt eine weitere Komponente eine große Rolle, die unter bestimmten Bedingungen dafür sorgt, dass Logik als Mittel der Wahl versagt. Wenn wir über Innovationen nachdenken, befinden wir uns unausweichlich in der Zukunft, wir kalkulieren die Wahrscheinlichkeit, dass eine bestimmte Idee in einem bestimmten Kontext funktioniert. So fragen wir beispielsweise, ob eine bestimmte Technologie ein relevantes und dringendes Problem löst oder ob eine gesellschaftliche Veränderung durch einen Gesetzesentwurf dafür sorgt, dass viele Menschen besser gestellt werden, ohne dass andere Menschen schlechter gestellt werden. Anders gesagt fragen wir uns, ob eine Idee genug Mehrwert stiftet, um umgesetzt zu werden. Lohnt sich der Versuch? Um diese Frage zu beantworten, müssen wir nicht nur Wissen über unsere Idee zusammentragen, wir müssen auch möglichst viel über die Welt wissen, in der diese Idee platziert wird. Das ist sehr schwierig, wenn die Zeitspanne zwischen der Entwicklung der Idee und der Implementierung am Markt besonders groß ist wie bei vielen komplexen Innovationen. Ein Auto beispielsweise braucht Jahre zwischen Ideation (dem Generieren von Ideen und Konzepten) und Execution (der Umsetzung, Testung und Markteinführung). Um zu entscheiden, welche Konzepte für ein Auto in die Umsetzung gehen, müssen Designer und Manager kalkulieren, wie die Welt wohl aussehen wird, in der das Auto platziert wird. Bei langen Innovationsspannen ist die Prognose extrem schwierig und naturgemäß stark fehlerbehaftet.

Wie aber konstruieren wir mental die Welt der Zukunft? Wie kommt unsere Vorstellung zustande von dem, was da auf uns zukommt? Wie bereits beschrieben nutzen wir eine von vier Ressourcen, um auf eine Vorstellung von Zukunft zu kommen: Erstens nutzen wir Wissen, also Fakten, Trend-Reports, Finanzmarktinformationen etc. Zweitens setzen wir auf Erfahrung, also analoge Entwicklungen der Vergangenheit, Prozesserfahrungen von Beteiligten und Experteneinschätzungen. Drittens berufen wir uns auf Prinzipien und Werte, forcieren also bestimmte Wege aus Prinzip nicht, wir balancieren kurzfristige und nachhaltige Entwicklungen. Und wir befragen schließlich viertens unsere Intuition, also den Teil unserer Informationen, die uns unterbewusst zur Verfügung stehen, aber das Bewusstsein nur durch zusätzlichen Aufwand erreichen.

Nahezu alle Zukunftsprognosen stützen sich auf Informationen, die keine eindeutigen logischen Ableitungen zulassen. Wir können schlicht nicht wissen, was die Zukunft bringt. Unsere Erfahrungen reichen zudem nicht aus, und wir liegen aufgrund unserer Linearitätsannahme ständig daneben. Werte und Prinzipien sind von Natur aus im Bereich des Irrationalen und kaum im Bereich der Logik angesiedelt, und intuitive Konstruktionen liegen nicht nur außerhalb unserer Logik, sie sind geradezu per definitionem nicht logisch herzuleiten.

Wir befinden uns am Übergang von einer industrialisierten zu einer global digitalen Welt, und dieser Übergang vollzieht sich nicht gerade sanft. Für eine industrialisierte Gesellschaft und Ökonomie waren die Instrumente für Vorhersage und Bildung, die wir heute im aufkommenden Umbruch erleben, absolut ausreichend. Unser Bildungssystem setzt auf Logik als hohes Gut. Menschen mit einem hohen Anteil logisch hergeleiteter Entscheidungen und der Fähigkeit, Logik rational auf neue Probleme zu übertragen, halten die Positionen mit dem höchsten sozio-ökonomischen Status in unserer Gesellschaft. Ja, hier und da leisten wir uns einen Künstler, der herumspinnt und mit Irrationalem provoziert. Aber selbst im Kunstmarkt lässt sich eine Dominanz von intellektuell ansprechender Kunst beobachten. Die ist nicht notwenig rational, aber sie ist selten sinnfrei und damit immer Objekt von Logik.

Was wir also in der Kunst zulassen, hat in der Welt von Innovation und Fortschritt scheinbar wenig zu suchen. Neue Ideen nur um der Ideen Willen sind nicht gerne gesehen. Wir suchen nach Begründungen, nach kausalen Argumenten für oder gegen eine Entwicklung. Wir wollen abschätzen, was auf uns zukommt, und es nicht wie ein Künstler erschaffen und dann zusehen, was die Welt damit macht. Die Intention hinter kommerziellen Innovationen ist eine andere. Sie will nicht das Neue schaffen, die Intention hinter kommerzieller Innovation ist das Schaffen von relevanten Entwicklungen, die Probleme lösen, sodass Menschen für deren Lösung Zahlungsbereitschaft zeigen. Diese Restriktion macht Kreativität in der Kunst zu einem fundamental anderen Prozess als im Kommerz. Neu und originell sind sehr viele Ideen, aber funktionieren tun nur wenige. Und doch sehen wir bei großen kommerziellen Innovationen einen Denkprozess, der so tut, als wäre er mehr Kunst als Kommerz. Große Innovatoren ignorieren im ersten Schritt fast immer die kommerzielle Restriktion, dass eine Idee auch Geld verdienen muss. Ganz besonders deutlich ist das bei der Innovation eines Geschäftsmodells an sich. Wenn also verändert wird, was wer wann für welche Leistung bezahlt, wird paradoxerweise vorerst im Denken ignoriert, dass überhaupt irgendwer bezahlt. Was erfolgreiche Innovatoren in allen möglichen Industrien und Kontexten erkennen, ist die große Ambiguität der Dinge, wie sie sind. Wenn wir lernen zu verstehen, dass absolut nichts so sein muss, wie es ist, können wir anfangen zu überdenken, wie wir die Welt um uns gerne hätten.

Stellen Sie sich beispielsweise vor, Sie seien Herausgeber eines monatlich erscheinenden Magazins. Sie haben fast eine Million Kunden, die meisten davon haben ein Abonnement. Ihre Kosten werden zur Hälfte durch Werbung gedeckt und zur Hälfte durch den Verkauf des Magazins an Ihre Leser. Ihre Kosten setzen sich fast vollständig aus Personalkosten zusammen, die durch die Erstellung der Inhalte entstehen.

Als Erstes lösen wir uns von der Vorstellung, dass irgendetwas an diesem System so sein muss, wie es ist. Ja, das Modell ist so gewachsen und hat sich evolutionär durchgesetzt, aber wir müssen es nicht so lassen. Sehr wahrscheinlich ist sogar, dass dieses Modell nicht mehr lange funktioniert. Einer der Hauptgründe: Wenn Ihre Hauptkosten durch Inhalte entstehen, die online zunehmend kostenlos und in höherer Geschwindigkeit bereitgestellt werden, dann haben Sie ein Problem. Denn die Rechtfertigung Ihres Modells verschwindet. Also fangen wir an, uns zu fragen, wer eigentlich für welchen Mehrwert bezahlt und ob wir das nicht ändern können. Wenn wir akzeptieren, dass es überhaupt nicht die Leser sein müssen, die für irgendeinen Mehrwert bezahlen, dann liegt nahe, auf Werbekunden abzuzielen. Und ja, natürlich gibt es kostenlose Magazine, die sich komplett durch Werbung finanzieren. Das ist ein Weg. Versuchen wir einen anderen. Was, wenn Ihr Magazin gar keine Werbung enthält, sondern Beiträge von Experten. Was, wenn Experten für das Veröffentlichen ihrer Artikel in Ihrem

Magazin bezahlen würden, weil die Auswahl der Beiträge so attraktiv ist, dass es sich lohnt, für die Platzierung zu zahlen. Insbesondere das Cover stellt eine attraktive Werbefläche für Experten dar, die nicht ihre Produkte oder ihren Service bewerben, sondern ihre Expertise und den damit verbundenen Status. Content-Marketing gehört längst zum Werkzeugkasten vieler Experten. Wir können diese Modellentwicklungen noch weitertreiben, und Herausgeber von Magazinen sollten dies strategisch auch unbedingt tun. Aber entscheidend für einen gelungenen Prozess ist, dass wir aufhören zu glauben, die Dinge müssten so sein, wie sie sind. Denn diese Überzeugung führt zu einer Rechtfertigung des Status quo, die nur schwer zu überwinden ist.

In einer industrialisierten Welt sind Unternehmen geprägt von einem übermächtigen Bedürfnis, dem Bedürfnis, zu kontrollieren. Ein von Menschen geschaffenes Auto soll nicht machen, was es will. Eine von Menschen entwickelte Maschine soll nicht eigenständig handeln, und ein industrialisiertes Unternehmen funktioniert nur, weil hierarchische Kontrolle von oben nach unten für reibungslose Abläufe sorgt. In einer globalisiert-digitalen Welt macht komplexe Software selbst in wenig komplexen Settings unvorhergesehene Dinge. Künstliche Intelligenz sorgt dafür, dass Systeme Muster erkennen und selbst lernen können. Maschinen bringen sich selbst bei, Gesichter zu erkennen. Autos fahren sich selbst, Flugzeuge fliegen sich selbst. Organisationen sind global verstreut und doch kontinuierlich vernetzt. Das einst wichtigste Instrument der Industrialisierung scheitert in dieser neuen Welt, Kontrolle ist nicht länger das Mittel der Wahl.

Aus dem Kontrollbedürfnis heraus ergeben sich zwei Probleme für das, was wir heute tun müssen, um Innovation zu treiben und als Unternehmen in der neuen Welt zu bestehen: Zum einen brauchen wir ein vollkommen neues Verständnis von nicht linearen Vorhersagen und zum anderen ein neues Verständnis von Kontrollmechanismen in Bildungssystemen und Organisationsstrukturen.

Klingt plausibel. Ist aber nicht wahr

Nicht lineare Vorhersagen sind ein Problem für menschliche Kognitionen. Wenn wir versuchen Vorhersagen zu treffen, Trends zu extrapolieren, Muster zu entdecken, dann tun wir das auf Basis einer linearen Ableitung aus dem, was wir wissen, und unseren Erfahrungen. Dabei nehmen wir ganz intuitiv einfache Kausalzusammenhänge an. Wir stützen unsere Vorhersagen also häufig auf Erklärungsmuster, die Zusammenhänge auf einfache Ursachen und deren Wirkungen herunterbrechen. Wir begehen – nach den Gesetzen der Logik – Denkfehler, die unsere Vorhersagen verzerren.

Als Beispiel dient die Vertauschung von Korrelation und Kausalität. So besteht
in den USA zwischen der Menge an Mozzarella, die pro Kopf verzehrt wird, und
der Anzahl an Doktorgraden, die innerhalb eines Jahres an Ingenieure verliehen
werden, ein deutlicher Zusammenhang. Um genau zu sein, besteht eine Korrelation
von 96 Prozent zwischen den Daten der Jahre 2000 und 2009[1]. Was bedeutet dieser
Zusammenhang? Sollten wir alle mehr Mozzarella essen, weil das den Ingenieurs-
fortschritt ankurbelt? Essen Doktoranden mehr Mozzarella, und haben wir deswegen bei mehr Doktoranden auch einen gesteigerten Mozzarellakonsum in den USA?
Die Antwort auf diese Fragen ist natürlich: nein. Aber dieses Nein ist ein logisches
Argument, kein besonders intuitives. Sobald wir weniger alberne Beispiele heranziehen, wird der Unterschied zwischen Korrelation und Kausalität gravierender.

Ein Forschungsbefund aus 1996 sagt aus, dass junge Frauen, die viele TV-
Serien (insbesondere Soap Operas) schauten, unzufriedener mit ihren Körpern
waren und eher Essstörungen entwickelten als junge Frauen mit niedrigem TV-
Konsum[2]. Die Wissenschaftler erklären den Zusammenhang kausal: Das in
TV-Serien vermittelte Bild löst Unzufriedenheit aus und in Folge kann es zu Essstörungen kommen. Durften die Wissenschaftler diese Schlussfolgerung ziehen?
Nein. Erscheint die Erklärung dennoch plausibel? Absolut. Und genau hier liegt das
Problem. Die Daten in der Untersuchung geben keine Rechtfertigung, zu behaupten, dass Fernsehen Essstörungen auslöst. Genauso wenig geben die Daten her zu
sagen, dass junge Frauen, die zu Essstörungen neigen, mehr Soap Operas schauen,
weil sie zu Essstörungen neigen. Korrelation bedeutet nicht, dass es eine Ursache
und eine Wirkung geben muss. Aber – und das ist kritisch – sobald ein kausaler
Zusammenhang plausibel erscheint, wird es sehr schwer, dem Impuls der Fehlin-
terpretation zu widerstehen. Den Fernsehkonsum von jungen Frauen aufgrund dieser Studie einzuschränken, um Essstörungen zu verhindern, wäre Blödsinn. Selbst
wenn sich zeigen sollte, dass genau die jungen Frauen, deren Fernsehkonsum wir
dramatisch eingeschränkt und denen wir Soap Operas gleich ganz verboten haben,
dass genau diesen jungen Frauen ohne Ausnahme gesunde Beziehungen zu ihrem
Körper entwickeln, selbst dann wissen wir noch absolut nichts über den kausalen Zusammenhang zwischen Fernsehen und Essen. Wir wissen es schlicht nicht.
Aber es fühlt sich so an. Und das ist ein Problem. Denn wir folgen einer plausiblen
Erklärung, um Vorhersagen zu machen und Handlungen abzuleiten.

Im Innovationsraum sorgt die Überzeugung von kausalen Ursachen aufgrund
ihrer Plausibilität für zum Teil teure und unnötige Fehlentscheidungen. Stellen

---

[1]www.tylervigen.com & USDA/US National Science Foundation.
[2]International Journal of Eating Disorders (1996).

Sie sich den korrelativen Zusammenhang zwischen der Innovativität eines Unternehmens und der Anzahl hierarchischer Ebenen in diesem Unternehmen vor. Unternehmen mit flachen Hierarchien sind innovativer. Innovativere Unternehmen haben flache Hierarchien. Sollten wir flache Hierarchien einführen, um innovativer zu werden? Vielleicht ja, vielleicht aber auch nein. Die Korrelation ergibt keine Rechtfertigung für die Schlussfolgerung. Ein großer Denkfehler betrifft das kausale „Weil", das sich in korrelative Aussagen mogelt. Unternehmen sind innovativer, weil sie flache Hierarchien haben? Das wissen wir schlicht nicht.

Unternehmen, die mithilfe von Durchbruchsinnovationen groß geworden sind, haben sehr aktive Social-Media-Strategien und viele Fans online. Setzen Sie das „Weil" ein, und Sie können sich vorstellen, was der Vorstand im nächsten Moment entscheiden wird: Unternehmen mit Durchbruchsinnovationen sind so erfolgreich, weil sie auf aktive Social-Media-Strategien und den Aufbau von Fan-Communitys setzen. Wir sollten das auch tun. Sollten wir? Was, wenn Innovatoren Durchbrüche erreichen, nicht weil, sondern obwohl sie aktive Social-Media-Strategien verfolgen? Was, wenn Durchbruchsinnovationen dafür sorgen, dass automatisch mehr Fans auf soziale Medien zugreifen? Könnten wir diese Schlussfolgerungen aus derselben Korrelation ziehen? Absolut, das könnten wir. Und die dabei entstehenden Hypothesen und damit auch Schlussfolgerungen für unsere nächsten Schritte sind sehr unterschiedlich. Möglicherweise sind sie auch unterschiedlich plausibel. Aber nur weil ein Zusammenhang plausibel erscheint, muss er noch lange nicht richtig sein.

Klingt wahr. Ist aber nicht plausibel

„Alle unsere Innovationsbemühungen sind bis heute gescheitert. Keines der Projekte war erfolgreich im Sinne eines Durchbruchs. Nichts hat funktioniert. Jetzt stehen wir wieder vor der Frage, ob wir in ein riskantes Innovationsprojekt investieren sollen. Ich sage, wir sollten das lassen."

Mit der Aussage, dass alle Innovationsprojekte bei uns zum Scheitern verurteilt sind, begehen wir einen großen Denkfehler. Einige Projekte in der Vergangenheit waren durchaus erfolgreich im Ansatz. Die generelle Aussage, dass alle Innovationsprojekte zum Scheitern verurteilt sind, lässt sich also nicht halten. Wir dürfen diesen logischen Denkfehler nicht begehen. Dann wird dieses Projekt auch nicht scheitern.

Logische Fehler machen wir ununterbrochen, und manche von ihnen sind so gut verborgen, dass selbst geschulte Logiker sie nicht entdecken. Argumentationslogik ist entscheidend für Innovationsvorhaben, weil wir uns in einem unsicheren

Raum bewegen, in dem Worte und Argumente den Ausschlag geben, da Daten und Fakten Mangelware sind. In unserem Beispiel steckt eine Menge Logik, aber wer begeht hier den logischen Fehler? Sollte in das neue Innovationsprojekt investiert werden oder nicht?

Den logischen Fehler begehen beide Seiten. Wir haben bereits erkannt, dass die Linearität in unseren Vorhersagen, basierend auf vergangenen Erfahrungen, nicht funktioniert, weil sich die Welt der Innovation zwischen den beiden Stadien – der vergangenen und der heutigen Welt – dramatisch verändert haben kann und deswegen das, was gestern galt, heute falsch ist. Deswegen ist die Schlussfolgerung, dass wegen der gescheiterten Projekte der Vergangenheit auch zukünftige Projekte scheitern werden, schlicht falsch. Das erkennt auch der Gesprächspartner und erwidert mit einer neuen Schlussfolgerung. Nicht alle Innovationsprojekte seien gescheitert, womit er die Hypothese des allgemeinen Scheiterns argumentativ widerlegt. Nun scheitern also nicht alle Innovationsprojekte und wir können für das nächste auch nicht mit der Annahme starten, dass es zum Scheitern kommt. Also wird das Projekt ein Erfolg? Ein Denkfehler. Die Logik lässt keinen Rückschluss auf das nächste Projekt zu.

Um das zu verdeutlichen, hier ein einfaches Beispiel: Alle erfolgreichen Innovationen kommen von kreativen Menschen. Der neue Kollege ist sehr kreativ, also dürfen wir bald Innovationen erwarten. Falsch. Nur weil alle Innovationen von kreativen Menschen kommen, heißt das nicht, dass wir von allen kreativen Menschen Innovationen erwarten können. Deswegen können wir auch von unserem neuen Kollegen keine Innovationen erwarten. Auch falsch. Nur weil ein Argument widerlegt ist, ist nicht automatisch sein Gegenteil wahr.

Unser Problem ist der Umgang mit probabilistischen Aussagen und relativen Häufigkeiten. Und leider ist uns selbst nach Erklärung und Aufklärung unserer Denkfehler wenig geholfen. Es kostet konstantes Engagement und dauerhaften Einsatz, Denkfehler zu erkennen, zu widerlegen und zu vermeiden. Oder eben sie ganz gezielt einzusetzen.

Ungeschminkt: Was wie ist und warum wir es wissen

Ohne eine interessante, aber wenig hilfreiche Diskussion über den Unterschied zwischen Wahrheit und Wirklichkeit zu starten, kommen wir um das Thema Wahrheit nicht herum. In meiner Arbeit als Unternehmensberater hat mir die klare Unterscheidung von drei Ebenen der Analyse immer geholfen, die ich von der London School of Economics mitgenommen habe: In vereinfachter Weise können wir unterscheiden zwischen Ontologie, als dem, wie die Welt ist, Epistemologie, der Art, wie wir Erkenntnis gewinnen, und Methodologie, also den Werkzeugen, mit denen wir unsere Welt verstehen. Also, anders gesagt, geht es um die Unterschiede zwischen dem, was ist, und dem, was wir wissen und woher wir es wissen. In allen drei Bereichen leben wir mit ganz individuellen Einstellungen und Überzeugungen. Eine spezifische Methodologie könnte sich beispielsweise darin ausdrücken, dass manche Manager Umsatzzahlen als Indikatoren heranziehen, während andere Manager sich auf Kundenfeedback verlassen. Erkenntnis ergibt sich aus diesen Informationen für manche als Gesamtbild aus ganz unterschiedlichen Indikatoren und Methoden, für andere sind eben nur bestimmte Methoden überhaupt erkenntnisgeeignet.

Für mich interessant ist allerdings vor allem die Ontologie, über die weder Wissenschaftler noch Praktiker gerne sprechen. Sie bezieht die unbequeme Frage ein, warum wir daran glauben, dass bestimmte Dinge sich in einer bestimmten Weise verhalten. Warum wir denken, dass die Welt so ist, wie wir sie sehen. Warum das unbequem ist? In gewisser Weise beinhaltet schon die Frage einen Frontalangriff auf unser Verständnis von Wahrheit.

Hier die häufigsten Widerstände, denen ich begegne, und warum sie entscheidend für das Entwickeln innovativer Ideen sind:

„Es gibt die eine Wahrheit." – Ontologie besteht aus Überzeugungen, nicht aus Wissen. Auf unseren Überzeugungen davon, was wie ist, bauen alle unsere Entscheidungen auf. Viele dieser Überzeugungen sind fremd induziert. Wir haben uns nicht ausgesucht, aus welchen Elementen unsere Ontologie besteht, aber sie ist nicht entstanden, weil uns jemand von ihr überzeugt hat. Natürlich haben wir manchmal Zweifel an den Überzeugungen, die andere in sich tragen. Viel seltener aber haben wir Zweifel an unseren eigenen Überzeugungen. Es ist also kaum erstaunlich, dass die Überzeugung einer überprüfbaren Wahrheit eine schwer zu bewegende Ontologie darstellt, in der Menschen gerne und lange verharren. Selbst viele Wissenschaftler haben große Probleme, sich von der Vorstellung zu lösen, dass es eine Wirklichkeit und eine Wahrheit gibt, in der wir uns bewegen und die wir wissenschaftlich erschließen können.

„Nur einer kann recht haben." – Kaum eine andere Überzeugung ist hartnäckiger als die auf einer Wahrheit aufbauende Überzeugung, dass auch nur eine Person diese Wahrheit vertreten kann. Zwei widersprüchliche Thesen können also nicht gleichzeitig wahr sein. Recht haben kann also nur eine Person oder auch keine, aber nicht mehrere Personen mit unterschiedlichen Thesen. Das Problem dieser Ontologie liegt in ihren methodologischen Konsequenzen. Wer glaubt, die Wahrheit gefunden zu haben, und glaubt, es gäbe nur diese eine Wahrheit, muss unweigerlich glauben, dass es sich lohnt, andere von der eigenen Wahrheit zu überzeugen. Und das so lange, bis andere einsehen, dass ihre Wahrheiten nicht richtig sind. Besonders anstrengend wird diese Einstellung, wenn mehrere

Menschen mit der gleichen Überzeugung aufeinandertreffen. Wenn zwei Menschen ihre Wahrheiten diskutieren, um sich gegenseitig von der eigenen zu überzeugen, endet das häufig in einer aberwitzigen und für alle anderen unangenehmen Auseinandersetzung ohne Chance auf fruchtbare Ergebnisse. **„Diskussionen sind hilfreich, um sich der Wahrheit zu nähern."** – Wenn wir die Wahrheit als einzigartig akzeptieren und in der Folge nach der einen richtigen Wahrheit suchen, rechtfertigt sich auch der Prozess von Diskussionen und der Austausch von Argumenten. Mit dem sehr passenden Begriff „Sitzung" werden solche langwierigen Wahrheitsschlachten geführt, als ob es sich um Fakten handele und nicht um Überzeugungen. Wenn sich Ontologie in Epistemologie und schließlich in Methodologie niederschlägt, werden aus Überzeugungen Wahrheiten, und selbst Menschen, die pluralistische Wahrheitsdefinitionen für sinnvoll halten, haben Schwierigkeiten, andere in Diskussionen nicht genau davon zu überzeugen, dass sich das Überzeugen nicht lohnt.

„Es gibt eben auch falsche Meinungen." – Nicht genug damit, dass es eine Wahrheit und damit sehr viele falsche Wahrheiten gibt. Es gibt dann eben auch falsche und richtige Meinungen. Wer aufgrund der falschen Wahrheit eine korrekt abgeleitete Meinung bildet, liegt eben immer noch falsch. Wer also nicht an die gerade geltende Wahrheit glaubt, wird mit großer Wahrscheinlichkeit die falsche Meinung ausbilden. Dafür kann er aber nichts, denn die Ausgangslage stand schon gegen ihn. Gleichzeitig führt diese Prozess-Schlussfolgerungs-Logik dazu, dass Menschen mit der falschen Wahrheit trotzdem richtige Meinungen bilden, wenn sie keine logisch begründbare, sondern eine fehlerhafte Ableitung ihrer Wahrheit erzeugen und damit eine Meinung bilden, die quasi zufällig der richtigen Meinung entspricht. Und genauso können eben auch Menschen mit der richtigen Basis zu falschen Meinungen kommen, wenn sie Ableitungen wählen, die logischen Argumentationen widersprechen.

„Die Wahrheit setzt sich durch." – Beim Eliminieren von Unwahrheiten überlebt am Ende die Wahrheit, weil sie die Wahrheit ist. Wer auch immer diese Wahrheit vertritt, hat recht. Am Ende einer Diskussion über Wahrheiten steht also eine Wahrheit, die wahr sein muss, weil sie die Diskussion überlebt hat. Der logische Schluss der Annahme, dass die Wahrheit sich durchsetzt, kehrt sich um zum Schluss, dass das, was sich durchsetzt, auch die Wahrheit sein muss, also richtig ist.

Warum nenne ich diese fünf Annahmen? Weil sie zu weitverbreiteten dysfunktionalen Überzeugungen gehören, wenn es um Innovation geht. Diese Annahmen sind nicht nur nicht hilfreich, sie können das Bestehen von Unternehmen gefährden, da sie Innovation aktiv entgegenwirken. Hier kommt das Wie und Warum:

„**Es gibt die eine Idee.**" – Die eine Idee, die den Durchbruch schaffen wird, es gibt sie. Und wir müssen sie finden. Es gibt nicht nur absolute Wahrheit, sondern auch absolut gute Ideen. Also gibt es faktisch auch gute Ideen, die schon immer gute Ideen waren und für immer gute Ideen bleiben werden. Fortschritt ist getrieben von Ideen, die wir suchen und finden können. Denn da es nur eine Wahrheit gibt, müssen wir sie nur identifizieren, und unsere Ideen werden sich an ihr messen. Wer die Wahrheit für sich beansprucht, weiß folglich auch, welche Ideen gut sind und welche nicht. Und tatsächlich glauben dies fast alle Menschen von sich selbst.

Faktisch wissen wir fast nie, ob eine Idee gut ist oder nicht. Und selbst wenn wir es zu glauben wissen, können Menschen nur schwer erklären, anhand welcher Kriterien sie eine Idee festmachen. Ist eine Idee gut, wenn sie kommerziellen Erfolg hat? Ist eine Idee gut, wenn sie für eine Verbesserung in einem Bereich sorgt, ohne in einem anderen Bereich etwas zu verschlechtern? Ist eine Idee immer dann gut, wenn sie ein Problem löst? Sind Ideen gut, weil sie Fragen beantworten? Viele plausible und auch einige wenig plausible Definitionen guter Ideen werden herangezogen, um Entscheidungen über Ideen zu treffen, die eigentlich keiner durchblickt. Erkennen wir eine gute Idee wirklich, wenn sie vor uns liegt?

Der Nachteil beim Suchen nach der einen guten Idee allerdings liegt auf der Hand: Wir versuchen, einen quantitativ aufwendigen assoziativen Prozess analytisch abzukürzen, indem wir uns einreden, wir könnten die Idee, welche ein Problem löst, im Rahmen des Problems konstruieren. Wenn Albert Einstein davon spricht, dass wir „Probleme niemals mit derselben Denkweise lösen können, durch die sie entstanden sind", können wir eine ähnliche Argumentation erkennen. Die Konstruktion einer Idee erfordert die assoziative Suche sehr vieler Optionen für diese Idee. Dabei werden die Ideen als neu, kreativ, originell oder innovativ beschrieben, die Elemente von Ideen aufgreifen, die gerade außerhalb dessen liegen, was wir in unserer Problemstellung gesucht haben. Genau dadurch wird eine Innovation ja erst zur Innovation. Ohne unerwartetes Element oder unerwartete Relationen bleibt eine Idee wenig innovativ.

Eine analytische Abkürzung des aufwendigen assoziativen Prozesses führt kurz gesagt dazu, dass Ideen in ihrer Box bleiben. In der Box der Problemstellung eben. Ein Beispiel: Angenommen, unsere Fragestellung zielt auf Kundengewinnung ab. Dann würden wir fragen, wie wir neue Kunden gewinnen können. Innerhalb dieser Problemkonstruktion steckt die Annahme, dass wir etwas tun, um Kunden zu gewinnen. Darüber hinaus ist implizit die Annahme enthalten, dass wir Kunden überzeugen müssen, denn jemanden zu gewinnen, bedeutet üblicherweise, dass seine Begeisterung noch nicht besteht. Und dann ist da noch die Annahme über das Verhältnis von neuen Kunden zu bestehenden. Wir sollen neue gewinnen, zu den bestehenden besteht keine Aussage, was uns zur Annahme führt, dass wir zumindest darauf achten sollten, dass uns unsere Neukundengewinnung keine Altkundenverluste bringt. Aber explizit hat das keiner gesagt. Es geht hier nicht darum zu verdeutlichen, wie unklar scheinbar harmlose Fragen sind. Es steht außer Frage, dass wir in den meisten alltäglichen Problemstellungen keine Definitionen mit wissenschaftlicher Präzision erreichen werden, da uns schlicht die Zeit fehlt und der Einsatz auch in keinem Verhältnis zum Ergebnisgewinn steht. Das Problem ist nicht die fehlende Präzision der Frage, das Problem ist die scheinbare Präzision der zu erwartenden Antwort. Die geht nämlich davon aus, dass es die eine Idee gibt, die das Problem löst. Was wäre aber, wenn die Frage anders konstruiert würde? Was geschieht mit unseren Ideen, wenn wir fragen: Was müsste passieren, damit wir Kunden gewinnen, ohne irgendetwas zu tun? Was können wir tun, damit Kunden, die noch nie von uns gehört haben, begeistert auf der Matte stehen? Welche Kunden hätten wir eigentlich gerne? Was muss passieren, damit alte Kunden uns neue Kunden bringen?

Natürlich ist jede dieser Fragen voller neuer Annahmen, aber diese Annahmen sind ganz unterschiedlich. Und so werden auch die Antworten auf die Fragen unterschiedlich ausfallen. Wir haben künstlich dafür gesorgt, dass es zu Diversität an Ideen kommt, weil wir assoziativ verschiedene implizite Annahmen ansprechen. In der Folge sind deswegen auch die Kognitionen unterschiedlich. Entscheidend ist also nicht, mit welcher Frage ich starte, sondern dass ich die impliziten Annahmen verändere. Und genau das machen wir nicht, wenn wir die Frage als Teil einer allgemeingültigen Wahrheit wahrnehmen. Wenn wir Probleme oder Fragestellungen als richtig wahrnehmen, schotten wir unsere Lösung von potenziell anderen Wahrheiten ab, die möglicherweise den Durchbruch bedeuten würden. Wenn sich Taxifahrer fragen, wie sie Taxifahrten effizienter gestalten könnten, würden sie wahrscheinlich darauf kommen, dass eine App wie myTaxi eine gute Idee ist. Aber es ist unwahrscheinlich, dass sie darauf kommen, dass der Einsatz von Privatfahrern und -fahrzeugen eine enorme Effizienzsteigerung ausmachen könnte. Warum würden sie da nicht ankommen? Erstens, weil wir nur nach sehr viel Training und mit hoher Ambiguitätstoleranz in der Lage sind, unsere eigene Existenz infrage zu stellen, also Ideen zu entwickeln, die unsere Tätigkeit überflüssig machen. Entscheidender aber ist die Tatsache, dass wir mit einer restriktiven, aber für richtig gehaltenen Fragestellung nur Lösungen innerhalb der Wahrheit finden können, die die Fragestellung definiert.

Wir müssen uns von der Vorstellung und Überzeugung lösen, dass es die eine Lösung oder Idee überhaupt gibt. In einem bestimmten situativen Kontext lässt sich im Nachhinein eine bestmögliche Lösung definieren, aber nie a priori und nie mit Sicherheit. Nach der einen richtigen Idee zu suchen bedeutet, die Suche so einzuschränken, dass wir wahrscheinlich keine brauchbaren, also für ein bestimmtes Kriterium angemessenen Ergebnisse finden werden.

▶ Das Problem ist nicht, die Idee zu finden. Das Problem ist, gute Fragen zu stellen. Und das geht erst, wenn wir den Glauben an so etwas wie die eine universelle Wahrheit aufgeben.

„**Nur die richtige Idee sichert unser Überleben.**" – Hinter dieser Überzeugung steht die Annahme, dass unser Fortschritt und Fortbestehen als Individuen, Unternehmen, Gesellschaften und Menschheit davon abhängen, dass wir in der Lage sind, die richtigen Ideen auszuwählen. Es verbirgt sich dahinter auch der Anspruch, dass wir die besten Ideen brauchen, um uns abzusichern. Eine tiefe demokratische Grundüberzeugung stellt nicht infrage, dass in einem kollektiven Prozess und durch faire Wahlen Führung und Repräsentation aller erreicht werden können, die zum Wohle jedes Einzelnen das bestmögliche Ergebnis erzielen. Ist Demokratie die richtige Idee für unsere Gesellschaft? Darf ich diese Frage überhaupt stellen? Ist Demokratiezweifel nicht eigentlich auch Verfassungszweifel? Verstehen Sie mich nicht falsch, ich bin kein Demokratiegegner, ich bin Gegner künstlicher Ideenverknappung. Demokratie hat sich als System durchgesetzt, weil sie als eine von vielen Möglichkeiten adaptiv war. Sie stellt in Deutschland den Status quo dar. Wissen wir, ob dies die richtige Idee ist? Ja, wie denn? Wir haben uns darauf geeinigt und es funktioniert. Aber den Status quo zu verteidigen, ohne andere Überlegungen und alternative Konzepte aufzustellen, ist naiv und unaufgeklärt. Wer Demokratie verteidigt, ohne implizit nach Alternativen zu suchen, verhält sich paradoxerweise unmündig und damit nicht reif für eine demokratische Gesellschaftsordnung, die aufgeklärte Bürger als Grundpfeiler definiert. Noch einmal, ich argumentiere nicht gegen Demokratie. Ich argumentiere gegen das unaufgeklärte Akzeptieren der Rechtfertigung des Status quo aus der Geschichte heraus.

Die Idee von Demokratie kann, so wie wir sie kennen, sehr wohl irgendwann nicht mehr die bestmögliche Form der politischen Repräsentation von Bürgern sein. Das Problem ist unsere Alternativlosigkeit, die sich aus Erfahrungswerten speist, in denen alle uns bekannten anderen Formen von Gesellschaft gescheitert sind oder gar in Katastrophen geendet haben. Wenn wir uns Alternativen vorstellen, gehen wir natürlich zunächst von Beispielen aus, die wir kennen. Und das führt uns schnell zum logischen Fehlschluss, dass es keine sinnvollen Alternativen gibt. Was wir dabei ignorieren, ist die Tatsache, dass sich komplexe Systeme wie eine Demokratie in unvorsehbare Richtungen entwickeln können, sodass wir – auch wenn schwer vorstellbar – irgendwann zu einem besseren

System gelangen. Das Problem ist nicht, die bestmögliche Idee zu finden, das Problem ist, sie für die einzige Lösung zu halten.

„Über die Ideen müssen wir aber noch einmal reden." – Das Besprechen von Ideen führt in manchen, aber nicht vielen Fällen zu einer besseren Anpassung von Idee und Fragestellung. In den meisten Fällen dreht sich das Bedürfnis, eine Idee noch einmal zu besprechen, um die Frage der Realisierung. Dass wir hierbei implizit einen vollständigen Mindset-Wechsel vornehmen, ist uns in den meisten Fällen gar nicht bewusst. Die Frage des Möglich-Machens einer Idee ist eine Frage der Execution, nicht der Ideation oder Evaluation. Über eine Idee zu sprechen, bedeutet fast immer, sie infrage zu stellen beziehungsweise ihre Machbarkeit auf die Probe zu stellen. Dass wir bei der Machbarkeit von Ideen ganz systematische Denkfehler begehen, haben wir bereits gesehen. Die Vorstellbarkeit einer Idee wird maßgeblich durch die Vorstellbarkeit ihrer Realisierung vermittelt. Eine gute Idee ist demnach auch nur dann eine gute Idee, wenn sie realisierbar ist. Aber ist das wirklich so? Eine wissenschaftliche Antwort kann ich an dieser Stelle noch nicht geben. Was ich aber aus mittlerweile sechs Jahren Praxisforschung sagen kann, ist, dass jede Idee einen Einfluss auf den weiteren Prozess nimmt, wenn sie sichtbar wird. Wenn also jemand eine nicht realisierbare Idee ausspricht, hat diese trotz des Labels als „keine gute Idee, weil nicht realisierbar" – manchmal dramatischen – Einfluss auf den weiteren Verlauf der Generierung von neuen Ideen und Vorschlägen. In einer Evolution von Ideen, in der wir verstehen, dass es nicht die eine Lösung für die eine Wahrheit der Welt gibt, haben auch Ideen enormen Wert, die keine Chance auf Realisierung haben.

Bei meiner Arbeit mit Mitarbeitern einer großen deutschen Airline und der Frage nach dem strategischen Kerngeschäft, also der Frage, was die Aufgabe einer Airline überhaupt ist, gelangen viele recht schnell an den Punkt der Resignation. Nämlich dann, wenn sie einen abstrakten Zweck, die Beförderung von Personen von A nach B, definieren und dann nach weiteren Lösungen für die gleiche Aufgabe suchen. Oder – um in unserer Nomenklatur zu bleiben – sie identifizieren die Funktionen und Relationen und substituieren jetzt die Elemente. Wenn dann jemand „Teleportation" oder „Beamen" vorschlägt, was eigentlich immer passiert, stoßen viele an ihre Grenzen. An dieser Stelle verfallen manche in Albernheit, andere steigen entnervt aus dem Prozess aus, und wieder andere ignorieren den Vorschlag weitgehend. Warum manövriert uns diese Idee in eine Sackgasse? Das Teleportieren ist schlicht (noch) nicht möglich. Die Vorstellbarkeit der Idee scheitert an ihrer Realisierbarkeit.

Aber schauen wir uns die individuellen Kognitionen genau an. Wenn wir in Albernheit verfallen und anfangen, das Beamen als Witz weiterzuspinnen, schaffen wir Abstand zwischen unserer Wahrheit und der Idee. Dabei entsteht psychologische Distanz, die dafür sorgt, dass wir uns nicht länger fragen müssen, ob es gerade Sinn macht, über Teleportation nachzudenken. Wir begeben uns also mental in einen evaluationsfreien Raum, in dem nun nicht mehr der Wert der Idee in Bezug auf das Problem im Mittelpunkt steht, sondern sich das Kriterium in Richtung Albernheit verschiebt. Wer mit einer noch alberneren Idee oder Weiterentwicklung kommt, gewinnt. Nicht mehr die bessere Idee oder der bessere Vorschlag zählen, sondern die Fähigkeit, unerwartete und originelle Vorschläge zu produzieren.

Entnervt gleich ganz auszusteigen und sich auf die Sinnfrage zu berufen, erscheint vielen als angebrachte Handlungsoption. Im Prozess wird es durch die steigende Ambiguität immer anstrengender. Wenn wir dann Formulierungen hören wie etwa: „Das ist ja alles schön und gut, aber können wir zurück zum Punkt kommen", wissen wir, dass wir es mit jemandem zu tun haben, der auf eine Wahrheit und in Folge auf einen strukturierten Prozess hofft, den es so nicht gibt. Je stärker der Glaube an eine allgemeingültige Wahrheit, desto schwerer fällt es Menschen, auszublenden, ob das Teleportieren nun ein sinnvoller oder sinnfreier Vorschlag ist. Menschen mit dieser Tendenz befinden sich kontinuierlich in einem Evaluations-Mindset. Ohne bewussten Einfluss haben sie eine Idee bereits bewertet, bevor sie diese durchdenken.

Der Versuch, Ideen und Vorschläge zu ignorieren, folgt einer ähnlichen Logik. Wenn es uns nicht gelingt, durch Albernheit oder die Sinnfrage psychologische Distanz aufzubauen, dann ignorieren wir weitestgehend alles, was wir für wenig hilfreich halten. Anders jedoch als bei einem entnervten Ausstieg nehmen wir jetzt gar keine Stellung zu den Vorschlägen, die da kommen. Menschen nehmen in diesem Prozess ein Execution Mindset an, mit dem klaren Fokus auf ihren Einflussbereich. Da nun die Ideen anderer in den eigenen Betreff-Bereich fallen, nicht aber in den des eigenen Einflusses, werden sie ignoriert, um mehr Aufmerksamkeit auf veränderbare Elemente und Relationen zu legen.

Tatsächlich korrespondieren Albernheit, Entnervtheit und Ignoranz mit den Mindsets Ideation, Evaluation und Execution. Wir können sie als extreme Reaktionen verstehen, die in unterschiedlichen Phasen von Innovationsprojekten als Symptome von Überforderung entstehen. Das ist auch an sich nicht weiter schlimm. Wenn Menschen allerdings verstehen, dass, egal welche Idee auf egal welchem Weg zu weiteren Ideen führt, die irgendwann eine evolutionäre Anpassung an den Status quo der Zukunft erlauben, können wir uns selbst davor schützen, psychologische Distanz zwischen uns und den Ideen im Raum aufzubauen. Die Evolution von Ideen lebt davon, dass Menschen aufgreifen und weiterdenken. Über Ideen noch einmal sprechen zu wollen, bedeutet das Gegenteil. Und dahinter steckt unsere Ontologie von einer allgemeingültigen Wahrheit und unserem mangelnden Verständnis für evolutionäre Entwicklungsprozesse.

„**Es gibt eben auch sinnfreie Ideen.**" – Sagt wer? Eine Bewertung von Sinn und Unsinn können nur solche Menschen vornehmen, die Kriterien von Sinnhaftigkeit und Sinnfreiheit vollkommen durchblicken. Solche Menschen haben Überblick über Bedarf und Machbarkeit von Ideen – basierend auf Wissen, nicht auf Erfahrung, nicht auf Prinzipien und ganz bestimmt nicht auf Intuition. Wer in der Lage ist, Ideen als sinnfrei zu klassifizieren, sieht Innovation nicht als Prozess, sondern als Ergebnis mit klaren Indikatoren für Erfolg. Dabei vergessen wir leider häufig, dass die Kriterien für einen erfolgreichen Innovationsprozess völlig andere sind als die für eine erfolgreiche Innovation. Wenn beispielsweise eine Airline ein System für Videokonferenzen etabliert, welches lückenlos Kommunikation zu Hause, in der Lounge, beim Einsteigen, im Flugzeug, im Ankunftsterminal und bei der Fahrt ins Hotel ermöglicht, dann kann dies zum lukrativen Geschäft werden. Das Erfolgskriterium kann hier sein, wie viele zusätzliche Businessclass-Reisende die Airline buchen, weil es den neuen Service gibt. Tatsächlich hätte diese Idee eine relativ hohe Chance, nicht direkt zerschossen zu werden, weil sie sowohl machbar als auch sinnvoll erscheint. Wie nahe sie jedoch an Ideen hängt, die weder machbar noch vorstellbar erscheinen, zeigt das Beispiel Teleportation. Eine Videokonferenz erfüllt wie ein Flug eine bestimmte Funktion. Wenn diese beiden Funktionen sich überlappen, besteht Potenzial für eine Innovation. Natürlich sollte die Airline nicht in das Erforschen von Teleportation investieren. Aber das ist ja auch nicht die Funktion der Idee. Der Zweck der Idee Teleportation ist, in einem quasi-symbolischen oder metaphorischen Prozess Parallelen aufzudecken, die nutzbar gemacht werden können. Sinnfreie Ideen existieren deswegen per se nicht. Aber unsere Bewertung ist relativ stabil, wir werden uns selbst also nicht davon abhalten können, bestimmte Ideen als sinnfrei wahrzunehmen. Was wir aber tun können, ist aufzuhören, psychologische Distanz aufzubauen zwischen dem, was wir entwickeln, und dem, was wir als Wahrheit erleben. Diese Distanz ist genauso künstlich konstruiert und manipulierbar wie die Einschätzung von Machbarkeit.

„Innovation ist, wenn man mit neuen Ideen Geld verdient." – Die Einschränkung auf eindimensionale Kriterien ist nicht deswegen falsch, weil Innovation aus irgendwelchen ethisch-moralischen Gründen nicht dafür genutzt werden sollte, Geld zu verdienen. Natürlich müssen Unternehmen aus Innovation Profit schlagen, durch direkte oder indirekte Kommerzialisierung wird Geld verdient, das teilweise wieder in Innovationen fließen kann. Das Kriterium an sich ist nicht falsch, als einziges Kriterium greift es nur viel zu kurz. Wenn wir mit Zahlen umgehen, erleben wir gefühlte Kontrolle, eine Art Illusion, beeinflussen zu können, obwohl wir eigentlich recht machtlos dastehen. Wann immer wir Messbarkeit schaffen, sorgen wir für einen künstlichen Fokus auf Dimensionen, die wir messen können, versus solche, die wir nur schlecht in Zahlen ausdrücken können.

Dem folgt auch Innovationslogik. Der kommerzielle Erfolg wird auch deswegen zum Kriterium, weil er messbarer ist als beispielsweise der Beitrag einer Innovation zum Fortschritt einer Industrie oder gar dem Wandel einer Gesellschaft. Wir halten uns daran, dass die Anzahl verkaufter iPhones eine entscheidende Größe ist, um das iPhone als Innovation zu bewerten. Natürlich gibt es auch andere Kriterien. Aber wir würden das iPhone nicht intuitiv als Geburtshelfer für Demokratie und Fortschritt sehen, weil es für viele eine Möglichkeit darstellte, in Echtzeit ihre Meinungen und Eindrücke zu teilen und darüber hinaus ganze Revolutionen zu koordinieren. Verblasst nicht aber im Lichte dieser Entwicklungen der kommerzielle Zweck einer Innovation?

Was ist mit Innovationen, die die Welt verändern, mit denen aber niemand viel Geld verdient? Um den Rahmen zu öffnen, verlassen wir die Welt der Digitalisierung und gehen weit zurück. Was ist mit dem Pflug? Eine fantastische Innovation, die es Bauern ermöglichte, durch Effizienzsteigerung mehr zu produzieren, als sie selbst zum Überleben brauchten. Der Anfang einer unglaublichen Revolution, ausgelöst durch eine Innovation, die kein Unternehmen reich gemacht hat, sondern im Grunde jeden von uns. Oder noch viel weiter zurück: Was ist mit der Erfindung des Rads? Kaum jemand würde davon ausgehen, dass der Pflug oder das Rad erfunden wurden, um Profit zu schaffen. Wir können natürlich nicht ausschließen, dass Menschen mit dem Rad und dem Pflug Geld verdient haben, aber das ist sehr wahrscheinlich nicht das Kriterium gewesen, mit dem die beiden entwickelt wurden. Interessanterweise zieht sich durch unsere Innovationsgeschichte ein roter Faden: Die Evolution von bestimmten Ideen vergessen wir schneller, als wir sollten, stattdessen feiern wir den Erfolg von Ideen in dem Moment, in dem jemand es schafft, eine bestimmte Idee kommerziell nutzbar zu machen. Von der Glühbirne bis zum iPhone: Wir vergessen den langen Weg und die zahllosen Köpfe, die an diesen Innovationen beteiligt waren. Stattdessen feiern wir den kommerziellen Durchbruch. Langfristig ist das kein Problem, denn im Licht der Geschichte verblassen kommerzieller Erfolg und die Loyalität zu bestimmten Narrativen, und es bleibt die Idee als Fortschrittstreiber.

Innovation ist nicht, wenn man mit Ideen Geld verdient. Innovation ist, wenn Ideen zu Fortschritt führen. Fortschritt ist, wenn Menschen auf mindestens einer Dimension besser dastehen als vorher, ohne auf anderen Dimensionen schlechter dazustehen. Wenn die Anzahl von Menschen unter der Armutsgrenze abnimmt oder die Kindersterblichkeit, dann sind das Indikatoren für Fortschritt. Hinter diesem Fortschritt stecken Innovationen und hinter denen stecken Ideen.

Die Existenzberechtigung eines Unternehmens kann sich nicht dadurch ergeben, dass es kommerziellen Erfolg hat. Die Aufgabe einer Ökonomie ist es, die Rahmenbedingungen für Fortschritt zu schaffen. Unternehmen sind fester

Bestandteil dieser Bedingungen. Wir müssen verstehen, dass Unternehmen Profite erwirtschaften müssen, um Fortschritt zu erzielen – und nicht anders herum. Die Aufgabe von Unternehmen ist Innovation – und Innovation kostet Geld. Ohne die Definition eines Unternehmens als Fortschrittstreiber in direkter oder indirekter Funktion verlieren Unternehmen im 21. Jahrhundert nicht nur schnell an Glaubwürdigkeit. Sie verlieren auch ihre Existenzberechtigung.

Um den Kreis zu schließen zur selbst verschuldeten Wahrheitsgläubigkeit, müssen wir verstehen, dass unterschiedliche Denkmuster unterschiedliche Implikationen haben. Wie wir denken, das steuert, wie wir handeln und entscheiden. Nicht selten überlassen wir diese Prozesse einem unklaren Gemisch aus Erfahrung und Intuition, beeinflusst durch die Erwartungen und Gedanken anderer Menschen. Stattdessen müssen wir lernen, dass der Glaube an eine universelle Wahrheit (unsere Ontologie) und die damit verbundene Überzeugung, dass unsere Fähigkeiten genügen, diese zu erkennen (unsere Epistemologie), zu einer Art führen, die Welt zu begreifen (unsere Methodologie), die unserem Streben nach Fortschritt entgegenwirkt und deswegen dysfunktional ist, wenn es um Innovationen geht. Absolut funktional ist diese Überzeugung für viele andere Zwecke, von naturwissenschaftlicher Forschung bis hin zu religiöser Überzeugungsarbeit, aber für Ideen, die Fortschritt treiben sollen, brauchen wir eine andere. Es wird Zeit für einen mentalen Paradigmenwechsel (siehe Tab. 3.1).

Tab. 3.1 Fortschritt erfordert den Blick hinter die Kulisse unseres Denkens

Was Menschen sagen	Was sie denken	Das Problem
„Das haben wir schon immer so gemacht"	Unsere Strategie war immer funktional. Es gibt keinen Grund, anzunehmen, dass sie plötzlich nicht mehr funktioniert	Lineare Vorhersagen funktionieren nur in einer linearen Welt. Was gestern funktioniert hat, muss morgen nicht unbedingt funktionieren
„Haben wir schon probiert, funktioniert nicht"	Diese Strategie hat schon einmal nicht funktioniert. Es gibt keinen Grund, sie erneut zu probieren. Die Sache ist ziemlich klar	Zwischen zwei Zeitpunkten kann sich die Welt dramatisch geändert haben, auch wenn wir das noch nicht sehen. Strategien, die also gestern versagt haben, können morgen funktionieren

(Fortsetzung)

Tab. 3.1 (Fortsetzung)

Was Menschen sagen	Was sie denken	Das Problem
„Ja, aber …"	Ich bin einen Schritt voraus und kann dir zeigen, woran du nicht gedacht hast	Der Referenzrahmen unseres Denkens wird zum Problem. Anstatt zu versuchen zu verstehen, wie jemand anderes auf seine Schlussfolgerungen kommt, versuchen wir ihn davon zu überzeugen, dass er in unserem Denken danebenliegt
„Das wollen unsere Kunden nicht"	Ich kenne unsere Kunden. Die sagen uns, was sie wollen. So eine Veränderung würden die nicht mittragen	Drei Probleme: Kunden wissen nicht, was sie wirklich wollen. Kunden sagen nicht, was sie wirklich wollen. Und Kunden, die keine Veränderungen mittragen, sind möglicherweise die falschen Kunden
„Ich verstehe die ganze Diskussion nicht, es ist doch offensichtlich …"	Wir verwenden zu viel Zeit auf eine Diskussion, die für mich keine Grundlage hat. Die Faktenlage ist klar, die Entscheidungsgrundlage gegeben, warum diskutieren wir noch?	Offensichtlich sind Sachverhalte immer nur für unser subjektives Verständnis. Im Glauben an eine universelle Wahrheit glauben wir auch an die Universalität unserer Einschätzung. Was in unserer Wahrheit offensichtlich erscheint, muss für niemand anderen offensichtlich sein. Deswegen diskutieren wir
„Warum sollten wir das ändern?"	Läuft doch alles gut. Never change a winning team. Veränderungen ohne Grund einzuleiten, ist naiv und unnötig. Außerdem ist es mit Risiko behaftet, das wir vermeiden können	Strategische Veränderungen müssen eine Welt vorwegnehmen, die auf uns zukommt. Sie können sich nicht an der Welt orientieren, in der wir heute leben. Wir müssen heute schon Veränderungen vornehmen, für die erst morgen Bedarf besteht, weil es morgen schon zu spät wäre

(Fortsetzung)

Tab. 3.1 (Fortsetzung)

Was Menschen sagen	Was sie denken	Das Problem
„Das ist jetzt für mich kein Grund …"	In meinem Verständnis macht diese Argumentation keinen Sinn. Ich komme nicht zur gleichen Schlussfolgerung. Da andere aber zu dieser Schlussfolgerung gelangen, stimmt ihr Verständnis nicht	Anstatt der Argumentationslogik anderer zu folgen, bewerten wir Schlussfolgerungen aufgrund unserer eigenen Logik. Da im universellen Wahrheitsverständnis kein Platz für unterschiedliche Logiken ist, liegt der Rückschluss auf einen Denkfehler der anderen nahe. Nicht jedoch die Möglichkeit, selbst fehlerhaft zu argumentieren
„Das funktioniert vielleicht bei anderen Unternehmen, aber in unserer Industrie geht das nicht"	Analoge Argumentation funktioniert nur, wenn wir ähnliche Voraussetzungen haben. Unterschiedliche Märkte arbeiten mit vollkommen unterschiedlichen Methoden und Prozessen	Beispiel Digitalisierung. Warum sollte ein deutsches mittelständisches Produktionsunternehmen Digitalisierung betreiben. Das funktioniert vielleicht in der Medienbranche, aber wir sind eben in einer völlig anderen Industrie. Stimmt, aber die Welt ist die gleiche, die Kunden sind die gleichen und die Kaufentscheidungen sind auch die gleichen. Analogie zwischen Märkten ergibt sich nicht aus den spezifischen Bedingungen, sondern aus den großen gesellschaftlichen Trends unserer Zeit. Deswegen sind mit Anpassungen Veränderungen zwischen Industrien durchaus übertragbar

Irrational ist das neue Rational

4

Zusammenfassung

Welche irrationalen Strategien sind sinnvoll? Wann sollten wir auf unseren Verstand hören und rational vorgehen? Welche Mindsets helfen, strategisch zu neuen Ideen mit Mehrwert zu kommen? Was macht Ideen aus, aus denen Innovationen werden? Kommt das Neue ohne das Alte aus? Müssen wir alles ständig verändern?

Fortschritt lässt sich im Licht von Evolution, Komplexität, Chaos und Irrationalität neu deuten, und damit leiten sich auch (teils) neue Empfehlungen für die Innovationsarbeit ab. Die folgende Liste an Empfehlungen ist weder vollständig noch erhebt sie den Anspruch auf universelle Gültigkeit. Vielmehr gibt sie das Ergebnis meiner Arbeit mit Menschen in komplexen Umfeldern wieder. Sei es im internationalen Großkonzern oder bei einem KMU in einem komplexen Markt. In jedem Fall stellen diese Strategien eine Leitlinie für all diejenigen dar, die bereit sind, sich auf das Chaos vorzubereiten, in dem wir zwar bereits leben, dessen Tragweite sich aber erst abzuzeichnen beginnt.

Weiterdenken ist das neue Erfinden

Jenem diffusen Gefühl, dass doch eigentlich schon alles erfunden sei, liegt zwar eine Illusion zugrunde, die sehr viele Generationen zu der Annahme verführte, dass jetzt doch einmal Schluss sei mit den Innovationen und dem ständig an Geschwindigkeit zunehmenden Fortschritt. Tatsächlich aber nimmt diese Geschwindigkeit weder ab, noch haben wir es mit einer Entwicklung zu tun, in der nichts Neues mehr erfunden wird. Ganz im Gegenteil. Es gibt mehr Neues als

© Springer Fachmedien Wiesbaden GmbH 2017
C. Burkhardt, *Denkfehler Innovation,*
DOI 10.1007/978-3-658-11188-5_4

möglicherweise in keinem anderen Jahrhundert unserer Geschichte. Doch unsere Intuition nutzt eine mentale Abkürzung, um abzuschätzen was da Neues auf uns zukommen wird und wie wahrscheinlich bestimmte Entwicklungen sind. Dass wir nicht ewige Zeit Smartphones mit uns herumtragen werden oder dass Universitäten wahrscheinlich auf lange Sicht verschwinden werden, ist eine Vision und für viele Menschen unrealistisch oder einfach unvorstellbar. Insbesondere Institutionen, die es schon sehr lange gibt, können wir uns schlecht als nicht existent vorstellen. Aber genau hier liegt der Denkfehler: Es liegt außerhalb unserer Vorstellungskraft, dass diese Welt kommen wird. Und die Tatsache, dass es schwierig oder gar unmöglich ist, diese neue Welt zu simulieren, sie uns also vorzustellen, sorgt für den Fehlschluss, dass diese Welt unwahrscheinlich ist.

Je einfacher wir uns einen Zustand der Welt vorstellen können, desto wahrscheinlicher glauben wir, dass er auch eintritt. Und das liegt weniger am Endzustand als am Prozess, der uns in die neue Welt führt. Wenn wir wenig über den Weg wissen, den wir gehen müssen, um in der Zukunft anzukommen, können wir uns schlecht vorstellen anzukommen. Kein Ziel ohne Weg. Keine Revolution ohne Evolution.

Solange wir versuchen, die eine umwerfende Erfindung zu schaffen, werden wir wahrscheinlich scheitern. Die Frage ist nicht, ob wir visionäre Vordenker werden können, sondern wie weit wir uns zutrauen, den Status quo weiterzudenken. Vordenker sind eigentlich Weiterdenker. Die Reise beginnt nicht in einer ungewissen Zukunft, sondern in einer sehr gewissen Gegenwart. In der befinden wir uns gerade. Von hier aus gehen wir unseren Weg in die Zukunft. Der Unterschied zwischen den visionären Vordenkern und den Status-quo-Vertretern ist nicht die Fähigkeit, vorauszudenken, sondern der Wille, weiterzudenken. Während die einen den nächsten Schritt mitgehen, denken die anderen zehn Schritte weiter.

Evolutionär zu denken, das bedeutet, einen Schritt nach dem anderen zu gehen, eine mentale Brücke nach der anderen zu nehmen, bis wir bei einer Idee ankommen, die weit genug von der ursprünglichen Idee weg ist, sodass wir sie neu nennen können.

▶   Neues entsteht immer durch Bestehendes, nicht aus dem Nichts.

Zwischen revolutionären Ideen und Ideen des Status quo besteht immer eine Verbindung. Nur ist diese nicht auf den ersten Blick erkennbar. Weiterzudenken bedeutet also nicht, vollkommen Neues zu erfinden, sondern Bestehendes zu überdenken, neu zu kombinieren, anzupassen, in seiner Funktion zu ändern oder in einen anderen Kontext zu übertragen.

Evolutionär zu denken, das bedeutet aber auch, heilige Kühe zu schlachten. Unternehmen und Gesellschaften müssen alte Gewohnheiten und Prozesse, manchmal auch Werte und Einstellungen über Bord werfen, um sich einer sich verändernden Welt anzupassen. Das ist anstrengend und manchmal schmerzhaft, insbesondere wenn die Welt im Status quo lieb gewonnen wurde. Postkutschen hinterherzutrauern macht heute so wenig Sinn, wie den ersten Mobiltelefonen oder sehr bald Briefkästen und Telefonzellen nachzuweinen. Veränderung kommt mit einem Preis. Aber die Frage ist nicht, ob wir Veränderung akzeptieren oder nicht. Die Frage ist, an welcher Art von Veränderung wir uns beteiligen, welche wir formen und wo wir unseren Beitrag zum Fortschritt leisten.

Taxifahrer und ihre Dachverbände haben ihr Geschäftsmodell nicht weitergedacht. Viele Unternehmen sind in der Gefahr, nicht früh genug mit der Entwicklung des Neuen zu beginnen. Sie warten, bis es jemand anderes tut. In der analogen Welt hat das für viele auch funktioniert. In der digitalen Welt aber geht Entwicklung zu schnell, sodass wir nicht erst reagieren können, wenn die Konkurrenz bereits am Markt ist. Wir müssen proaktiv weiterdenken, nicht reaktiv auf Revolutionen warten.

Erkunden ist das neue Optimieren

Eine große Herausforderung stellt für viele Unternehmen der strategische Unterschied zwischen Exploration und Exploitation dar. Exploration bedeutet dabei das Erkunden von unbekanntem Terrain, Exploitation das Optimieren bestehender Prozesse. Üblicherweise tendiert eine Unternehmenskultur zu einer der beiden Seiten, manchmal heftig. Je nach Industrie und Branche gibt es unterschiedliche Gewichtungen. Entscheidend für uns ist in diesem Zusammenhang anzuerkennen, dass es keine Industrie gibt, in der sich Innovation nicht lohnen kann. Keine Industrie ist per definitionem ausgenommen von Innovations- und Adaptionsprozessen. Selbst risikoscheue Industriezweige wie etwa Versicherungen oder Banken verstehen heute den Zweck von kontinuierlichen Innovationsbestrebungen als strategisches Mittel für Wachstum. Unternehmen gleich welcher Branche müssen innovativ bleiben oder es schnell werden. Unterschiedlich aber ist tatsächlich der Druck auf verschiedene Industrien, sich selbst neu zu erfinden. Unternehmen, die sich in einem Markt tummeln, in dem sich bereits viele Innovatoren bewegen beziehungsweise der Gefahr läuft, durch Disruption von außen reorganisiert zu werden, Unternehmen in solchen Märkten sind gezwungen, mit höherer Geschwindigkeit Ideen zu entwickeln und umzusetzen, um ihre Marktstellung

nicht zu verlieren. Dass dies unter Druck wesentlich schwieriger ist als ohne, realisieren die meisten Unternehmen erst, wenn es zu spät ist.

Es reicht nicht mehr aus, bestehende Prozesse, Produkte und Dienstleistungen auszunutzen und zu optimieren. Strategisch brauchen wir ein Gleichgewicht
zwischen Exploration und Exploitation, wenn wir nicht Gefahr laufen wollen, zu
lange auf nur eine der beiden großen strategischen Richtungen zu setzen. Natürlich sind das Optimieren und die Effizienzsteigerung von Bestehendem absolut
notwendig, beides sorgt für Marktvorteile und häufig auch schwer zu kopierende
Qualitätsstandards. Aber gerade in Deutschland erfolgt eine Optimierung auf
Kosten der Erkundung und Eroberung völlig neuer Marktbereiche und -segmente.
Innovation entsteht sowohl auf der einen wie auf der anderen Strategieseite,
aber wer sich langfristig am Markt behaupten will, muss sowohl in die eine wie
die andere Seite investieren – und das aus einem einfachen Grund. Wer nur auf
Exploration setzt, also lediglich auf alle neuen Trends aufspringt und ununterbrochen Neues entwickelt und umsetzt, wird häufig in der Kommerzialisierung durch
einen Mitbewerber geschlagen, der eines der Produkte oder eine Dienstleistung
in gleicher Weise nur mit höherer Qualität oder zu niedrigerem Preis anbieten
kann. Auf der anderen Seite werden Unternehmen, die zu stark auf Exploitation
setzen, häufig durch sich verändernde Bedarfe auf Kundenseite beziehungsweise
neue Marktteilnehmer überrascht, die scheinbar unvorhersehbar aus dem Nichts
auftauchen. Tatsächlich wären aber viele Trends und Veränderungen absehbar
gewesen, wenn es eine effektive Strategie mit entsprechendem Commitment zur
Exploration gegeben hätte. So bekommen also Unternehmen Probleme, die auf
nur eine Strategieseite setzen, während Unternehmen, die ausgewogen taktie-
ren, im Effekt mehr bekommen als eine 50-Prozent-Nutzung beider Potenziale.
Denn Exploration und Exploitation sind unabhängige Dimensionen und schließen sich keineswegs gegenseitig aus. Selbstverständlich kosten beide Seiten Ressourcen und Zeit, aber bei ausgewogener Strategie können sich Exploration und
Exploitation auch gegenseitig befeuern. Das Erkunden eines neuen Marktes sorgt
immer auch für das Erkunden von Exploitationsstrategien an diesem Markt. Ein
Benchmark muss dabei überhaupt nicht aus der eigenen Industrie kommen. Wir
können also in fremden Industrien Exploitation kennenlernen, die wir sonst nie
in unserem Bereich angewandt hätten. Gleichzeitig kann es durch Exploitation,
also das Ausnutzen bestehender Ressourcen, zu Fragestellungen kommen, die den
Erkundungsprozess antreiben oder ihm eine neue Richtung geben. Die Expertise, die im Wissen einer Organisation steckt, wird in den Fragen deutlich, die
entstehen, wenn Prozesse verbessert und optimiert werden. Es besteht also durchaus eine Wechselwirkung zwischen den beiden Strategien, die ungenutzt bleibt,

wenn in einem Bereich nur wenig oder überhaupt nicht investiert wird. Da ist es in Deutschland für viele Optimierer an der Zeit, umzudenken.

Exploration und Exploitation sind dabei nicht Strategien, die auf unterschiedliche Abteilungen und Personen aufgeteilt werden sollten. Während die Menschen in Innovationscentern auf Erkundungstour sind, optimieren Controller alles, was schon da ist. Eine solche Trennung sorgt langfristig für kontinuierliche Kämpfe zwischen Abteilungen, Rollen und Funktionen. Gleichzeitig wird auf beiden Seiten ein Denkmuster trainiert, das sich bei Bedarf nicht mehr leicht ändern lässt. Mit zwei Konsequenzen: Erstens kommt es nicht zum Lerneffekt der Exploiter durch die Kenntnisse der Explorer, und gleichzeitig kann ein Explorer nur schwer einen Exploiter überzeugen, in unsichere Bereiche zu investieren. Zweitens kann im Risikofall weder Explorer noch Exploiter die Rolle des anderen übernehmen. Eine Gruppe, die also entweder aus Explorern oder aus Exploitern besteht, trifft extreme Entscheidungen mit größerer Wahrscheinlichkeit und stellt damit ein Risiko für das Unternehmen dar.

Was genau gilt es aber im Bereich Exploration zu tun? Da es sich bei Exploitation nicht um Innovationsstrategien handelt, werden diese hier ausgenommen. An Optimierungsliteratur mangelt es in Deutschland nicht.

Beim Erkunden von neuen Feldern treffen wir unweigerlich auf die Ideen anderer. Und diese Ideen sind oft durch Denkmuster entstanden, die wir selbst nicht kennen. Einen ähnlichen Effekt erleben wir, wenn wir eine Sprache lernen und dann zum ersten Mal im Ausland mit der Realität der Sprache konfrontiert werden. Wir können zwar häufig übersetzen, was unser Gegenüber sagt, verstehen aber manchmal nicht, was gemeint ist. Und das ist kein sprachlicher, sondern ein kultureller Effekt. Die Ideen anderer entstehen eben nicht nur durch eine andere Sprache, sondern mit der Sprache entstehen sie in einem anderen kulturellen Rahmen. Wenn ein Smartphonehersteller beispielsweise den Automobilmarkt erkundet, wird es zu Verwirrungen kommen, was die lokale Anpassung von Autos in verschiedenen Ländern der Welt angeht. Smartphones sind viel weniger lokalen Regularien ausgesetzt als Autos. Wenn also analog der Schluss gezogen wird, dass Autos offenbar selbst im gleichen Modell weltweit sehr unterschiedlich gebaut werden und dass sich diese lokale Anpassung lohnt, wird nicht nach dem Rahmen der Argumentation gefragt und folglich verpasst, dass dies nicht nur an unterschiedlichen Kundenwünschen liegt, sondern insbesondere auch an lokaler Gesetzgebung, die bestimmte Modelle bevorzugt oder eben benachteiligt, weswegen dann unterschiedliche Versionen des gleichen Modells in verschiedenen Ländern der Welt verkauft werden. Der Schluss, dass man das mit Smartphones auch so machen sollte, weil Kunden es sich wünschen, wäre also falsch.

Intuition und Assoziation sind sehr unterschiedliche Werkzeuge. Intuitiv ziehen wir unsere Schlüsse, bevor wir viele Fragen stellen. Unsere eigene Logik reicht uns oft aus, um eine Bauchentscheidung zu treffen. Unser Bauchgefühl liegt aber oft ganz systematisch daneben, wie wir noch sehen werden. Deswegen ist Misstrauen angesagt, wenn sich der Bauch einschaltet. Insbesondere bei neuen Ideen von anderen.

Um eben nicht den fehlerhaften Analogien zu erliegen, müssen wir darauf achten, dass wir beim Erkunden auch unseren eigenen Referenzrahmen verlassen. Direkte Analogien führen seltener zu innovativen Ideen als indirekte. Das bedeutet, die neue Idee nie direkt auf den eigenen Bereich zu spiegeln, sondern symbolisch oder metaphorisch zu verstehen.

Zusätzlich ist Neugier gefragt. Denn neuen Ideen begegnen wir von Natur aus intuitiv mit Skepsis. Noch bevor wir also verstehen wollen, wie die Ideen anderer entstanden sind, haben wir bereits Begründungen parat, warum diese Idee (bei uns) nicht funktionieren würde. Das ist auch nicht schlimm. Wir müssen nur erkennen, dass es sich auszahlt, sämtliche Vorschläge und Ideen anderer als symbolische Hilfestellungen zu verstehen, die uns auf die richtige Idee bringen können. Und das oft sehr, sehr indirekt. Es lohnt sich also, dafür zu sorgen, dass der Prozess des Erkundens eher durch Assoziation auf unserer Seite getrieben wird als durch Intuition. Selbst wenn wir mit unserer Intuition richtig liegen, zahlt es sich aus, möglichst viele mentale Werkzeuge zu nutzen und anzuwenden, bevor wir den Schluss ziehen, dass sich der Prozess nicht weiter lohnt.

Ideen sind sehr fragil, insbesondere dann, wenn sie viele evolutionäre Stufen durchlaufen haben, also psychologisch relativ weit von etwas bereits Existierendem entfernt sind. Wenn Ideen nach Science-Fiction klingen, sind sie besonders gefährdet, durch intuitive Urteile zerlegt zu werden, auch wenn ihr Inhalt das nicht verlangt. Eigentlich gute Ideen können also sehr schnell zerschossen werden, alleine weil wir sie intuitiv erst einmal als Bedrohung auffassen.

▶   Neue Ideen sind bedrohlich, weil sie unser Verständnis davon infrage
        stellen, wie die Welt funktioniert.

Da wir unser Verständnis der Welt durch soziale Validierung aufbauen, ist die Gefahr groß, auch in Gruppen die Sinnhaftigkeit oder Machbarkeit von Ideen durch soziale Validierung infrage zu stellen. Anders ausgedrückt: Wir sind von Natur aus skeptisch, wenn es um Neues und Veränderung geht. Aber diese Skepsis ist besonders stark, wenn wir sie in Gruppen erleben. Zu erkunden anstatt zu bewerten, das bedeutet, anstelle des Diskutierens von neuen Ideen ein Verständnis für die Evolution einer Idee zu entwickeln. Wir müssen fragen, wie jemand auf eine Idee gekommen ist, anstatt unserer Intuition zu folgen, die ohne Wissen über den Prozess das Ergebnis infrage stellt.

Dünnes Eis ist die neue Komfortzone

Wenn Unternehmen ihre Mitarbeiter auffordern, außerhalb der Box zu denken, was genau meinen sie damit? Neben reichlich Verwirrung aus der Forschung zum kreativen Denken und komplexen Problemlösen, können wir uns an eine einfache Definition der Box halten, die zwar nicht wissenschaftlich, dafür aber nützlich ist. Die Box ist unser kognitiver Rahmen, innerhalb dessen wir nach einer Lösung oder Idee suchen. Diese Box ist festgelegt durch die Problemstellung und unsere Erwartungen. Was wir an Annahmen und Erwartungen an die Lösung haben, steuert weitestgehend, welche Form die Ideen überhaupt annehmen können, die wir gerade suchen. Wir überschätzen unsere Fähigkeiten, wenn es darum geht, Probleme zu definieren und gute Fragen zu stellen. Oft arbeiten wir mit falschen Annahmen. Das ist besonders dann dramatisch, wenn wir es nicht merken und unsere Annahmen verdeckt bleiben.

Alles Neue baut auf bereits bestehenden Konzepten und Ideen auf oder entwickelt diese weiter. Nichts, was da Innovatives auf uns zukommt, ist wirklich neu. Neu ist möglicherweise die Konstellation von Elementen und Relationen, ganz besonders die der Funktion einer Idee. Aber keine neue Idee ist unabhängig von der Welt, in der sie entsteht. Das bedeutet natürlich nicht, dass wir nicht manchmal überrascht werden durch scheinbar vollkommen neue Ideen oder von Vorschlägen aus völlig unerwarteten Richtungen. Tatsächlich liegt unsere Überraschung aber nicht an der Idee und ihrer Entstehung, sondern an unseren Erwartungen. Originalität misst sich relativ an unseren Erwartungen. Was wir nicht erwarten, ist origineller als das, was wir absehen können. Das ist in Filmen und Büchern nicht anders als bei Ideen. Bedeutet allerdings, dass nicht die Originalität der Idee im Vergleich zu anderen Ideen zählt, sondern die Originalität im Vergleich zu meinen individuellen Erwartungen.

Auf der Suche nach Ideen und Lösungen außerhalb der Box unserer Erwartungen müssen wir also mit einigen von ihnen brechen, um uns quasi selbst zu überraschen. Um dabei möglichst gezielt und effektiv vorzugehen, können wir direkt mit unseren Annahmen arbeiten, sobald wir sie explizit formulieren.

Angenommen, wir wollen das Parkplatzproblem in überfüllten Großstädten lösen. Zu wenig Parkplätze, zu viele Autos, genervte und gestresste Autofahrer, erhöhtes Unfallrisiko, damit erhöhte Staugefahr und noch mehr Verkehr. Ein sich selbst verstärkendes Problem. Was nehmen wir an, was sind unsere Erwartungen und Prämissen? Unsere Erwartungen sind, dass wir unser Auto in der Nähe des Zentrums abstellen, unsere Erledigungen machen und das Fahrzeug danach wieder am Parkplatz abholen können Das erwarten wir von unserer Lösung. Mit diesen Annahmen liegt es nahe, weitere zentrumsnahe Parkhäuser zu bauen, möglicherweise unterirdisch. Andere Lösungen könnten in besseren Park-and-ride-Angeboten liegen, bei denen ich außerhalb der Stadt parke und mit öffentlichen Verkehrsmitteln in die Stadt komme. Eindeutig Lösungen innerhalb der Box, denn die gibt es ja schon. Eine ganz bestimmte Annahme verhindert das Erweitern des Problemraumes, unserer Box, und das ist die Annahme, dass *ich* mein Auto parke.

Was, wenn nicht ich mein Auto parke, sondern jemand anderes? Was, wenn wir diese Annahme einfach umkehren? Wie könnte das gehen? Genau mit dieser umgekehrten Annahme ist derzeit ein Unternehmen in San Francisco sehr erfolgreich, es heißt LUXE und besteht aus einer Gruppe sogenannter Concierges, die rund um die Uhr mit Tretrollern in San Francisco herumfahren und in der Innenstadt Autos aufgreifen, deren Position sie per App erfahren. Sie parken die Fahrzeuge und stellen sie innerhalb weniger Minuten bei Bedarf dem Fahrer zur Verfügung, wenn gewünscht voll getankt und frisch gewaschen. Warum das funktioniert? Weil Luxe eigene Parkmöglichkeiten hat und genau weiß, wo wie viele Slots frei sind. Ein weiterer Faktor ist, dass geübte Fahrer weitaus effizienter parken können als Durchschnittsbürger, was schon dazu geführt hat, dass man zu Hause nicht mehr selbst parkt, sondern das den Profis überlässt, die dann bei Bedarf das Auto auch wieder aus der unterirdischen Garage ausparken.

Anstatt Parkmöglichkeiten auszubauen, was einer Exploitationsstrategie gleichkommt, lohnt es sich, Annahmen zu hinterfragen und Erwartungen umzukehren. So finden sich in vielen Fragestellungen unerwartete Nutzungen bestehender Ressourcen. Umkehrungen sind der schnellste Weg, die eigene Box zu verlassen, weil sie direkt mit unseren Annahmen arbeiten und aus der Box zwingen. Das fällt nicht jedem leicht, wird aber nach ein wenig Training ein unfassbar effizientes Werkzeug für Ideen außerhalb gewohnter Denkweisen. Damit dies funktioniert, müssen unsere Annahmen besonders explizit und möglichst spezifisch sein. Wir müssen also ganz besonders darauf beharren, dass wir selbst und andere ihre Annahmen – ganz gleich wie basal – aussprechen und wir sie sammeln können.

Interessant ist das neue Nützlich

Um in einer chaotischen Welt innovativ zu sein, müssen wir akzeptieren, dass disruptive Trends und Veränderungen nicht mehr nur durch unsere direkten Konkurrenten zustande kommen. Das Überleben von Unternehmen und ganzen

Industrien hängt nicht alleine daran, wie gut das Produkt ist. Die Frage ist, ob das Produkt noch jemand braucht. Taxifahrer, die sich in Konkurrenz zu öffentlichen Verkehrsmitteln darauf spezialisieren, besseren Komfort zu einem höheren Preis anzubieten, schützt der Vergleich zur Konkurrenz überhaupt nicht, sobald Uber auf den Markt kommt und durch vergleichbaren Komfort und deutlich niedrigere Preise zur echten Bedrohung wird. Selbst wenn Uber am Markt nicht bestehen sollte, weil die Investitionen in subventionierte Fahrten und zahllose Rechtsstreits den Marktwert des Unternehmens irgendwann überschreiten, stellt die Existenz der Idee und der Beleg ihrer Umsetzbarkeit eine echte Bedrohung dar.

Sich nur innerhalb der eigenen Industrie oder Branche nach Entwicklungen umzusehen, reicht nicht, um innovativ zu führen. Wir brauchen einen wesentlich weiteren Blick, um Entwicklungen zu erkennen, die uns direkt betreffen. Die Frage ist nicht, wer so etwas Ähnliches macht wie wir. Die Frage ist nicht, wer sich im Kerngeschäft mit unseren Themen auseinandersetzt. Die Frage muss sein, welche Entwicklungen Auswirkungen auf das haben, was wir für unser Kerngeschäft halten. Und das sind weit mehr, als wir erwarten würden. Was chinesische Investoren in den USA bewirken, kann durchaus direkte Konsequenzen für den deutschen Mittelstand haben. Die Zeiten, in denen diese Auswirkungen Jahre brauchten und genügend Experten mögliche Bedrohungen frühzeitig erkannten, sodass wir rechtzeitig gewarnt wurden, diese Zeiten sind vorbei.

Strategische Entscheidungen werden global getroffen. Einflüsse auf das Kerngeschäft und Absatzmärkte sind dynamisch, unvorhersehbar und nur in Szenarien planbar.

Bestmöglich ist das neue Erstbeste

Über viele Jahre unseres Lebens haben wir trainiert, Probleme zu lösen, indem wir so lange nach Ideen und Möglichkeiten suchen, bis eines unserer Probleme gelöst ist. In Matheklausuren gab es zu jeder Aufgabe eine richtige Lösung. Im Umkehrschluss bedeutete das, dass wir beim Auffinden einer Lösung den Suchprozess abbrechen konnten. Wir hatten ja bereits eine Lösung gefunden. Da es nur eine gab, war das Problem gelöst. Tatsächlich aber sind die wenigsten Probleme in der Realität konvergente Probleme mit nur einer Lösung. Insbesondere bei der Suche nach Innovation gibt es unendlich viele Möglichkeiten, zu Lösungen zu kommen, wie bei einem Gleichungssystem mit zu vielen Unbekannten.

Wir haben uns durch unsere Schulbildung so daran gewöhnt, konvergente Problemstellungen zu bearbeiten, dass unsere Fähigkeit zur divergenten Problemlösung ziemlich untrainiert blieb. Wenn wir nach möglichst vielen Antworten auf die gleiche Frage suchen sollen, fällt es uns schon nach kurzer Zeit schwer, auf neue Ideen zu kommen. Stattdessen könnten wir schnell die bestmögliche Antwort konstruieren. Aber könnten wir das wirklich? In vielen Fällen suggeriert uns unsere Erfahrung, dass wir durch Analytik und Logik zu einer Antwort kommen, die wir für die bestmögliche halten. Wir vertrauen unseren Fähigkeiten und Werkzeugen bei der Beantwortung einer Frage durch genau eine Antwort. Bei der Beantwortung von Fragestellungen, die auf Innovationen abzielen, wird uns unser Training zum Verhängnis.

Bei divergenten Problemstellungen, zu denen alle Innovationsfragen gehören, müssen wir plötzlich so viele unterschiedliche Antworten auf eine Frage finden wie möglich, ohne dabei bei einer uns passend erscheinenden Lösung stehen zu bleiben. Auch in Gruppen erleben wir die starke Tendenz, über Ideen zu sprechen, die als erste Ideen im Raum das Problem lösen. Diese Ideen aber sind fast immer erstbeste und nicht bestmögliche Ideen. Das Dranbleiben lohnt sich aus einem einfachen Grund: Die erstbeste Lösung findet jeder, auch jeder Konkurrent. Sie ist alleine deswegen schon nicht die bestmögliche Idee, weil zu viele andere auf die gleiche Idee kommen würden. Wir suchen nach der bestmöglichen – und die ist immer auch eine Idee, die sonst noch keiner gefunden hat. Wenn wir an die Frage von Originalität zurückdenken, dann ist diese relativ zu sehen, also im Vergleich zu meinen eigenen Erwartungen, nicht im Vergleich zu anderen Ideen. Jetzt suchen wir aber genau die Idee, die im Vergleich zu anderen Ideen die bestmögliche darstellt – und das unabhängig von unseren eigenen Erwartungen.

Gute Fragen sind die neuen Antworten

Infrage zu stellen, fällt den meisten humanistisch gebildeten Menschen nicht schwer. Wir sind geübt und werden lange trainiert, die Welt nicht einfach hinzunehmen. Insbesondere in Deutschland haben wir aus guten Gründen gelernt, nicht einfach zu akzeptieren, ohne zu hinterfragen. Unser Einstieg in ein selbstbestimmtes Leben geht einher mit dem Ausstieg aus einem autoritätsgläubigen Leben, nach Kant dem Ausstieg aus unserer „selbst verschuldeten Unmündigkeit". Wir hinterfragen, deswegen sind wir mündig. Wer nicht hinterfragt, hat nicht die Reife eines aufgeklärten Bürgers. So weit die Theorie. In der Praxis hat sich viel getan in der Welt, die einst Kant zu verändern suchte.

Aufgeklärte Mitarbeiter und Bürger einer aufgeklärten Gesellschaft müssen heute weit mehr leisten, als nur zu hinterfragen. Sie müssen durch ihr Hinterfragen einen Mehrwert liefern. Wer hinterfragt, ist in der Position, zu bremsen, ganze Projekte zu stoppen oder zumindest aufzuhalten. Ich kann gar nicht sagen, wie oft ich ergebnislose und unfassbar zeitkonsumierende Diskussionen über Entwicklungen führen durfte, bei denen das Hinterfragen keinerlei Mehrwert bot. Sollten wir also alle aufhören zu hinterfragen, sollten wir um der Geschwindigkeit willen mehr akzeptieren? Absolut nicht. Wir sind ohne Zweifel weit entfernt von einer Welt, in der wir alle ohne selbst verschuldete Unmündigkeit, also mit vollkommener Kontrolle über die Freiheit unserer eigenen Gedanken in die Zukunft gehen. Nicht zu hinterfragen, das würde uns in einen nicht erstrebenswerten voraufklärerischen Zustand versetzen. Wir müssen also hinterfragen. Aber was macht gutes Hinterfragen aus? Beginnen wir mit dem Gegenteil.

„Schlechte Fragen gibt es nicht" hören wir immer wieder oder in leicht abgewandelter Form den Ausspruch „Dumme Fragen gibt es nicht". Ist das so? Gibt es wirklich keine dummen Fragen? Ähnlich wie mit unserem Denken und den Kognitionen, über die wir zumindest teilweise Einfluss haben, so können wir auch funktionale oder dysfunktionale Fragen stellen. Wir können also selten entscheiden, ob eine Frage dumm ist oder schlecht. Jedenfalls können wir das so gut wie nie, bevor sie jemand gestellt hat. Erst der Kontext, in dem die Frage ausgesprochen wird, erlaubt die Bewertung als gute oder schlechte Frage. Das ist bei funktionalen und dysfunktionalen Fragen anders. Hier lässt sich sehr wohl unterscheiden, ob eine Frage gerade weiterhilft oder eben nicht. Im schlechtesten Fall hilft eine dysfunktionale Frage nicht nur nicht weiter, sie blockiert die nächste Frage, die weitergeholfen hätte. Eine dysfunktionale Frage kann also den gesamten Prozess zum Stillstand bringen.

Innovationsfragen sind ganz besonders schwierig und im Zweifelsfall zerstörerisch. So zum Beispiel Fragen wie: „Warum haben wir nicht längst auch eine App, unsere Konkurrenz macht das schon lange?" Oder: „Welche Gründe sprechen dagegen, in Markt XYZ einzusteigen?" Und das Gegenstück: „Wozu soll das gut sein?" Viele Fragen drehen sich um Ursachen, Gründe und Voraussetzungen, die entweder für oder gegen ein Handeln sprechen. Dass diese Fragen nahezu dysfunktional sind, wird schnell deutlich, wenn wir uns die Konsequenzen ansehen. Wir erhalten eine Liste von Gründen und vermeintlichen Ursachen, die für oder gegen ein Handeln sprechen, in den meisten Fällen allerdings gegen ein Handeln. Das liegt in erster Linie an unserer verzerrten Wahrnehmung von Ursachenzuschreibung bei Handlungen und deren vorausgesagter Reue (Anticipated Regret). Stellen Sie sich vor, ein Unternehmen geht pleite, weil Entscheidungsträger eine riskante Entscheidung in Richtung Zukunft getroffen, Innovation gewagt haben und damit gescheitert sind. Die Fehlentscheidung liegt ganz klar beim Management, denn das hat ja entschieden, diesen Kurs zu vertreten, auf Innovation zu setzen, und ist damit ganz bewusst ein wohl zu großes Risiko eingegangen. Stellen Sie sich jetzt ein anderes Unternehmen vor, das ebenfalls pleite ist. Allerdings hat dieses Unternehmen nicht auf Risikoinnovationen gesetzt. Stattdessen hat sich der Markt um das Unternehmen herum so geändert, dass die Nachfrage einbrach und für bestehende Produkte kein Bedarf mehr bestand. Faktisch haben in diesem Fall Entscheidungsträger verschlafen, rechtzeitig auf Innovationen zu setzen, und sind stattdessen untätig geblieben.

Und doch haben die meisten Menschen unterschiedliche Gefühle für die beiden Unternehmen. Ein Vorstand, der auf Risiko setzt, gefährdet aktiv Arbeitsplätze. Die Schreie über Verantwortungslosigkeit sind groß. Ein Vorstand, der dagegen auf Inaktivität setzt und damit indirekt die gleichen Arbeitsplätze gefährdet, wird ganz anders angegangen und öffentlich kritisiert. Während der eine Vorstand verantwortungslos handelt, verschläft der andere Vorstand einen Trend. Während ein Vorstand einen moralischen Fehler begeht, unterläuft dem anderen Vorstand ein menschlicher Patzer. Überspitzt gesagt wird in der öffentlichen Meinung immer derjenige Fehler härter verfolgt, der durch eine Handlung und Entscheidung – also Aktivität – entstanden ist, als derjenige, welcher durch Inaktivität entstanden ist. Keine Frage, beide Fehler sind Fehler. Aber haben sie nicht eigentlich das gleiche Gewicht?

Den Grund für die Wahrnehmungsverzerrung und unseren Denkfehler können wir in der kausalen Kette finden, in die beide Events eingebettet sind. Diese Kette ist konstruiert und muss keineswegs der Realität entsprechen. Sie bildet gewissermaßen ein öffentliches Gedankenmodell, mit dessen Hilfe wir einordnen können, was um uns herum passiert. Wir sehen Kausalzusammenhänge um uns herum, unabhängig davon, ob diese vorhanden sind oder nicht. So erleben wir auch, dass direkte Kausalketten einflussreicher sind als indirekte. Wenn wir eine direkte Ursache ausmachen können, wird die Verbindung zum auslösenden Event besonders stark. Im Umkehrschluss bedeutet das, dass eine Ursache, die direkte Wirkung auf ein Ergebnis hat, quasi automatisch in ihrer Einflussnahme als alleiniger oder hauptsächlicher Faktor herangezogen wird. Anders gesagt, stark konstruierte Kausalverbindungen werden fälschlicherweise mit Exklusivitätscharakter ausgestattet. Wenn Männer und Frauen angeblich ein unterschiedlich ausgeprägtes räumliches Vorstellungsvermögen oder eine unterschiedlich ausgeprägte verbale Ausdrucksfähigkeit haben, bedeutet das keinesfalls, dass das Geschlecht der ausschlaggebende Faktor ist. Das ist sogar sehr unwahrscheinlich. Aber wir glauben es gerne, denn die kausale Verbindung ist stark, das Merkmal einfach und beobachtbar. Sollten wir also in Bildungseinrichtungen gegensteuern? Vielleicht. Das Problem: Wir wissen es aufgrund unserer Untersuchung keineswegs. Wir wissen lediglich, dass neben Hunderten anderen Faktoren auch das Geschlecht eine Rolle spielt, wenn es um unsere Leistungsfähigkeit in bestimmten Domänen geht. Um diesen Denkfehler zu verdeutlichen, vielleicht die Gegenfrage: Wenn

Sie für die Planung eines Großprojektes wie etwa die Olympischen Spiele einen Architekten suchen, hätten Sie dann gerne einen Architekten mit Erfahrung im Design von Großprojekten oder irgendeinen männlichen Architekten? Wenn Sie jemanden brauchen, der Ihnen eine Rede zur Lage der Nation schreibt, die Sie in wenigen Stunden vor laufenden Kameras verlesen wollen, möchten Sie dann einen Redenschreiber mit jeder Menge politischem und menschlichem Feingefühl oder irgendeine Frau?

Verstehen Sie mich nicht falsch. Wir bewegen uns bei Denkfehlern immer wieder auf dünnem Eis, wenn es um gesellschaftliche und politische Fragen von Fairness und Gerechtigkeit geht. Ich will nicht gegen solche Maßnahmen argumentieren, sondern verdeutlichen, dass wir schnell Schlüsse ziehen, die sich auf Basis der Datenlage nicht rechtfertigen lassen. Natürlich gibt es viele gute Gründe, Gerechtigkeit als Ziel zu formulieren. Nur wissen wir nicht genau, welcher Weg dorthin der richtige ist. Unsere Intuition täuscht uns bei heiklen Fragen ganz besonders gerne. Wir hinterfragen nicht richtig, obwohl wir ständig fragen.

Wie also kann ein funktionales Hinterfragen aussehen? In einem ersten Schritt müssen wir eine Gewohnheit ändern. Und die hat mehr mit Timing zu tun als mit einer inhaltlichen Veränderung des Hinterfragens. Die Theorie ist einfach: Anstatt infrage zu stellen, was an Lösungsvorschlägen und Ideen bereits im Raum ist, sollten wir zuallererst die Frage hinterfragen. Mit welcher Fragestellung sind wir denn überhaupt bei den ersten Lösungen angelangt? Welche Form hatte diese Frage? Nehmen wir ein triviales, aber häufig relevantes Thema: unser Produktportfolio. Selbst in reinen Produktionsunternehmen wird zunehmend in Richtung Dienstleistung geschaut, wenn es um die Frage geht, was Unternehmen morgen anbieten werden. Mit steigendem Druck aus Asien sehen sich deutsche Mittelständler gezwungen, nicht mehr ausschließlich auf Optimierung bestehender Produkte zu setzen. Es müssen neue, schwer kopierbare Produkte her, die den Markt- und Standortvorteil Deutschland voll ausspielen und nutzen. Mit welcher Frage also starten wir:

„Sollten wir unsere Produktpalette in Richtung Dienstleistungen erweitern?", die Frage steht in der Agenda für die Sitzung, in der sich Entscheidungsträger einfinden, um zu diskutieren. Wo liegt das Problem? In der Suggestion der Frage. Wir unterschätzen dramatisch, welchen Anker die erste oder übergeordnete Frage eines Meetings mit unseren Ideen macht. Nein, die sind keineswegs unabhängig. Wir können uns nicht befreien von dem Rahmen, den eine Frage setzt. Wie sieht der suggestive Rahmen dieser Frage aber aus?

1. Die Suggestion einer Entscheidung. Viele strategische Fragen sind sinnvolle Fragen. Aber nur sehr wenige sind hilfreich. „Sollten wir …" suggeriert eine

Entscheidung mit zwei Optionen, ein Ja oder ein Nein als Antwort auf die Frage. Implizit allerdings vermittelt die Frage bereits die Bedenken auf beiden Seiten, und in Anbetracht des oben bereits besprochenen Denkfehlers in Richtung Status quo wird sich alleine durch die Form der Frage bereits eine Tendenz in Richtung eines „Nein" abzeichnen. Das bemerken wir im Meeting daran, dass Verteidiger der strategischen Richtung hin zu Dienstleistungen nach kurzer Zeit in einer Verteidigungsposition landen, also rechtfertigen müssen, warum sich der neue Kurs lohnt. Dagegen müssen Vertreter des alten Kurses nicht rechtfertigen, warum sie den alten Kurs beibehalten wollen, sondern erklären, was am neuen Kurs alles nicht funktional ist oder warum er nicht eingeschlagen werden sollte. In anderen Worten: Die Positionen Angriff und Verteidigung werden bereits in der Fragestellung angelegt, was absolut nicht hilfreich ist für den Prozess. Zudem erlaubt die Suggestion der Entscheidung keinen Spielraum für eine Evolution von Ideen, da das Ende des Prozesses bereits feststeht: ein einfaches Ja oder Nein auf die Frage. Aber ganz so einfach ist das natürlich nicht.

2. Die Suggestion des Flaschenhalses. Ein Effekt der Frage als Entscheidung zwischen zwei Optionen liegt im wiederkehrenden Flaschenhals. In der Diskussion der Frage neigen wir dazu, bei Ideen und Vorschlägen zur Umsetzung von neuen Strategien auf die ursprüngliche Frage zu verweisen und sie zu einem Grundsatz zu erheben. Ganz so, als ob es erst einmal gar keine andere Frage zu klären gäbe als die Frage, ob wir überhaupt sollten. Tatsächlich können wir diese Frage aber erst beantworten, wenn wir eine Reihe anderer Fragen bearbeitet haben, wozu wir aber nicht kommen, da jedes Mal, wenn sich die Chance ergeben könnte, tiefer einzusteigen, jemand in der Runde sagen wird: „Aber die eigentliche Frage ist doch, ob wir nun [...] sollten oder nicht." Dabei suggeriert die Frage also, dass es eine eigentliche Frage gibt und demnach auch uneigentliche, beispielsweise nach der Umsetzung, typischerweise also Fragen nach Details. Bei strategischen Entscheidungen aber, die sich um Innovationen drehen, finden wir die eigentlichen Fragen erst im Prozess des Hinterfragens und nicht durch Beantwortung einer scheinbaren Flaschenhalsfrage.

3. Die Suggestion der Diskussion. Noch stärker als „Sollten wir ..." wirkt die Frage „Warum sollten wir ...", die gar nicht erst zu verbergen versucht, eine Tendenz zur Antwort vorzugeben. Das zusätzliche „Warum" sorgt dafür, dass wir davon ausgehen können, dass wir besser nicht sollten. Jedem wird schnell klar, wie die Diskussion verlaufen wird. Tatsächlich sind diese Fragen (zum Glück) selten.

Beispiel

Aber als Beispiel aus meiner eigenen Arbeit bei der Produkteinführung einer innovativen Dienstleistung will ich kurz darstellen, was passiert, wenn wir der Suggestion der Diskussion nachgeben. Bei einem erfolgreichen deutschen Unternehmen sollte eine Dienstleistung umgesetzt werden. In einem fünfstündigen Meeting mit allen Entscheidungsträgern sollte die Einführung und Umsetzung geplant werden. Meine Aufgabe war es, die strategische Sitzung zu leiten und durch den Prozess zu führen. Und das war deutlich schwieriger, als es hätte sein müssen. Wir waren mit der falschen Frage gestartet und hatten schon vor dem Meeting die suggestive Fragestellung nicht durchschaut. Ein Meeting, das zum Ziel hatte, in die Umsetzung zu führen, startete mit der Vorab-Befragung aller Bedenkenträger. Anstatt die Frage „Wie werden wir …" zu bearbeiten, drehte sich vorab bereits alles um die Frage „Warum sollten wir …". Die Konsequenz war frustrierend. Auch wenn am Ende nur wenige Bedenken übrig blieben, die nicht so einfach aus dem Weg geräumt werden konnten, bekamen diese wenigen Bedenken so viel Gewicht, dass letztendlich niemand Verantwortung für die Einführung der Dienstleistung übernehmen wollte. Nach fünf Stunden unfassbar nervtötender Diskussionen hatten wir die gefühlte Machbarkeit des Projektes zerstört. Wie hatte das passieren können? Durch die Suggestion der Diskussion. Fragen wie diese benötigen keine Diskussion. Das Ziel ist ja eben nicht eine Entscheidung für oder gegen zu treffen. Das Ziel ist, einen Umsetzungsfahrplan zu erstellen, der Hürden aus dem Weg schafft. Dazu braucht es schlicht keine Diskussion. Aber die Frage kann genau das implizieren. Die Suggestion einer bevorstehenden Diskussion bereitet uns mental auf die Suche nach Argumenten vor, nicht auf das Finden von Lösungen und Ideen.

4. Die Suggestion der Alternativlosigkeit. „Sollten wir?" Ja oder nein. Dass es durchaus weitere Optionen in der Beantwortung dieser Frage gibt, blenden wir aus. Geschlossene Fragen mit zwei Optionen erscheinen häufig alternativlos in ihren Antworten. Auch wenn wir mehr als zwei Optionen zulassen, kann die Diversität unserer Antworten so stark eingeschränkt sein, dass wir im Grunde nur eine einzige Antwort generieren. Wenn wir beispielsweise fragen, warum wir etwas tun sollten. Dabei suggerieren wir nicht nur, wie bereits erwähnt, dass es eine Reihe an Gründen gibt, die dagegen sprechen. Im Grunde steckt auch in der Frage schon die Einschränkung der Vielfalt unter den Antworten. „Warum sollten wir?", fragt der eine. „Ja, warum denn nicht?", erwidert der zweite. „Ich sage dir, warum nicht!", sagt der Dritte. Und schon erhalten wir

eine Liste von Gründen. Faktisch ist diese Liste alternativlos. Denn es besteht – gleichgültig, auf welcher Seite wir uns befinden – keine Möglichkeit, auf einer dritten Seite zu stehen. Wir sind entweder dafür oder dagegen.

5. Die Suggestion eines Ergebnisses. Wenn eine Entscheidung ansteht wie die hinter unserer Frage, dann erhöhen wir die gefühlte Kontrolle über den Prozess und gleichzeitig die Zufriedenheit mit dem Ende des Prozesses, wenn es von vorneherein ein klares Ergebnis der Fragestellung gibt. Wenn also das heutige Meeting mit der Beantwortung der Frage „Sollten wir oder sollten wir nicht" endet, haben wir gefühlt ein sinnvolles Ergebnis erreicht. Wir erzeugen ein Gefühl von Fortschritt. Wir erzeugen das Gefühl, einen Schritt gegangen zu sein und eine wichtige Sache abgehakt zu haben. Das ist auch an sich kein schlechtes Vorgehen, allerdings ist diese Art Fortschritt fast immer eine Illusion. Denn die Entscheidung selbst hat wahrscheinlich nicht die Konsequenzen, die wir uns als Resultat wünschen würden. Vielmehr behandeln wir eine sinnvolle, aber wenig hilfreiche Frage fälschlicherweise als hilfreich, da sie uns zwar gefällt, aber nicht tatsächlich weiterbringt (siehe Abb. 4.1).

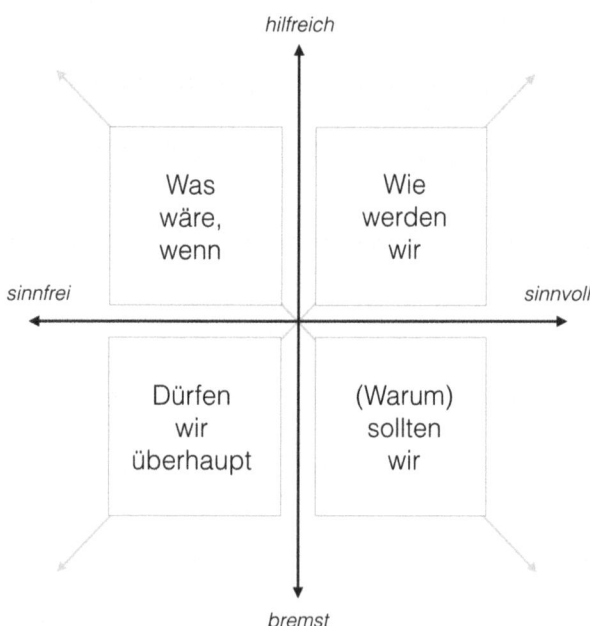

Abb. 4.1 Hilfreiche und sinnvolle Fragen

Bunt ist das neue Grau

Beim Abschätzen von Erfolgsaussichten bestimmter Projekte ziehen wir gerne Szenarios heran. Da uns Fakten fehlen, bedienen wir uns unserer Vorstellungsgabe. Meist tun wir dies jedoch, indem wir uns das Best-case-Szenario ausmalen. Dabei stellen wir uns also vor, was alles passiert, wenn die Idee tatsächlich zum Durchbruch führt, welche positiven Effekte schon der Umsetzungsprozess haben könnte und was nach der erfolgreichen Innovation mit uns, unserem Markt, unseren Kunden und weiteren Entwicklungen passiert.

Tatsächlich erleben wir Overconfidence üblicherweise, nachdem eine Idee den *Tipping Point* an Zuspruch erreicht hat. Teams sind besonders effizient darin, sich in einem Positivszenario zu verlieren, sich gleichzeitig dadurch aber zu Höchstleistungen anzuspornen, die letztendlich für die Umsetzung notwendig sind. Das Überschätzen der eigenen Fähigkeiten und das Überbewerten des Potenzials einer Idee haben also durchaus eine plausible Funktion. Nicht umsonst sind Unternehmensgründer in der Startphase häufig euphorisch und voller Optimismus. Genau den brauchen sie auch, wenn sie überstehen wollen, was da auf sie zukommt. Wir müssen uns von der Idee verabschieden, dass Menschen bestimmte Kognitionen entwickeln, die vollkommen überzogen und unrealistisch sind und deswegen unnütz. Ganz im Gegenteil. Menschen entwickeln Kognitionen und eine Art, über bestimmte Themen zu denken, als Anpassung an die Situation, in der sie stecken oder die sie gelernt haben, durch bestimmte Kognitionen zu begreifen.

Unrealistische Überzeugungen sind also durchaus logisch begründbar, denn sie sind funktional. Wenn allerdings das Kriterium für das, was rational ist, bleibt, dass eine realistische Vorhersage getroffen werden soll für das, was auf uns zukommt, wenn wir gründen, dann – ohne Zweifel – denken und handeln die meisten Unternehmensgründer irrational. Zum Glück. Wenn wir alle vollkommen realistisch in die Zukunft blicken würden, müssten wir uns von den meisten Visionen verabschieden. Wenn in der Startphase bei Entrepreneuren wie auch bei Intrapreneuren in größeren Unternehmen die Euphorie groß ist und das Vertrauen in die eigenen Fähigkeiten größer, als wir eigentlich rechtfertigen können, so kommt es doch in größeren Unternehmen oft zu gegenteiligen Effekten.

Das Worst-case-Szenario wird dann dominant, wenn die Konsequenzen des Scheiterns dramatischere Folgen haben, als die Konsequenzen des Durchbruchs aufwiegen können. Dabei arbeiten Menschen mit einer Projektion. Um abzuschätzen, wie sich das Verhältnis von Risiken zu Konsequenzen verhält, sagen wir vorher, wie sehr wir eine Entscheidung oder Handlung bereuen würden, wenn es schiefgeht. Wir berechnen also *Anticipated Regret* als Indikator für die Schwere der Konsequenzen im Falle eines totalen Scheiterns. Zwangsläufig führt diese Berechnung fast immer zu dem Schluss, dass sich riskante Projekte nicht lohnen. Denn wir behandeln nicht wirklich das Risiko der Idee als den entscheidenden Faktor, sondern das Risiko, falsch zu liegen und im Nachhinein die eigene Entscheidung zu bereuen. Im Bereich von Innovationsentscheidungen sorgt Anticipated Regret also dafür, dass diejenigen Ideen, deren voraussichtliches Worst-case-Szenario für große Reue sorgen würde, keine guten Chancen auf Umsetzung haben und sich der Versuch auch im Angesicht der Best-case-Lösung nicht lohnt.

In Szenarien dieser Art zu denken hat Vor- und Nachteile. Wahrscheinlich sind weder Best noch Worst Case. Beide bilden ein vorstellbares Extrem ab. Die Gefahr besteht bei Extremen dieser Art darin, dass wir vergessen, dass es sich um sehr unwahrscheinliche Fälle handelt und wir diese Wahrscheinlichkeit nicht verarbeiten können oder wollen. Die Vorstellung eines dramatischen Worst-case-Szenarios reicht vollkommen aus, um den Versuch einer Umsetzung schon im Ansatz zu kippen. Insbesondere Ideen, die mit großer Wahrscheinlichkeit einen kleinen Beitrag leisten, aber mit sehr kleiner Wahrscheinlichkeit großen Schaden anrichten, haben so kaum eine Chance. Auch hier: Das ist an sich kein Problem. Nur im Bereich von Innovationsprojekten sorgt es für eine Verzerrung hin zur Ablehnung von Projekten, die sich rational betrachtet gelohnt hätten.

Anstatt Projekte nach ihrem Innovationspotenzial in Best- und Worst-case-Szenarien zu durchdenken, sollten wir fragen, welche positiven und negativen Konsequenzen sich in beiden Szenarien verbergen. Für eine bessere Einschätzung müssen wir nach den Faktoren suchen, die gerade kontraintuitiv erscheinen. Aber natürlich enthält jedes Best-case-Szenario negative Konsequenzen, und jedes Worst-case-Szenario verbirgt irgendwo positiven Impact. Angenommen, Sie haben die Idee für eine App, welche die Zustellung von Paketen und Briefen weltweit durch Privatleute organisiert. Anstatt großer Logistiker sollen Privatleute Pakete und Briefe transportieren und das Porto als Verdienst erhalten. Ihre App sagt den Nutzern, wo gerade ein Paket abzuholen ist, wo es hin muss und wie viele andere Pakete Sie mit der gleichen Route abdecken könnten. Da Sie pro Paket bezahlt werden, kann sich das bei bestimmten Routen schnell rechnen.

Beginnen wir mit dem Worst Case: Die App wird nicht angenommen, es lohnt sich für niemanden, Pakete mitzunehmen, keiner nutzt Ihren Service. Die Idee scheitert. Welche positiven Konsequenzen hat dieses Szenario aber? Sehr wahrscheinlich erhalten Sie einen guten Einblick in Motive und Anreize im System *Gig Economy* (in der in nur die einzelnen Tätigkeiten entlohnt werden, die *Gigs* nämlich, und nicht die Zeit, die benötigt wird). Wahrscheinlich haben Sie bereits weitere Ideen entwickelt, um Ihren Wissensvorsprung auszunutzen.

Und im Best Case: Ihre App fliegt, verbreitet sich in hoher Geschwindigkeit und viel weiter als Sie für möglich gehalten hatten. Was könnte dabei schon an negativen Konsequenzen auf Sie zukommen? Eine Menge. Denken Sie an Uber und die rechtlichen Streitigkeiten, die Sie sich durch Erfolg einhandeln. Paketzusteller weltweit werden auf die Barrikaden gehen. Sie wecken schlafende Hunde. Die Gerichtskosten werden explodieren und die Verfahren und einstweiligen Verfügungen möglicherweise massive Einbußen in der globalen Verbreitung Ihrer Idee verursachen.

Entscheidend ist nicht, dass wir positive und negative Konsequenzen beachten. Es geht darum, schwarz-weißes Denken zu vermeiden und stattdessen ein Bild einer Idee zu erzeugen, das Chancen, Risiken, positive und negative Konsequenzen, relevante Stakeholder und ihre Bedenken in die Risikoanalyse mit einbezieht, sodass am Ende nicht mehr Intuition über das Umsetzen der Idee entscheidet. Tatsächlich rationalisieren wir einen Prozess, den wir bereits für rational halten. Indem wir unsere Intuition in die Analyse mit aufnehmen, entziehen wir ihr die Entscheidungshoheit.

Da sich unsere Szenarien immer in der Zukunft befinden, lohnt sich das, denn wir sind schlicht ziemlich schlecht darin, uns die Zukunft vorzustellen. Wenn unsere Intuition diesen Prozess steuert, werden wir eine Meinung über die Idee haben, noch bevor wir genügend Informationen für eine Entscheidung haben. Ein gutes oder schlechtes Gefühl bei einer Idee zu haben ist zwar eine Informationsquelle, aber es ist eben nur eine Informationsquelle von sehr, sehr vielen. Sollten wir uns auf unsere Intuition verlassen? Ja, und zwar dann, wenn es unser Ziel ist, kurzfristig zu überleben. Sollten wir uns auf Intuition verlassen, wenn wir zum Fortschritt beitragen und Innovationen treiben wollen? Ganz sicher nicht. Dafür ist unsere Intuition nicht gemacht.

Gegenwind ist der neue Rückenwind

Auch kein Geheimnis ist, dass es üblicherweise nicht an Ideen mangelt. Selbst an guten Ideen mangelt es nicht. Ja nicht einmal in Großkonzernen mangelt es an Potenzial. Aber es mangelt an Umsetzungskompetenz. Das liegt insbesondere bei größeren Unternehmen an einer Vielzahl von Faktoren, die wir auch bei kleineren und ganz kleinen Unternehmen erleben.

Umsetzungskompetenz wirkt wie eine harmlose Sammlung verschiedener Werkzeuge wie Risikomanagement oder Marktanalysen. Tatsächlich könnte die Sammlung aber nicht schwieriger zu etablieren sein. Risiko- und Marktanalysen gehören zwar zum Skillset, das notwendig ist. Aber die harten Faktoren sind

keine Werkzeuge, sondern zutiefst menschliche Herausforderungen. Wir sind von
Natur aus schlecht darauf vorbereitet, neue Ideen umzusetzen. Einige der Skills,
über die wir hier sprechen, sind für die meisten Menschen technisch unmöglich
anzuwenden:

Ambiguitätstoleranz – Sie setzen die Teile eines Puzzles zusammen, von dem
Sie nicht wissen, was es einmal wird, und Sie wissen auch nicht, ob Sie wirklich
an nur einem oder vielleicht verschiedenen Puzzles gleichzeitig arbeiten. Ambiguität bedeutet zu erkennen, dass zwei widersprüchliche Statements gleichzeitig wahr sein können. Ambiguitätstoleranz bedeutet handlungsfähig zu bleiben,
wenn das Wissen zur Handlung nicht ausreicht. Nicht zu verwechseln ist diese
Fähigkeit mit Risikotoleranz. Kalkulierte große oder kleine Risiken einzuge-
hen, ist fundamental verschieden von der Situation, in der wir ohne Wissen handeln müssen. Risiko ist die Wahrscheinlichkeit, mit der ein bestimmtes Ereignis
eintritt, zum Beispiel, dass eine Idee am Markt nicht angenommen wird. Wenn
93 % unserer Testzielgruppe die Idee angenommen haben, haben wir eine Schät-
zung für das Risiko der Markteinführung. Ambiguität ist, wenn wir diese Wahrscheinlichkeit nicht kennen, wenn wir nicht wissen, was die Kaufentscheidung
beeinflussen wird, und wir auch nicht wissen, welche Faktoren wir nicht berücksichtigen. Ambiguitätstoleranz ist, wenn wir handeln, auch wenn unser Wissen
gerade mal ausreicht, um das Katastrophenszenario zu konstruieren.

Gute Fehler sind die neue Zielvereinbarung

Risiken lassen sich abschätzen. Nicht vollständig und nie mit Sicherheit. Aber
wir können ein totales Verlustrisiko eingrenzen. Was passiert im Falle eines
Scheiterns auf ganzer Linie? Riskieren wir unsere Existenz, die Existenz unseres
Unternehmens? Setzen wir auf eine Karte oder diversifizieren wir?

Viel wichtiger als die Eingrenzung von Risiko ist die Maximierung von Informationen, die uns in jedem Fall lernen lassen. Wenn große Unternehmen kleinere
schlucken, dann sind unter anderem auch deswegen die Preise teils astronomisch,
weil nicht nur die Informationen darüber gekauft werden, was funktioniert. Vielmehr kauft ein großes Unternehmen die gesamte Lerngeschichte des Start-ups
und kann darauf setzen, dass wesentlich mehr Informationen darüber bestehen,
was alles nicht funktioniert, welche Ideen schon getestet und Geschäftsmodelle
schon verworfen wurden. Das ist durchaus wichtiges Potenzial in der Lerngeschichte auch von großen Unternehmen, die üblicherweise selbst keinen besonders guten Job machen, wenn es um die Dokumentation von Lernfortschritten
geht.

Nach nur wenigen Generationen in einem großen Unternehmen ist das meiste Wissen darüber, was wahrscheinlich nicht funktioniert, bereits verloren. Erfahrene Mitarbeiter nehmen ihre oft implizite Erfahrung mit in den Ruhestand und die nächste Generation verliert einen wichtigen Datensatz. Gute Fehler müssen geplant sein. Schlechte Fehler sind schlecht vorbereitet und passieren überraschend. Natürlich können auch zufällige Erkenntnisse enorm zum Fortschritt beitragen. Aber darauf sollten wir uns nicht verlassen. Stattdessen sollten wir wie in Zielvereinbarungen vorbereiten, wann wir das Risiko für einen Fehler ganz bewusst eingehen, weil sich der Lerneffekt lohnen wird. Wann genau das so ist, lässt sich an Kriterien festmachen.

Vorleben ist das neue Nachahmen

Die Voraussetzungen, die wir für Innovation schaffen müssen, sind Teil unserer Innovationsstrategie. Interessanterweise herrschen ganz unterschiedliche Meinungen dazu, wie man Menschen überzeugt, in Veränderungsprozessen mitzuziehen, diese zu akzeptieren und die Umsetzung zu unterstützen. Tatsächlich wissen wir aus Jahrzehnten der Persuasionsforschung und Motivationspsychologie relativ genau, was nicht funktionieren wird. Und trotzdem begegnen uns an allen Ecken grobe Überzeugungsfehler für Veränderungsprozesse. Die Konsequenzen sind klar: Innovationsstrategien werden nicht implementiert, weil der *Buy-in* fehlt. Ganze Innovationsprogramme scheitern, weil Mitarbeiter nicht davon überzeugt werden, sich einzubringen oder überhaupt zu unterstützen.

Für jede Veränderung, die wir bei Mitarbeitern und Menschen ganz generell sehen wollen, gilt eine einfache Grundregel: Wer Verhaltensänderungen erreichen will, muss Veränderungen vorleben. Wir akzeptieren keine Kette rauchenden Gesundheitscoaches oder übergewichtigen Fitnesstrainer. Wir haben Probleme mit Managern, die im Luxus leben und die Unternehmen, die sie führen, einem strengen Sparkurs unterziehen. Aber wir haben auch Probleme mit subtileren Inkonsistenzen: „Sie können ganz offen sprechen, dies ist ein sicherer Rahmen", sagt der Personalchef, und wir wissen, jetzt gibt es eine Sache, die wir wahrscheinlich nicht tun sollten, nämlich „ganz offen sprechen". Oder der leider weitverbreitete aber fehlgeleitete Satz: „Lasst uns brainstormen, es gibt keine doofen Ideen, wir machen das ganz bewertungsfrei." Es gibt keine bewertungsfreien sozialen Kontexte. Sobald mindestens zwei Menschen in einem Raum aufeinandertreffen, wird evaluiert und bewertet. Alles andere wäre vollkommen unnatürlich. Inkonsistenz kann also auch dadurch entstehen, dass wir vorgeben, anders zu sein, als wir sind.

Wer will, dass sich Mitarbeiter anders verhalten, um innovativer zu arbeiten, muss sich ebenfalls anders verhalten als gestern. Veränderungen ahmen wir
nach, wir leben sie ungern vor. Es gibt gute Gründe dafür, dass sich Modetrends
immer erst nach einer Weile durchsetzen, in der Trendsetter den Trend vorleben.
Die Masse folgt dem Trendsetter nicht, weil der Trendsetter sie überzeugt. Die
meisten Menschen folgen Trends, weil die meisten Menschen Trends folgen. Wir
hoffen, uns einer Bewegung anzuschließen, ohne zu den Letzten zu gehören. Sehr
wahrscheinlich haben Sie Everett M. Rogers Kurve zur Adoption von Innovationen bereits gesehen:

Die 2,5 % an Innovatoren leben vor, was mehr und mehr Menschen übernehmen. Das gilt nicht nur für die Verbreitung von Innovationen im Bereich „Produkte und Dienstleistungen". Es gilt ganz besonders für die Verbreitung von
Innovationsstrategien in Unternehmen, aber auch in Gesellschaften. Wer eine
bestimmte Verhaltensweise zur Adoption freigibt, muss sie vorleben. Early Adop-
ters werden folgen und als Leuchttürme für die weitere Verbreitung sorgen. Was
nicht funktioniert, ist, Veränderung anzuordnen, aber dann nicht vorzuleben. Vollkommen klar, dass wir Inkonsistenz vermeiden sollten, aber wir müssen noch
mehr tun. Denn eine Führungskraft, die Veränderungen durchsetzen will, selbst
aber nichts verändert, wird mit Widerstand rechnen müssen, der vermieden werden kann. Selbst wenn das Verhalten einer Führungskraft keinerlei Inkonsistenz
mit dem Status quo nach der Veränderung aufzeigt, wird es ohne Veränderung
nicht gehen. Wer nach Veränderung verlangt, muss Veränderung leben. Wer Innovation will, muss Innovator werden.

Das klingt einfach in der Theorie und ist unglaublich schwierig umzusetzen,
wenn es an die Praxis geht. Die Kommunikation von Innovation ist wichtiger, als
wir gerne hätten. Der Grund dafür liegt in der Tatsache, dass Ideen nicht für sich
selbst sprechen. Das können nur wir. Ob und wann eine Idee angenommen wird,
wird maßgeblich gesteuert durch die Kommunikationsstrategie, die in gelungenen
Innovationsstrategien enthalten sein muss.

Das Leben und Sterben guter Ideen 5

Zusammenfassung

Warum lassen wir gute Ideen sterben und setzen schlechte Ideen um? Warum sind kontraintuitive Herangehensweisen so hilfreich? Welche Annahmen sind ein Problem? Wie oft liegen wir wirklich voll daneben? Warum sind wir kognitiv so unbeweglich? Wenn wir von Natur aus so sind, sollten wir dann überhaupt etwas anderes versuchen? Was passiert während der Ideation, Evaluation und Execution in unseren Köpfen? Und was lässt sich damit machen?

Wir haben bereits diskutiert, dass gute Ideen von überall her kommen können. Sie sind also weder an kreative Genies noch an bestimmte Umstände gebunden. Häufig wird Druck als Auslöser für gute Ideen genannt. Auch wenn es sich bei solchen Aussagen um stark vereinfachte Wahrheiten handelt, können wir nicht ausschließen, dass bestimmte Ideen genau dann entstehen, wenn ein Problem sehr dringend nach einer Lösung verlangt. Gute Ideen sind also dort sichtbar, wo sie verlangt werden. Bedeutet das wiederum, dass gute Ideen nur entstehen, wenn es Bedarf an ihnen gibt? Ganz und gar nicht.

Unsere Vorstellung davon, was eine Idee ist, offenbart und beeinflusst unser Denken. Eine Idee entsteht in einem Kopf, bis sie durch Kommunikation in andere Köpfe übertragen wird. So kann man sich vereinfacht den Prozess vorstellen, der zur Definition von Ideen führen soll.

Als ich mit meiner wissenschaftlichen Suche nach dem Wesen guter Ideen begann, war genau das meine Vorstellung. Ideen haben wir unter bestimmten Bedingungen, sie sind eine Kombination oder Rekombination von neuen Impulsen, bestehendem Wissen und Erfahrungen. In einem assoziativen Prozess entsteht aus verschiedenen Bausteinen etwas Neues. Dieses Neue nennen wir dann Idee. Tatsächlich stieß ich mit dieser Konstruktion und Definition von Ideen

© Springer Fachmedien Wiesbaden GmbH 2017
C. Burkhardt, *Denkfehler Innovation,*
DOI 10.1007/978-3-658-11188-5_5

schnell an Grenzen. Häufig verstehen wir Ideen anders, als sie gemeint waren. In einfachen Sender-Empfänger-Modellen ist die Idee, die übermittelt wird, nicht die gleiche, die auch beim Empfänger ankommt. Welche aber ist dann die richtige? Wenn ich mit Start-up-Unternehmen arbeite, wird das sehr deutlich. Nur weil eine Idee gut ist, wird sie noch lange nicht für gut gehalten. Und andersherum: Nur weil eine Idee nicht gut ist, heißt das überhaupt nicht, dass sie sich nicht durchsetzen wird. Unter anderem deswegen ist es so problematisch, wenn wir kommerziellen Erfolg als Kriterium für Innovation dominieren lassen. Das sorgt unweigerlich dafür, dass die Idee selbst zweitrangig und die Kommunikation der Idee erstrangig wird. Anders ausgedrückt, sollten Unternehmen, die Innovation nur für kommerziellen Erfolg einsetzen und nicht für Fortschritt oder einen größeren Zweck, ihre Forschungs- und Entwicklungsbudgets zu großen Teilen in Marketingbudgets umwandeln. Wer Innovation nicht für Fortschritt einsetzt, sondern schlicht für Wachstum, der sucht nicht nach guten Ideen; er sucht nach effizienten Strategien. Das ist natürlich legitim, sorgt aber, wie wir später sehen werden, für langfristige Probleme im Unternehmen.

Gute Ideen lassen sich also nicht so einfach kategorisieren. Stattdessen können wir allerdings eine neue Annahme etablieren, die in meiner wissenschaftlichen Analyse den Unterschied gemacht hat: Ideen entstehen und bestehen nicht in unseren Köpfen, sie bestehen zwischen Köpfen. Wissenschaftler sprechen von *Distributed Cognition,* also verteiltem Denken. Unser Denken ist dabei nicht auf unseren Kopf beschränkt, bei dem Informationen eingehen, verarbeitet werden und in Ideen umgewandelt werden. Vielmehr bestehen die Elemente unseres Denkens um uns herum.

▶   Plausibilität ist kein gutes Kriterium. Suchen Sie nach dem Kontraintuitiven!

Wann immer wir es mit intuitiven Theorien oder Hypothesen zu tun haben, also immer dann, wenn etwas logisch erscheint oder vollkommen klar, sollten wir uns nicht zufrieden geben mit dem, was plausibel erscheint, sondern gerade nach kontraintuitiven Hypothesen suchen. So auch hier. Intuitiv denken wir mit unserem Kopf, wir sprechen durch unseren Mund, wir hören mit unseren Ohren. Wir nehmen auf, verarbeiten und geben Informationen weiter. Doch so einfach ist das nicht.

1. Woher wissen wir, dass wir mit unserem Kopf denken? Ich würde behaupten, dass wir alle möglichen Werkzeuge einsetzen, um zu denken. Wir nutzen Erinnerungen in unserem Kalender wie Straßenschilder im Verkehr, wir nutzen Computer zur Berechnung komplexer Zusammenhänge. Unser Denken könnte

genauso gut außerhalb oder zumindest teilweise außerhalb unseres Kopfes stattfinden. Dass wir nicht nur mit unserem Gehirn denken, das ist mittlerweile auch wissenschaftlich recht eindeutig. *Embodied Cognitions,* also verkörperte Kognitionen, sind solche, die unseren Körper als Ausgangspunkt für das Denken nutzen. So denken wir in unterschiedlichen Körperhaltungen unterschiedlich über bestimmte Sachverhalte. Wenn wir zum Lächeln gezwungen werden, weil wir einen Stift zwischen unseren Zähnen halten sollen, empfinden wir Informationen um uns herum als angenehmer. Ist das rational? Macht das Sinn? Warum sollten wir annehmen, dass Gedanken sich auf unseren Kopf beschränken, wenn offensichtlich unser Körper eine große Rolle in der Bewertung von Informationen spielt?

Wenn viele Menschen zusammenkommen, erleben wir Phänomene kollektiver Intelligenz. Das sind Momente, in denen die Masse mehr weiß als jedes einzelne Individuum. Keiner in der Masse kann erklären, wie Entscheidungen dieser Masse zustande kommen. Und dennoch handeln Massen oft intelligent. Schwarmintelligenz lebt vom Zusammenspiel vieler Köpfe. Oder nicht? Was, wenn es nicht die einzelnen Köpfe sind, die das Verhalten der Masse generieren, sondern einzelne Kognitionen? Stellen Sie sich vor, ein Gedanke, eine Kognition, wäre auf das Gehirn eines Individuums beschränkt, sondern würde zwischen den Individuen des Schwarms eine Gedankenkette bilden, die für den Schwarm überlebenswichtig ist. Stellen Sie sich nun weiter vor, wir wären nicht die Ursache dieser Gedanken, sondern das, was wir als Gedanken wahrnehmen, ist gesteuert durch die Kognitionskette des Schwarms. Anders ausgedrückt: Was, wenn nicht unser individuelles Denken für die Intelligenz der Gruppe sorgt, sondern die Intelligenz der Gruppe dafür sorgt, dass wir bestimmte Gedanken haben und wahrnehmen? Eine unangenehme Vorstellung.

Die Vorstellung, dass wir nicht Herr unserer Gedanken sind, ist schwer zu akzeptieren. Erstens fühlt es sich anders an, und zweitens würde es einen Kontrollverlust bedeuten, den wir nicht einfach akzeptieren können. Denn wer trägt dann noch Verantwortung für was? Wo beginnt der freie Wille und wo endet unsere Fähigkeit, Gedanken in Handlungen umzusetzen?

2. Mindestens so kritisch zu hinterfragen wie die Annahme über individuelle Kognitionen ist die Annahme der Kommunikation über verschiedene Kanäle, wie etwa verbale oder nonverbale. Würden Sie zustimmen, dass die Tagesschau die gleichen Nachrichten in jeden Haushalt sendet? Es gibt also keine unterschiedlichen Versionen der gleichen Nachrichten für unterschiedliche Haushalte. In Berlin sehen Sie die gleichen Nachrichten wie in München. Wirklich? Angenommen, Sie wohnen in München, sind beruflich in Berlin und sehen in den Nachrichten, dass es auf dem Oktoberfest in München eine Massenpanik gab, bei der vier Menschen ums Leben kamen. In der Hotelbar neben Ihnen

sitzen zwei Kollegen aus Hamburg. Bestürzt starren Sie alle auf den Fernse-
her an der Wand. Werden Sie und Ihre Kollegen die Nachrichten gleich sehen?
Wie lange wird es jeden Einzelnen von Ihnen beschäftigen, was da Schreckli-
ches passiert ist? Wer wird heute Nacht schlechter schlafen? Anstatt zu fragen,
ob Sie die Nachrichten in der gleichen Art und Weise gesehen haben, könnten Sie auch fragen, ob Sie wirklich die gleichen Nachrichten gesehen haben.
Intuitiv würden die meisten Menschen sagen, dass wir zwar die gleichen
Nachrichten gesehen, aber unterschiedlich verarbeitet haben. Viele Gründe
außerhalb unserer intuitiven Wahrnehmung gibt es für diese Schlussfolgerung
nicht. Es ist schlicht eine Hypothese wie jede andere.
Wenn wir als Gedankenexperiment davon ausgehen, dass auch Kommunikation kein Senden und Empfangen von Information ist, sondern jede Form von
Interaktion, selbst eine scheinbar einseitige, wie sie das Fernsehen darstellt,
eine Form unseres Denkens wiedergibt, eine Art Kognition, die nicht auf ein
Individuum beschränkt ist.

▶   Wenn sich zwei Menschen unterhalten, tauschen sie keine Informati-
     onen aus, sie denken zusammen. Das Ergebnis dieses Denkens kann
     eine Idee sein. Und genau diese Idee ist nicht das Ergebnis individuel-
     ler Kognition. Sie ist das Ergebnis verteilten Denkens.

Intentionales Denken sorgt dafür, dass wir manchmal „hören und sehen, was
wir hören und sehen wollen". Wir sind selektiv, wir suchen nicht nach kontraintuitiven Belegen oder neuen Annahmen. Wir versuchen nicht unsere
Wahrnehmung zu hinterfragen. Wir sind von Natur aus nicht darauf aus, unser
Denken als kollektiv zu erleben. Ganz im Gegenteil erfahren wir in einer
missverstandenen Version von Aufklärung gerade das Gegenteil, wenn Imma-
nuel Kant uns aufruft, unseren Verstand ohne Hilfe eines anderen zu nutzen.
In der Welt, in der wir leben, ist es funktional, zu erklären, warum Menschen
ihre Kognitionen teilen, anstatt ihren Verstand alleine zu nutzen. Es gibt gute
Gründe anzunehmen, dass unsere intuitive Wahrnehmung von Denken nicht
mit anderen Wirklichkeiten übereinstimmt. Anders gesagt, es könnte sein, dass
es gute Gründe gibt, dass wir von der Individualität unserer Kognitionen überzeugt sind, obwohl das nicht zutrifft. Der Glaube an etwas ist kognitiv gesehen
oft funktionaler als seine Auflösung.

Wir sind schnell darin, kognitive Beweglichkeit anderer Menschen, anderer Generationen, Kulturen oder Völker infrage zu stellen. Die Fähigkeit, mit dem Trend
zu gehen, sich ständig anzupassen, Veränderungen zu akzeptieren und gestalten

zu wollen, anstatt sich ausgeliefert zu sehen, diese Fähigkeit sprechen wir schnell anderen ab und uns selbst zu. Es lässt sich jedoch nicht umgehen, der Tatsache in die Augen zu blicken, dass, wen immer wir beobachten – auch wenn wir selbst Gegenstand dieser Beobachtung sind –, wir alle kognitiv unbeweglich sind, wenn es um unsere Überzeugungen, Annahmen und Einstellungen geht. Wir rücken ungern ab von Glaubenssätzen, die wir für richtig halten.

Bei Menschen, die dies bis zum Extrem betreiben, sprechen Wissenschaftler vom *True-Believer*-Syndrom. Der True Believer, der wirklich Glaubende, ist so überzeugt von paranormalen Gestalten wie einem frei erfundenen Geist, dass er selbst nach Auflösung der ganzen Geschichte als erfundenes Experiment noch an die Existenz des Geistes glaubt. Im Nachhinein finden wir immer eine Erklärung, die zu unserer Überzeugung passt. Dieser Effekt geht so weit, dass Alternativszenarios beispielsweise bei Weltuntergangsprophezeiungen schon von vornherein in die Erklärungen eingebaut werden. Wenn also der Weltuntergang für einen bestimmten Tag festgelegt ist, wie etwa dem 21.12.1954, an dem Gläubige von Aliens gerettet würden und der Rest der Welt untergehe – so beschreibt es Festinger in seinem Buch „When Prophecy Fails" –, und der Weltuntergang tritt nicht ein, ist die Erklärung nicht, dass die Glaubenssätze und Überzeugungen möglicherweise nicht richtig sind, sondern dass ein Gott nun doch gnädig war und den Weltuntergang verhinderte.

Kognitiv will sich keiner bewegen, aber warum?

Wie kommt diese kognitive Unbeweglichkeit, diese *Cognitive Inertia,* zustande? Warum sind wir so unwillig, unter neuen Umständen und Gegebenheiten unser Denken an Veränderungen anzupassen?

Ein Effekt, der im Zusammenhang mit kognitiver Flexibilität immer wieder auftritt, ist der Confirmation Bias, ein Denkfehler, bei dem wir automatisch Belegen für unsere Hypothesen und Überzeugungen ein größeres Gewicht einräumen als Gegenbeweisen, beziehungsweise, in seiner stärksten Form, wir Gegenbelege weder suchen noch sehen, wenn sie vor uns liegen. Das passiert, wenn wir auf einem Standpunkt beharren, obwohl zu viel für eine Veränderung dieses Standpunktes spricht.

Im Bereich von Stereotypen spielen der Confirmation Bias und seine verwandten kognitiven Verzerrungen, die wir gleich kennenlernen werden, eine große Rolle. Stellen Sie sich vor, Ihre Aufgabe ist es, eine frei gewordene Stelle neu zu besetzen. Sie haben einen Kandidaten eingeladen, dessen Ausbildung genau auf die Stellenbeschreibung passt. Allerdings finden Sie den Kandidaten irgendwie arrogant und unsympathisch. Die Zusammenarbeit stellen Sie sich deswegen schwierig vor. Die Hypothese, mit der wir arbeiten, ist also nicht wirklich im Sinne unseres Kandidaten. Wenn wir Menschen bei solchen Entscheidungsprozessen beobachten, sehen wir mehrere Seiten des Confirmation Bias. Zum einen werden wir einem unsympathischen Kandidaten andere Fragen stellen als einem sympathischen Kandidaten, und diese Fragen werden unsere Hypothese bestätigen. Wir werden also, egal in welche Richtung, genau solche Fragen stellen, bei denen die Antwort unsere Einstellung bekräftigt. Beispielsweise fragen wir einen sympathischen Kandidaten: „Sie haben ja Erfahrungen bei ganz unterschiedlichen Arbeitgebern gesammelt in den letzten Jahren, können Sie uns noch einmal darlegen, wie es dazu kam?" Im Gegenzug würden wir einen unsympathischen Kandidaten fragen: „In den letzten Jahren haben Sie ja schon auffällig oft den Arbeitgeber gewechselt, können Sie uns noch einmal erklären, wie es dazu kam?" Sie bemerken wahrscheinlich bereits, dass, auch wenn beide Fragen sehr ähnlich enden, unsere Formulierungen den Ton des Gesprächs entscheidend beeinflussen und unsere zwei Kandidaten in verschiedene Richtungen getrieben werden. Einmal wünschen wir uns eine positive Darlegung und einmal eine rechtfertigende Erklärung. Und nun schlägt die Macht des Confirmation Bias voll zu. Denn selbst bei gleicher Antwort in beiden Fällen sieht es schlecht aus für unseren unsympathischen Kandidaten.

„Verschiedene Gründe gibt es da: einmal betriebsbedingte Restrukturierung und dann aber auch schlechte Passung von meinen Fähigkeiten und den Anforderungen der Position. Entscheidend ist aber, dass ich unglaublich viel gelernt habe und heute nicht da wäre, wo ich bin."

Und hier ist, was wir hören, wenn wir den Kandidaten für sympathisch halten: „Restrukturierung: nicht seine Schuld, das hätte mir auch passieren können. Schlechte Passung: Wahrscheinlich war er unterfordert, in jedem Fall ein Fehler der Rekrutierung. Viel gelernt: Vollkommen unterschiedliche Erfahrungen und Wissen sind immer gut. Toll, wenn ein Kandidat so positiv bleibt, auch wenn es mal schwierig wird. Genau, was wir suchen."

Und das hören wir dann, wenn wir den Kandidaten für unsympathisch halten: „Oh, oh. Restrukturierung klingt gefährlich nach Ausrede für mich. Schlechte Passung. Er war also offensichtlich nicht qualifiziert für den Job. Ja, gelernt habe ich auch viel und ich habe nicht ständig meinen Job verloren. Wir brauchen Leute, die auch für ihre Fehler einstehen können. Das wird wohl nichts."

Natürlich ist das ein Extrembeispiel, aber durchaus realistisch ist es leider trotzdem. Wir können uns schlecht schützen vor unseren Initialhypothesen und der anschließenden Informationsselektion. So funktionieren wir. Und das aus gutem Grund. Gefährlich sind diese Effekte, weil wir denken, wir könnten sie durch Standardisierung ausschalten. Wie wir aber schon in diesem einfachen Beispiel sehen, kommen wir selbst bei gleichen Antworten zu vollkommen unterschiedlichen Schlussfolgerungen. Und wenn wir Einstellungsverfahren voll standardisieren und es keine direkte Interaktion mehr gibt zwischen Kandidat und Recruiter, gewinnen wir immer noch nicht. Denn das Problem ist nicht, dass standardisierte Verfahren nicht gerecht oder gut wären in ihrer Diagnostik. Das Problem liegt in der Einschränkung von Kriterien. Während wir einen stringenten Lebensweg, eine logische Karriere für einen guten Indikator halten, halten wir Sympathie für einen schlechten. Warum? Aus einem einzigen Grund: Wir können nicht rational erklären, woher Sympathie kommt. Und da nur rationale Erklärungen den Status „legitim" bekommen, erhalten viele gute Indikatoren – und Sympathie zählt ohne Zweifel dazu – einen untergeordneten Status. Das mag gut für gesellschaftliche Veränderungsprozesse sein. Aber gut für unsere direkte Entscheidung ist es nicht. Bei Ideen und deren Entstehung spielen genau diese Prozesse eine große Rolle.

▶ Neue Bedingungen entstehen für Unternehmen durch neue Kundenbedürfnisse, globale Machtverschiebungen, technologischen Fortschritt oder Tausende von anderen Gründen. Dass sich Bedingungen, in denen sich Unternehmen bewegen, kontinuierlich ändern, steht außer Frage. Offen ist, wie Unternehmen auf Veränderungen reagieren. Auch hier hantieren wir mit Hypothesen und selektiver Wahrnehmung beziehungsweise dem Confirmation Bias.

Mehr Fehler für den Fortschritt

Welche Effekte können wir konkret beobachten, die sich evolutionär für uns gebildet haben, heute aber entweder dem rationalen oder auch dem Innovationskriterium im Weg stehen?

Als Phase wird die Ideation häufig überbewertet. Sie ist zwar wichtig, da in ihr die Ideen entstehen, aus denen später Innovationen werden sollen. Tatsächlich aber sollten wir weder Ideation noch Evaluation oder Execution als Phasen im Sinne zeitlich aufeinanderfolgender Stufen ansehen. Vielmehr handelt es sich um drei sehr unterschiedliche Brillen oder Filter, mit denen sich Ideen und Innovationsprojekte betrachten lassen. Für erfolgreiche Innovationen brauchen wir alle drei Perspektiven. Dabei hat jede dieser Perspektiven eine ganz eigene Dynamik und verlangt deswegen ein spezifisches Mindset. Die Kunst des Innovators besteht weniger in der Spezialisierung auf ein Mindset als vielmehr in der Beherrschung aller Mindsets.

▶ Für geübte Innovationsmanager bildet schließlich die Geschwindigkeit, in der wir von einem Mindset zum anderen wechseln können,
den Vorsprung vor Innovatoren, die das nicht oder nur sehr schwerfäl-
lig können.

Die Geburt einer Idee

In der Ideation bewegen wir uns auf epistemischer Ebene. Das Mindset ist auf
Inhalte aus, der gesamte Fokus liegt auf Ideen und deren Inhalten. Was sonst im
Raum passiert, ist zweitrangig. Wer was sagt, ist egal. Die Trennung von Idee und
Person sorgt im besten Fall für eine schnelle Evolution der Ideen. Anders ausgedrückt, gehört niemandem eine Idee. Ideen bewegen sich, verändern sich. Wir
sehen dabei zu und greifen auf, rekombinieren, entwickeln weiter und fragen uns
ununterbrochen, was sein könnte, und nicht, wie wir dahin kommen. In der Evolution der Gedanken zählt Diversität, also die Unterschiedlichkeit der produzier-
ten Ideen. Prozesse verlaufen schnell, irrational und assoziativ. Wir bewegen uns
in einem abstrakten Mindset von Idee zu Idee. Wir bleiben beim großen Ganzen,
dem Bigger Picture, und setzen auf Quantität statt Qualität.

Als wichtige Komponente müssen wir im Mindset Ideation auf Kontextef-
fekte achten. Wir dürfen nicht unterschätzen, wie groß die Rolle von Ort, Zeit und
Bedingungen der Generierung von Ideen ist. Gute Ideen sind kein Zufall, aber
sie sind fast unmöglich vorherzusehen. Im Grunde ist jeder Raum für Ideen gut,
in dem ich nicht unterbrochen abgelenkt werde. In der Ideation gibt es kaum
soziale Interaktion, die nicht direkt der Entwicklung von Ideen dient. Das bedeutet, dass wir uns auch nur über Ideen austauschen, immer wieder auch für uns
selbst arbeiten und Raum zum Denken bekommen. Gleichzeitig gelten eine hohe
Geschwindigkeit und ein Zeitbudget, das festlegt, wie lange Prozesse laufen sollen.

„Ich will gute Ideen sehen" – Zeitdruck
versus Leistungsdruck

Ist Zeitdruck gut für das Entwickeln neuer Ideen? Meine Wissenschaftskolle-
gen würden jetzt antworten: Das hängt davon ab … Ich will Ihnen eine klarere
Antwort geben: Ja, Zeitdruck hilft. Aber nur dann, wenn er nicht an Leistungsdruck gekoppelt ist. Der Unterschied ist vielen nicht bewusst, und in der täglichen
Arbeit sind die beiden so eng verzahnt, dass wir den Unterschied oft gar nicht
bemerken.

Zeitdruck ist, wenn ich einen zeitlichen Rahmen festgelegt habe. Leistungs-druck dagegen ist, wenn ich eine bestimmte Leistung erbringen muss. Die Kombination ist, wenn ich eine bestimmte Leistung in einem bestimmten Zeitrahmen erreichen muss. Wenn ich also in 30 min zehn Ideen produzieren muss, die am besten auch noch alle gut sind, dann habe ich Leistungs- und Zeitdruck. Was aber ist das Problem? Leistung oder Zeit?

Die Welt, in der wir leben, gibt eine klare Antwort: Das Problem ist Leistung. Denn das Zeitbudget lässt sich theoretisch unendlich aufstocken, während unsere Leistung nicht mit der Zeitdauer korreliert. Unsere Ideen werden nach 30 min nicht zwangsläufig besser. Ganz im Gegenteil. Wenn wir einen ganzen Tag an einer Problemstellung arbeiten, wird ein weiterer Tag, also 100 % mehr Zeit, nur minimal mehr Leistung liefern. Zehn Ideen in 30 min zu produzieren, das erweckt den Anschein, dass die 30 min die Einschränkung sind, die Restriktion, die das Ganze so schwierig macht. Tatsächlich sind es die zehn Ideen, die alles so schwierig machen und am Ende für Stress sorgen. Fälschlicherweise bezeichnen wir diesen Stress dann als Zeitdruck, obwohl wir eigentlich Leistungsdruck meinen.

Deswegen ist meine Antwort auf die Frage, ob sich Zeitdruck lohnt, ein klares Ja. Allerdings ist Leistungsdruck keine gute Idee. Wenn ich, als Beispiel, an diesem Buch arbeite und mir vornehme, in den nächsten zwei Stunden fünf Seiten zu schreiben oder bis Ende der Woche ein Kapitel abzuschließen, dann setze ich mich unter Zeit- und Leistungsdruck. Wenn ich mir aber vornehme, heute für zwei Stunden an meinem Buch und bis zum Ende der Woche an dem einen Kapitel zu arbeiten, habe ich den Zeitdruck behalten, den Leistungsdruck aber habe ich eliminiert. 30 min Ideen zu sammeln, das funktioniert und wird vermutlich weit mehr als zehn Ideen liefern, zehn Ideen in 30 min zu produzieren, das sorgt dagegen dafür, dass wir zehn gute Ideen suchen und aufhören, wenn wir sie gefunden haben. Wir bringen also faktisch unter Leistungsdruck im Innovationsbereich niedrigere Leistungen als ohne Leistungsdruck.

Heben wir den Zeitdruck auch auf, ergibt sich ebenfalls ein negativer Effekt. Denn ohne zeitliches Ende des Prozesses wird unsere Impulskontrolle aktiv und verhindert den Einstieg in die Suche, solange es geht. Der erste Schritt wird sehr anstrengend, weil wir unseren kognitiven Energiesparmodus nicht verlassen wollen. Das ist, als ob Sie in einem Vortrag säßen und nicht wüssten, ob er 30 min oder sechs Stunden dauern wird. Gerade weil Sie dieses Wissen nicht haben, werden Sie in den ersten zehn Minuten schon abschalten. Wir brauchen die gefühlte Kontrolle über den Prozess, um inhaltlich völlig frei zu denken. Diese Kontrolle erreichen wir durch Zeitdruck.

Kontrollieren Sie Ihre Gedanken – sonst macht es jemand anderes

Unser Bewusstsein ist nicht unbedingt unser Freund, wenn es um die Verarbeitung und Entwicklung von Ideen geht. Auch wenn in der Ideation die Prozesse alle sehr individuell und kognitiv aussehen, stellt besonders der soziale Kontext eine Herausforderung dar.

Der einzige Weg für uns, zu wissen, ist durch soziale Validierung unserer Informationen. Der einzige Weg, zu wissen, ob unsere Idee gut ist oder nicht, ist, sie mit anderen zu teilen. Das kann durch Aktion passieren, also durch das Testen einer Idee und deren Effekt auf andere Menschen, oder es passiert durch Worte, der üblicherweise nahe liegendere Weg. Wir sprechen also über unsere Ideen mit anderen Menschen, teilen unseren Gedankengang und argumentieren Vorteile. Da wir die Bewertung durch andere Menschen so unbedingt benötigen, um zu Erkenntnissen zu gelangen, haben wir uns daran gewöhnt, möglichst früh im Prozess bereits Feedback einzuholen. Das ist in vielen Projekten absolut sinnvoll, da nun gegengesteuert werden kann, falls Dinge in eine falsche Richtung laufen oder sich Schätzungen als falsch herausstellen. Sinnvoll allerdings bedeutet keineswegs hilfreich. Während Feedbackschleifen in der Execution absolut unabdingbar sind, stellen sie in der Ideation ein großes Problem dar. Auf Quantität anstelle von Qualität zu setzen bedeutet im Umkehrschluss, dass wir zunächst ohne Bewertung auskommen müssen, wir also im Prozess der Ideation lange nicht wissen, ob unsere Idee nun gut ist oder nicht. Wir müssen dem Impuls, nach Feedback zu suchen, widerstehen, bis wir eine kritische Masse an Ideen produziert haben, die unserem Kriterium von Diversität genügen. Das Ziel sind also möglichst viele unterschiedliche Ideen, nicht möglichst gezielt gute Ideen.

Das Unterdrücken eines Beurteilungsmechanismus betrifft natürlich nicht nur die Bewertung durch andere Menschen, sondern auch die Bewertung durch uns selbst. Und das ist ungemein schwierig. Ein kognitiver Effekt, der hier eine große Rolle spielt, liegt in unserer Tendenz zum *Hyperbolic Discounting,* unserer Präferenz für eine Belohnung jetzt und hier im Gegensatz zu einer Belohnung in der Zukunft. Selbst wenn unsere Belohnung in der Zukunft größer wäre als diejenige, die wir sofort bekommen könnten, würden wir lieber auf der Stelle belohnt werden (bis zu einem bestimmten Maß). Im Prozess des Entwickelns von Ideen besteht die Belohnung in der Bewertung unserer Idee oder unseres Vorschlags als gut. Wir wollen für unsere Entwicklung belohnt werden und wir belohnen uns auch selbst.

Da wir lieber sofort als erst in der Zukunft belohnt werden wollen, fällt uns das Aufschieben der Bewertung, insbesondere durch Kollegen oder Vorgesetzte, schwer. Aber genau das brauchen wir für eine möglichst unabhängige Evolution individueller Ideen. Die Diversität der Ideen im Raum nimmt dramatisch ab, sobald die erste Idee ausgesprochen ist und als Anker für alle weiteren Ideen dient. Wenn wir individuell Ideen entwickeln und dann zusammentragen, haben wir den Pool an Elementen und Funktionen im Raum maximiert und damit optimale Bedingungen für evolutionäre Prozesse geschaffen. Wenn wir allerdings die erste Idee diskutieren, wird es sehr schwierig, danach eine vollkommen andere Richtung einzuschlagen. Wir nutzen Anker um uns herum, weil sie uns in vielen Fällen dabei helfen, schnell einzuordnen, wie wir uns verhalten müssen. Leider nutzen wir aber Anker aller Art, eben auch solche, die unserem Denken gerade überhaupt nicht helfen. Die Ideen anderer können zu einem solchen Anker werden und damit den potenziellen Raum an Ideen und Lösungen dramatisch verkleinern.

Hyperbolic Discounting führt noch zu einer zweiten, schwer abtrainierbaren Denkweise: Wir präferieren nicht nur die sofortige Belohnung, wir bevorzugen auch die erstbeste gegenüber der bestmöglichen Idee. Das tun wir natürlich nicht bewusst, es geschieht vielmehr als Nebenwirkung unseres Denkens. Jahrelang haben wir in Schule und Bildungsinstitutionen aller Art gelernt, Antworten auf Fragen zu finden beziehungsweise, beispielsweise in der Mathematik, Lösungen für Probleme. Wir haben gelernt, unter Zeitdruck so lange nach einer Lösung zu suchen, bis wir sie gefunden haben. Wir haben auch gelernt, dass wir auf eine Frage nicht viele verschiedene Antworten geben sollen, sondern die eine richtige. Tatsächlich gibt es diese Art von Frage oder diese Form von Problemstellung in der Welt des Fortschrittes nicht.

„Wie werden wir in 25 Jahren leben? Wie wird unser Tag aussehen, wie werden wir arbeiten?" Wissen kann das noch keiner, aber wer diese Frage mit der erstbesten Antwort beantwortet, die ihm einfällt, wird mit sehr großer Wahrscheinlichkeit danebenliegen. Warum? Weil gerade unsere erstbesten, intuitiven Antworten diejenigen sind, auf die die meisten anderen Menschen auch kommen, und zudem würden wir von einer Art Fallstudie auf die Allgemeinheit schließen, was sich nie rechtfertigen lässt. Das wäre, als würden wir herausfinden wollen, wie es um den Automobilmarkt in Deutschland steht, indem wir einen Münchner Bürger fragen, wie viel Spaß er am Fahren hat. Um auf eine Antwort zu kommen, mit der wir etwas anfangen können, müssen wir sehr viele Menschen befragen, die ganz unterschiedliche Antworten geben – und das am besten nicht nur in Befragungen, sondern durch Verhaltensmaße. Dann können wir aggregieren und möglicherweise Muster erkennen, die als Indikatoren für den deutschen Automobilmarkt herhalten können. Wenn wir uns fragen, wie wir in 25 Jahren leben werden, dürfen wir nicht bei der erstbesten Eingebung stehen bleiben. Wir müssen Hunderte Szenarien entwickeln, ohne uns zu fragen, welches denn nun realistisch ist und welches nicht. Auch hier werden wir nach der Entwicklung aller möglichen Szenarien, im besten Falle ebenfalls durch viele unterschiedliche Personen, durch Aggregation von Daten bei bestimmten Mustern ankommen, die uns als Indikatoren zur Wahrscheinlichkeit einer bestimmten Zukunft dienen. Nur um das noch einmal zu erwähnen: Die erstbeste Antwort auf unsere Frage ist wahrscheinlich diejenige, die wir uns am besten vorstellen können. Und das ist leider überhaupt kein guter Indikator für die Wahrscheinlichkeit des Eintretens dieser Zukunft.

Das Mindset der Ideation wird also gesteuert von individueller Intelligenz. Es ist die assoziative Vielfalt individueller Kognitionen, die für die nötige Ideodiversität sorgt. Ganz ähnlich wie die Einschränkung oder gar Vernichtung von Biodiversität eine enorme Bedrohung für unser Überleben und das Bestehen des Lebens ganz allgemein darstellt, so stellt Ideodiversität die Grundlage für unseren Fortschritt als Menschheit dar.

Ideodiversität bezeichnet die Vielfalt an Ideen, die in einem bestimmten Moment existiert. Vielfalt beschreibt das Maß an Unterschiedlichkeit bei definierter Anzahl von Ideen (siehe Abb. 5.1).

Im Raum des Möglichen sind bei Ideationsprozessen sowohl Anzahl als auch Unterschiedlichkeit nach oben und unten begrenzt. Wenn wir Ideen entwickeln, ist die Anzahl möglicher Ideen durch Zeitrestriktionen nach oben begrenzt. Da

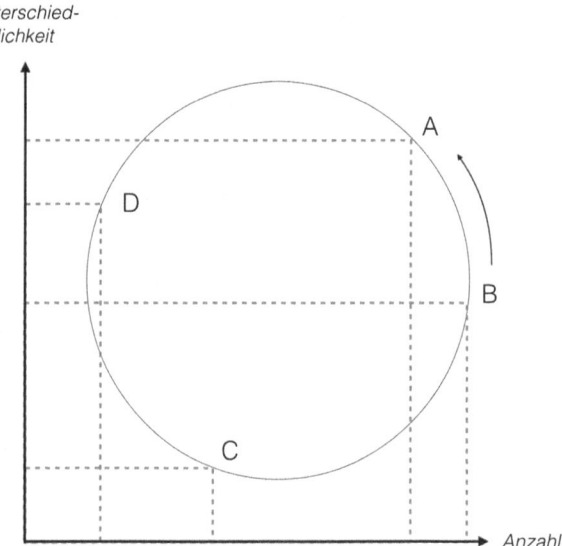

Abb. 5.1 Ideodiversität – Vielfalt von Ideen als Funktion der Anzahl und Unterschiedlichkeit von Ideen

wir nur begrenzt Zeit haben, Ideen zu entwickeln, besteht für das Maximum in der Anzahl an Ideen ein praktisches Limit, auch wenn wir natürlich theoretisch unendlich viele Ideen entwickeln können. Auch die potenzielle Unterschiedlichkeit hat eine Obergrenze, die sich aus unserem Denken ergibt. Auch hier ist die maximale Unterschiedlichkeit durch Ressourcen beschränkt. Das können ebenfalls Zeitressourcen sein, sind aber häufig einfach Kapazitätsgrenzen unseres menschlichen Denkens. Wenn Sie sich vorstellen sollen, was Sie alles mit einem Ei und Bindfaden anstellen können, erreichen Sie in der Unterschiedlichkeit Ihrer Vorschläge irgendwann die Obergrenze dessen, was Sie mit Ihren Kapazitäten entwickeln können. Und sollten Sie sich in der glücklichen Lage befinden, nicht durch kognitive Obergrenzen eingeschränkt zu sein, dann haben Sie immer noch das Zeitproblem. Denn zusätzliche Unterschiedlichkeit kostet zusätzliche Zeit.

Die Untergrenzen der beiden Dimensionen Anzahl und Unterschiedlichkeit ergeben sich aus der Definition von Ideation. Unterhalb einer bestimmten Anzahl von Ideen können wir nicht von Ideation sprechen – und genau das Gleiche gilt für die Unterschiedlichkeit. Wer zehnmal die gleiche Idee vorbringt, hat noch keine Ideation gestartet.

Die Kreisform ergibt sich, da Anzahl und Unterschiedlichkeit von Ideen in der Praxis durch die eben beschriebenen Restriktionen definiert sind. Diese sind nicht vollständig unabhängig, was dazu führt, dass wir uns mit der möglichen Anzahl und der möglichen Unterschiedlichkeit in einem Kreis bewegen. Irgendwo in oder auf diesem Kreis liegt unser derzeitiges Verhältnis von Anzahl zu Unterschiedlichkeit. Dieses Verhältnis beschreibt die Ideodiversität zu einem bestimmten Zeitpunkt.

Beginnen wir bei Punkt D. Bei sehr geringer Anzahl an Ideen haben wir aber eine relativ hohe Unterschiedlichkeit erreicht. Die Fläche, die sich aus Punkt D und den Achsen der Grafik ergibt, gibt uns das Innovationspotenzial der Situation. Im Vergleich zu Punkt D haben wir im Punkt C eine geringere Unterschiedlichkeit, dafür aber eine höhere Anzahl an Ideen erreicht. Die sich ergebende Fläche unter C ist sichtbar kleiner als bei D und damit auch das Innovationspotenzial dieser Situation. Ganz anders sieht das aus im Punkt B, bei dem wir nahezu die höchstmögliche Anzahl an Ideen erreicht haben – und das bei einer mittleren Unterschiedlichkeit. Damit ist unser Innnovationspotenzial deutlich größer als bei C und D. Gleichzeitig merken wir, dass wir die Fläche und damit unser Innovationspotenzial noch größer machen können, wenn wir von B nach A wandern. Tatsächlich erreichen wir in A das größtmögliche Innovationspotenzial, obwohl wir weder die maximale Anzahl noch die maximale Unterschiedlichkeit erreicht haben. Genau darin liegt der Unterschied zwischen Theorie und Praxis von Ideodiversität.

Wir können theoretisch unendlich viele, unendlich unterschiedliche Ideen generieren. Praktisch aber sind wir an Ressourcen gebunden, die wir nicht einfach überwinden können und auch gar nicht sollten. Angenommen, Sie wollten unendlich viele Ideen generieren und würden dazu alle zur Verfügung stehenden Ressourcen nutzen. Dann würden Sie zwar in der Ideation auf ein großes Innovationspotenzial kommen, gleichzeitig würde Ihr Evaluationsprozess aber so viele Ressourcen brauchen, dass die Kosten des Prozesses den potenziellen Innovations-wert der Idee übersteigen. Damit das nicht passiert, arbeiten wir in diesem Modell mit einer kreisförmigen Restriktion unserer Ideodiversität.

Das bestmögliche Innovationspotenzial erreichen wir bei hoher Anzahl und hoher Unterschiedlichkeit der generierten Ideen. Das Optimum erreichen wir weder bei maximal möglicher Anzahl noch bei maximal möglicher Unterschiedlichkeit. Wir erreichen das Optimum bei der effizientesten Balance aus Anzahl und Unterschiedlichkeit.

Wenn das Navi sich irrt – Denkabkürzungen ins Chaos

Der Mensch tendiert zum Gewohnheitsdenken. So ist es nicht verwunderlich, dass wir unsere täglichen kognitiven Anstrengungen hier und da mit mentalen Abkürzungen beschleunigen wollen. Diese Heuristiken sind dort nützlich, wo unsere Intuition eine verlässliche Lösung anbietet. Lassen wir uns jedoch zu schnell von intuitiven Gedanken überzeugen, tappen wir schnell in die womöglich vermeidbarste Denkfalle, die mentale Trägheit.

Beispiel

Intuitive Lösungen sind gemütlich, wie das folgende Beispiel verdeutlicht: Ein Set aus einem Tischtennisschläger und einem Tischtennisball kostet zusammen 1,10 EUR, wobei der Schläger genau einen Euro teurer ist als der Ball. Wie teuer sind jeweils die einzelnen Bestandteile des Sets? Intuitiv erscheinen die Lösungen 1 EUR für den Schläger und 10 Cent für den Ball plausibel. Wer die Rechnung anhand der Differenz der beiden überprüft, stellt fest, dass hier nur ein Differenzbetrag von 90 Cent vorliegt. Nach kurzer Überlegung kommen wir zu dem Schluss, dass der Schläger 1,05 EUR und der Ball 5 Cent kosten muss. Unsere Intuition muss sich geschlagen geben. System 2 schlägt System 1. Diese Unterscheidung stammt vom amerikanischen Psychologen und Nobelpreisträger Daniel Kahneman.

System 1, das intuitive Mindset, reagiert schnell, automatisch und dafür ungenau. System 2, das analytische Mindset, geht rational und präzise vor. Diese Anstrengungen kosten Kraft und Zeit. Je häufiger wir dabei System 2 mit ähnlichen Problemen konfrontieren, desto mehr nähren wir System 1, um für zukünftig ähnliche Problemstellungen schneller eine Antwort parat zu haben. Wir alle kennen diese Erfahrung. Durch Übung und Wiederholung werden wir besser, weil wir Routine bekommen. Diesem Mantra folgen viele bis zur Perfektion. Wir sind Optimierer, nur für unser Denken scheinen wir einige Ausnahmen zuzulassen, insbesondere im Bereich neuer Ideen. Dazu gehören vor allem Selbstreflexion und die Bereitschaft, sich nicht persönlich angegriffen oder gekränkt zu fühlen, wenn die eigene Idee nicht umgesetzt oder gar abgelehnt wird.

Vor allem Fähigkeiten, die über das reine Zuhören hinausgehen, sind entscheidend, um der eigenen Box zu entfliehen. Denn Ablehnung kann sowohl durch ein Bauchgefühl erfolgen als auch durch empirische Argumente. Sie soll nicht als Stoppschild fungieren, sondern zur Entwicklung beitragen. Glücklicherweise können wir den kleinen, besonders häufigen Denkfehlern mit etwas Übung auf die Schliche kommen. Hilfreich ist das vor allem dort, wo häufig neuartige Lösungen oder Wege gesucht werden.

Denkfehler sind nicht immer gefährlich oder Ursache für große Probleme. Ganz im Gegenteil. Oft sind sie gerade der Treiber für Fortschritt. In vielen Situationen aber verlangsamen sie Prozesse oder beschleunigen sie auf gefährliche Geschwindigkeit. Sie lassen uns zu pedantisch erscheinen oder rauben uns den Sinn für Genauigkeit. Sie halten uns jedoch alle davon ab, die Wahrheiten zu hinterfragen, die uns tagtäglich begegnen.

„Das machen wir schon immer so" steht symbolisch für die Art von Unternehmen, die möglicherweise in naher Zukunft durch neue – überwiegend digitale – Unternehmen überflüssig gemacht werden. Lassen Sie uns diesen Satz auf ein paar Denkfehler hin untersuchen. Ganz oben rangiert die Überzeugung, ein perfektes Produkt entwickelt zu haben, das über Jahre hinweg Gewinne erwirtschaften und die Bedürfnisse ausnahmslos decken wird, und das unabhängig davon, was sonst so am Markt passiert.

Die Wissenschaft nennt dieses Phänomen *Overconfidence Bias* und beschreibt die systematische Überschätzung der eigenen Fähigkeiten. Mit einem erhabenen Lächeln übersehen wir die Lücke zwischen dem, was wir wissen, und dem, was wir glauben zu wissen. Ursache hierfür ist der Kontext, der uns im jeweiligen Moment umgibt. Berauschende Ereignisse wie Erfolg veranlassen uns dazu, irrsinnige Prognosen abzugeben. Schon Franz Beckenbauer, die Fußballinstitution Deutschlands, war sich 1990 nach dem Gewinn der dritten Weltmeisterschaft sicher, dass Deutschland in den nächsten Jahren nicht zu besiegen sei. Keine

sechs Monate später verlor die deutsche Nationalmannschaft in der EM-Qua-
lifikation unter der Leitung von Berti Vogts 0:1 gegen den Fußballzwerg Wales.
Ähnlich ergeht es erfolgreichen Unternehmen, die sich aufgrund von ein paar
erfolgreichen Jahren in Sicherheit wiegen.

Disruptive Innovationen sind solche, die niemand erwartet. Etablierte Unternehmen ganz besonders nicht, da ihr Denken durch den *Confirmation Bias* massiv
beeinflusst wird. Dieser Bestätigungsfehler filtert genau die Informationen raus,
die nicht zu unseren Überzeugungen passen, sogenannte *Disconfirming Evidence*.
Zusätzlich werden Bestätigungen von unserer Wahrnehmung deutlich besser auf-
genommen als mögliche Gegenargumente. Besonders schwer wiegt diese Denkfalle bei Dingen, zu denen wir eine persönliche Bindung besitzen.

Viele Unternehmen bevorzugen selbst entwickelte Ansätze, da diese auf das
eigene Unternehmen und Umfeld zugeschnitten sind. Läuft es damit nicht wie
erhofft, müssen Berater mit fremden Methoden die Dinge anpassen. Ein offensicht-
licher Widerspruch, der oftmals viel Geld kostet und vermeidbar gewesen wäre.
Das *Not-Invented-Here-Syndrom* kann aber auch den Einzelnen betreffen. Den
eigenen Vorschlag verteidigen wir besonders hartnäckig, denn wir sind überzeugt
davon, die richtige Idee gefunden zu haben. Dieser *Endowment Effect* führt letztlich zu nichts Weiterem als langwierigen Diskussionen in endlosen Meetings und
schlechter Laune. Aufseiten der Untätigen sieht es jedoch auch nicht besser aus.

Eine Unternehmenskultur, die durch Homogenität geprägt ist, wird für ihre
schnelle Entscheidungsfindung und eine harmonische Gruppendynamik gelobt.
Solange das Geschäft noch funktioniert, sieht man keine Probleme. Bricht aber
irgendwann der Gewinn ein, herrscht Ratlosigkeit. Wie konnte das nur passieren? Man habe doch immer an einem Strang gezogen und sämtliche Differenzen zeitnah gelöst. Es gäbe eine Vielzahl von Denkfehlern, die zur Erklärung der
Geschehnisse beitragen können.

Wir wollen uns auf die wichtigsten beschränken. Wenn über neue Produkte
beraten wird, orientieren wir uns verständlicherweise an den Erfahrungen, die wir
mit vergangenen Produkten gemacht haben. Erfolgreiche Produkte werden mit
den kontinuierlich wachsenden Verkaufszahlen und erschlossenen Absatzmärkten
angepriesen, die verbucht werden konnten. Floppte das Produkt, wurden häufig
falsche Marketingstrategien als Kernproblem identifiziert, die das Produkt nicht
ordnungsgemäß ins Blickfeld der Konsumenten bringen konnten. Unabhängig
von Erfolg oder Misserfolg versteckt sich die Denkfalle hier ausnahmsweise nicht
im Detail.

Nicht das Resultat sollte der erste Referenzpunkt sein, sondern der Prozess,
den ein Produkt von seiner Geburt bis zum heutigen Tag durchlaufen hat. Der

Outcome Bias beschreibt diese Tendenz, Erfolge am (meist monetären) Resultat zu idealisieren. Anstatt zu ergründen, was unser Kassenschlager alles richtig gemacht hat, sollten wir herausfinden, was wir im Prozess getan und gelernt haben. Abweichungen von der Norm sind besonders interessant. Das gilt für beide Richtungen. So erkennen wir Methoden, die einerseits besonders gefruchtet und andererseits verheerende Probleme mit sich gebracht haben. Solche Erkenntnisse können sich vorteilhaft auf unser Budget auswirken, denn sie zeigen uns, wo Investitionen überhaupt getätigt werden können. Oftmals investieren wir Geld, um Veränderungen in Bereichen zu erwirken, die wir gar nicht kontrollieren können. Eine Innovation kann medial noch so sehr angepriesen werden. Manchmal ist die Zeit einfach noch nicht reif und der Markt gar nicht bereit für bestimmte Ideen. Diese *Illusion of Control* oder Kontrollillusion verschwendet unzählige Ressourcen, weil wir den Fokus auf die falschen Stellschrauben legen.

Kann diese Verschwendung verhindert werden? Ja, sofern auch nur ein Mitglied der Gruppe generellen Zweifel äußert. Leider passen zu viele Menschen ihre Meinung an den Konsens der Gruppe an, da sie sich davor fürchten, Verantwortung zu übernehmen. Diese *Groupthink Tendency* führt konsequent zu falschen Entscheidungen, da grundsätzliche Meinungen öffentlich ungern infrage gestellt werden. Besonders gravierende Situationen entstehen, wenn Vorgesetzte ihre Vorschläge und Ideen unterbreiten. Oftmals fehlt es an Mut, dem eigenen Vorgesetzten zu widersprechen. Da wir uns in der Anonymität der Gruppe verstecken können, stimmen wir auch den riskanten Entscheidungen zu. Letztlich kann nur das Kollektiv für getroffene Entscheidungen zur Verantwortung gezogen werden, nicht aber ein Einzelner. Diese falsche Sicherheit, genannt *Social Loafing,* führt dazu, dass jeder sich irgendwie auf den anderen verlässt und die Leistung des Einzelnen mit jedem weiteren Gruppenmitglied undeutlicher wird und folglich abnimmt. Mögliche Ursachen für dieses Verhalten haben Sie bereits in Kap. 2 kennengelernt.

Kritisch für den Erfolg ist ein solches Verhalten besonders dann, wenn wir Entscheidungen treffen müssen, die eine ausgeprägte emotionale Komponente besitzen. Scheitern ist hier keine Option, daher wird alles unternommen, was die Eintrittswahrscheinlichkeit sämtlicher Risikofaktoren auf null Prozent reduziert. Betriebswirtschaftlich gesehen verursacht dieser *Zero-Risk Bias* enorme Kosten. Zumal man sich die Frage stellen muss, ob man tatsächlich in der Lage ist, alle potenziellen Risiken zu erkennen und auch zu verhindern. Hektik und Entscheidungen im Eilverfahren sind häufig die Folgen. Abwarten und Nichtstun sind keine Option. Zum einen, weil Nichtstun häufig mit Inkompetenz oder mangelhaften Führungsqualitäten gleichgesetzt wird. Kompetenz bescheinigt einer Person gewisse kognitive und soziale Fähigkeiten, um komplexe und volatile Probleme zu lösen. Für neuartige Szenarien, deren zukünftige Entwicklungen ungewiss sind, verfügt man in der Regel noch über keinen angemessenen Schlachtplan. Sowohl ehemalige Patentrezepte als auch neu entwickelte Lösungsvorschläge sind in Zeiten von Unsicherheit ein Schuss ins Blaue und können scheitern. Unterlassen von Handlungen kann ebenfalls zum Scheitern führen, jedoch zu einem deutlich niedrigeren Preis. Im schlimmsten Fall führt der *Action Bias* zu Veränderungen, die den unternehmerischen Status quo durcheinanderwirbeln. Hier verkommt Kompetenz zur Plappertendenz.

Sind Maßnahmen bereits beschlossen worden und in ihrer Umsetzung fortgeschritten, fällt es uns besonders schwer, uns davon zu trennen. Die Wissenschaft spricht von *Sunk Coast Fallacy*. Hierbei handelt es sich um ein Verhalten, bei dem bereits investierte Ressourcen wie Zeit, Geld oder Aufwand zu unserem Argument werden, fortzufahren. Ähnlich verhält es sich bei einem schlechten Kinofilm. In der Hoffnung, nach den zähen ersten 60 min doch noch ein dramatisches Finale oder ein ungeahntes retardierendes Moment zu erleben, verharren wir in unserem Sitz, anstatt das Kino frustriert zu verlassen. Unternehmen verharren ebenfalls, allerdings mit wesentlich größeren Verlusten. Dummerweise spornen uns Verluste an. Und das wesentlich intensiver als Gewinne. Wer etwas verliert, wird alles Nötige dafür tun, um es wiederzubekommen. Verlustaversion bzw. *Loss Aversion* verführt uns zu irrelevanten Handlungen. Die Verärgerung darüber, 100 EUR zu verlieren, wiegt schwerer als der Fund von 100 EUR. Selbstverschulden schlägt einen glücklichen Zufall. Dabei vergessen wir, dass eben auch der eigene Fehler häufig auf Zufall zurückzuführen ist und nicht ausschließlich auf Schusseligkeit. Nichtsdestotrotz werden Maßnahmen ergriffen, damit ein solches Missgeschick sich nicht wiederholt.

Im Laufe der Zeit entwickelt sich „Das machen wir schon immer so" zu „Das werden wir auch weiterhin so machen". Hier zeigt sich keinesfalls orwellsche Weitsicht, sondern existenzialistische Ignoranz. Es ebnet sich der Weg des Scheiterns. Man fördert eine Unternehmenskultur der Gewohnheiten, die, wenn überhaupt, nur kontinuierliche Innovationen hervorbringt. Wirkliche Veränderungen bleiben aus. Dafür senken Gewohnheiten die Fehlerrate. Diese Annahme impliziert, einen Fehler zu begehen, kann keinen Vorteil bringen und ist daher zu vermeiden. In krassen Fällen wird eine Null-Toleranz-Leitlinie gegenüber Fehlern von oben durchgesetzt. Aus Angst, etwas falsch zu machen, werden Fehler einfach hingenommen und gekonnt übersehen. Unser Perfektionsdrang scheitert in einem frühen Stadium schon an den eigenen Vorgaben. So gelangen wir zu der Überzeugung, dass alles, was gestern nicht funktioniert hat, auch morgen nicht funktionieren wird, denn das haben wir alles schon versucht.

Häufig auch dann, wenn personelle Veränderungen auf Mitarbeiterebene stattfinden. Gewohnheiten stellen Schleifen dar, in denen bestimmte Auslöser eine bestimmte Routine in Gang setzen, die belohnt wird. Neue Mitarbeiter werden nach einer gewissen Zeit in dieselben Schleifen und Muster verfallen. Ihr anfänglicher Ehrgeiz verfliegt zügig, da er sich dem kulturellen Umfeld anpasst. Schnell realisieren sie, welche Verhaltensweisen belohnt werden. Auch wenn neue Mitarbeiter eine Vielzahl von Denkfehlern in diesem Verhalten bemerken, werden sie nicht den Antrieb entwickeln, etwas zu ändern. *Incentive Super-Response Tendency* nennt die Wissenschaft solch anreizinduziertes Verhalten. Monetäre Anreize sind dann hinderlich, wenn sie die falschen Gewohnheiten fördern. Im Optimalfall übersteigt die intrinsische Motivation den monetären Anreiz für eine bestimmte Gewohnheit.

▶ Denkfehler können überall und jederzeit auftreten. Glücklicherweise können wir uns antrainieren, während des Innovationsprozesses Denkfehler entweder gezielt einzusetzen oder ganz bewusst zu verhindern. Ziel ist nicht das Abstellen von Denkfehlern, sondern das bewusste Steuern der eigenen Denkmuster.

Falsche Lösung, aber Punkte für den Rechnungsweg

Innovativität gilt als ausschlaggebender Faktor für den Erfolg eines Unternehmens. Sie kann den größten Unterschied zwischen dem eigenen Unternehmen und der Konkurrenz bedeuten. Wer einmal hinterherhinkt und aufholen muss, der wird sich mit neuen innovativen Lösungen schwertun. Nokia, ehemals Finnlands größter Produzent von Gummistiefeln, hat die Revolution der Smartphones nie richtig verdauen können. Konsequenterweise hat Nokia seine Mobilfunksparte 2014 an Microsoft verkauft. Dabei liegen die Vorteile von Innovationen auf der Hand. Innovationen in unseren Prozessen können die Herstellung oder Entwicklung antreiben und so unseren Output steigern. Qualitätssteigerungen lassen sich dadurch erzeugen, dass wir unser Produkt durch neuartige Ideen mit völlig anderen Produkten oder Dienstleistungen verbinden.

Innovationen lassen sich nicht durch logische Argumentationsketten herleiten. Wie bereits erwähnt, müssen wir auf ganz verschiedenen kognitiven Ebenen arbeiten, die völlig unterschiedlich aufgebaut sind. Jedes der Mindsets Ideation, Evaluation und Execution stellt uns vor andere Herausforderungen und benötigt verschiedene Werkzeuge.

▶   Wer seinen Innovationsprozess optimieren möchte, muss in der Lage
    sein, das eigene Denken individuell jedem Mindset anzupassen. Men-
    tale Diversität beschreibt die Fähigkeit, problemlos zwischen ana-
    lytischem und chaotischem Denken zu wechseln und vorhandene
    Gedanken den richtigen Mindsets zuzuordnen.

Diversität sollte auch das eigene Team prägen. Dort, wo die größten Unterschiede
aufeinandertreffen, kann die größte Vielfalt entstehen. Wenn Teams nur aus ein-
ander ähnlichen Individuen bestünden, wären sie vermutlich höchstens nur etwas
schneller in der mentalen Abfertigung als ein Einzelner. Folglich muss die Diversität innerhalb von Teams größer sein als zwischen ihnen. Eine hohe Diversität
fungiert zusätzlich als statistisches Risikomanagement. Mit ziemlicher Sicherheit
wird eine heterogene Gruppe mehr potenzielle Risiken aufspüren können, da sie
eine größere Vielfalt an Aspekten betrachtet. Veränderung ist kontextabhängig.
Auf jede Ebene, auf jedes Mindset nimmt sie anders Einfluss. Das Organisationsdesign, die Marktsituation und die hierarchischen Strukturen bilden den globalen Rahmen für Veränderungen, sogenannte *High Level Factors.* Veränderungen,
die hier auftreten, wirken sich häufig in allen Hierarchieebenen aus. Ein dezent-
rales Design mit fluiden Strukturen kommuniziert Veränderungen effizienter und
fördert die nötigen Maßnahmen. Konkurrenz kann den nötigen Druck erzeugen,
wenn man den Ansprüchen nicht mehr gerecht wird und die Rollenverteilung
am Markt definieren. Sind wir der Marktführer, der regelrecht imitiert wird, oder
müssen wir uns gegen die Etablierten durchsetzen? Hierarchien sind nicht in allen
Mindsets angebracht. Verantwortungen für Ideen sollten auf höheren Eben verankert sein. So kann sichergestellt werden, dass mehr Menschen ungezwunge-
ner und frei von möglichen Ängsten mitarbeiten können. Hierarchien stören, wo
Quantität gefragt ist. Demokratische Strukturen können dafür sorgen, dass jeder
das gleiche Recht auf Gehör und Teilnahme hat. Bestenfalls führt dies auch zu
einer Angleichung der Leistung. Vor allem die schweigsameren Kollegen können
dadurch großen Antrieb erfahren.

Auf den unteren Ebenen, den *Low Level Factors,* ist die Klarheit von Anwei-
sungen, Führungsqualitäten und Teamdynamiken gefragt. Wichtig ist, dass Veränderungen vorgelebt anstatt vorgegeben werden, Austauschbeziehungen steuern
unser Innovationsverhalten. Sei du selbst die Veränderung, die du dir wünschst
für dein Unternehmen. So würde Gandhis Weisheit lauten, wäre er Unternehmer gewesen. Ideen haben einen bestimmten Wert und für den muss es Gegen-
wert geben. Bonus- und Anreizsysteme sollen nicht nur den langfristigen Erfolg
berücksichtigen, sondern auch indirekte Reziprozität fördern. Natürliche Verhal-
tensselektion verbessert die Unternehmenskultur, entwickelt eine Kommunikation.

Ideation – weiter, schneller, ungefiltert denken

Woher kommen gute Ideen? Jeder Innovationsprozess startet in der Ideationsphase. Dort, wo Ideen gesammelt werden, hat Quantität oberste Priorität. Kreatives Denken und Problemlösung sind weder Hexenwerk noch Rocket Science. Jeder kann dazu beitragen, bis es sich nicht mehr lohnt, sprich, bis ihm die Vorschläge ausgehen. Ideen sind das Werkzeug in unserem Evolutionsprozess. Je mehr wir davon parat haben, desto besser stehen unsere Chancen auf Erfolg. Bei neuen Ideen stellt sich immer die Frage nach dem Warum. Ist diese Idee wirklich hilfreich? Stillt sie ein bestimmtes Bedürfnis? Ist dies der richtige Zeitpunkt? Ob eine Idee sich durchsetzen wird, ist zu Beginn ein soziales Problem. Ideen werden individuell vorgetragen. Idealerweise beginnt hier schon der Evolutionsprozess. Ideen sollten nicht aufgrund pauschaler Argumente direkt verworfen werden. Kombinationen mit anderen Ideen. Stärken der Idee identifizieren und versuchen, sie auf eine andere Idee zu übertragen. Schwächen der Ursprungsidee durch Lösungsmöglichkeiten anderer Ideen ausmerzen. Die Zahl der Möglichkeiten, mit Ideen zu spielen, wächst mit jeder neu generierten Idee rasant an. Egal, wie abwegig eine Idee erscheint, verwerfen kann man sie hinterher immer noch. Dieses Prinzip muss auch der Ideengeber verinnerlichen. Da jeder sich mit seiner Idee profilieren möchte, entsteht häufig unbewusst ein Jeder-gegen-jeden-Szenario. Entscheidend ist daher der Rahmen, der die Ideation umgibt, und wie er beeinflusst wird.

Context Effects beschreiben während der Ideation das Umfeld, in dem Ideen generiert werden. Hierbei ist entscheidend, wo, wann und wie Ideen generiert werden. Ähnliche Situationen führen oftmals auch zu ähnlichen Resultaten. Daran ändern häufig neue Mitstreiter wenig. Entscheidend ist, neue Reize zu setzen, die alternative Denkstrukturen ermöglichen. Idealerweise werden neue Reize nicht nur in Meetings gesetzt – sie können in jeder Situation und auf allen Ebenen unterstützend wirken.

Der *Endowment Effect* trifft dann auf, wenn ein erster Vorschlag Ablehnung erfährt und der Vorschlaggeber seine Idee vehement verteidigt. Solche Diskussionen kosten Zeit und Nerven, die zulasten der Weiterentwicklung gehen. Stattdessen sollten Ideen notiert werden und auf mögliche Kombinationen mit bereits bestehenden Ideen hin untersucht werden.

Hyperbolic Discounting führt dazu, dass wir die erstbeste Lösung der bestmöglichen Lösung vorziehen. Da Belohnungen möglichst zeitnah angestrebt werden, gibt man sich zu schnell zufrieden. Leider entsteht die erstbeste Idee auf intuitive Weise, da fehlende Geduld unser Urteilsvermögen einschränkt. Wenn wir schon nach kurzer Zeit auf diese Lösung stoßen, wird es anderen sicherlich auch gelingen, und unsere Idee verliert an Einzigartigkeit. *Similarity Heuristic* maximiert scheinbar die Produktivität durch Anpassung. Ehemals Erfolg versprechende Praktiken werden wiederholt, während neue, alternative Methoden ignoriert werden. Auch eine Einschätzung über den Status quo ist retrospektiv. Wir bilden uns eine Meinung, je nachdem, wie positiv oder negativ wir die vergangene Vergleichssituation bewerten. Besonders hartnäckig hält sich diese Rückschau bei Problemlösungen. Erkennen wir Parallelen zwischen Vergangenheit und Gegenwart, zögern wir nicht, die damaligen Lösungen vorzuschlagen. Kurzfristig mag dies hilfreich sein. Innovativität und langfristiger Erfolg erfahren jedoch einen Dämpfer.

Functional Fixedness beschreibt mentale Barrieren, die durch traditionelle Benutzung von Objekten entstehen. Wir tun uns schwer, erlernte Automatismen abzuschalten. Wir führen die Dinge so aus, wie wir sie gelernt haben, und deshalb bestimmt der traditionelle Gebrauch unsere Handlungsentscheidungen. Kinder sind wesentlich weniger empfänglich für diesen Effekt. Bis zu einem bestimmten Alter ist ihnen der eigentliche Gebrauch eines Objekts nicht vollständig ersichtlich. Die Einsatzmöglichkeiten des Gegenstandes scheinen unbegrenzt zu sein. Obwohl die meisten dieser Möglichkeiten vermutlich zu nichts führen werden, erhöht sich die Chance, eine neuartige und ungewohnte Methode zu entdecken. Wer seine Gewohnheiten in einzelne Komponenten unterteilt und deren Wirkung untersucht, kann so wesentlich leichter neue Möglichkeiten entdecken.

Association Bias: Unsere Emotionen und Kognitionen mischen sich in unsere Entscheidungen ein. Besonders bei Urteilen über andere Personen. Haben wir uns ein Bild über bestimmte Personen gemacht, ist es fest verankert. Wir haben einen Referenzpunkt gesetzt, an dem wir zukünftige Argumente messen werden. *Recency Effect* nennt die Wissenschaft dieses Phänomen.

Evaluation – bewerten, einordnen, verstehen, entscheiden

Woher wissen wir eigentlich, dass Ideen gut sind? Und welche Ideen sind schon gut. Dank der Evolution von Ideen können wir schlechte Ideen zu hervorragenden entwickeln, aber auch gute Idee verunstalten. Nur weil eine Idee tatsächlich gut ist bzw. von uns als gut wahrgenommen wird, bedeutet dies nicht, dass sie auch von der Allgemeinheit angenommen wird. Thomas Edison, der vermeintliche Erfinder der Glühbirne, entwarf 1911 schon den Vorgänger des Kindles in analoger Form. Der Text wurde auf Nickelseiten gedruckt, die so dünn zusammengepresst werden konnten, dass 40.000 Seiten in ein Buch gepasst hätten. Damals sah man keine Verwendung für diese Erfindung. Heute stellt sie die größte Bedrohung des klassischen Buchgeschäftes dar. Selbstverständlich sind in der Vergangenheit auch Ideen tatsächlich realisiert worden, über die wir heute verwundert die Köpfe schütteln würden. Im industrialisierten England führte die Luftverschmutzung Kohleverbrennung nicht nur zur evolutionären Entwicklung des Birkenspanners, sondern auch zum Babykäfig. Während der Birkenspanner sein weißes Gewand an die mit Ruß beschmutzte Flora anpassen musste, um sich vor seinen natürlichen Feinden zu schützen – ein Paradebeispiel der Evolution –, erfand die Spezies Mensch einen metallenen Freiluftkäfig. In ausreichender Höhe konnten sie an den Häuserfassaden befestigt werden, um Säuglingen mit genügend Frischluft zu versorgen. Entscheiden Sie selbst, ob Sie die Evolution der Idee „Käfig" für sinnvoll erachten. Fakt ist, dass der Babykäfig zur damaligen Zeit ein Kassenschlager war und den Bedürfnissen der Zeit gerecht wurde. Solche Bedürfnisse müssen während der Evaluation von Ideen erkannt werden. Denn das bewahrt uns im besten Fall vor teuren Testläufen und Prototypen. Der österreichisch-französische Schneider und Fallschirmkonstrukteur Franz Reichelt war von seinem Entwurf so überzeugt, dass er einen Testsprung vom Eiffelturm mit seinem Leben bezahlte. Diese (auf YouTube vorhandene) Tragödie des *Rapid Prototyping* demonstriert, dass eine kritischere Auseinandersetzung mit seiner Wingsuit-ähnlichen Konstruktion möglicherweise technische Mängel offenbart und ihm das Leben gerettet hätte.

Die Evaluation ist vor allem ein kognitives Problem. Es stellt sich die Frage, was von den angehäuften Ideen denn tatsächlich umsetzbar ist. Vordergründig ist also eine tief greifende Analyse möglicher Zielmärkte, Kundengruppen und deren Wünschen und Vorstellungen. Die Evolution der einzelnen Ideen pausiert für den Moment. Die Qualität der Analyse ist entscheidend. Sie bestimmt das Bild der Möglichkeiten der Monetarisierung. Wir sind auf die kollektive Intelligenz angewiesen, um die profitabelsten Nischen zu entdecken. Informationen müssen kriterienbasiert erstellt und bewertet werden. Zusätzlich unterstützt uns das Wissen und die Erfahrung jedes Anwesenden. Dabei sollten wir so gut es geht unsere Prinzipien nicht aus den Augen verlieren und manchmal auch auf unsere Intuition hören. Folglich muss System 2 die Leitung unserer Denkprozesse übernehmen. Unsere Entscheidungen müssen sämtliche Chancen und Risiken, die uns in den Sinn kommen, genau abwägen, um eine qualitativ hochwertige Aussage treffen zu können – und das möglichst schnell. Zeitraubendes politisches Geklüngel über Verantwortung, Befugnisse und Zuordnungen sollte so gut es geht vermieden werden. Demokratische Strukturen erleichtern es jedem Einzelnen, im sozialen Gefüge einen Beitrag zu leisten. Ein Blick in die Vergangenheit kann wichtige Erkenntnisse liefern. Möglicherweise lockt er uns aber auch auf eine völlig falsche Fährte, denn auch unsere Vorstellungen über die Vergangenheit sind nicht vor Denkfehlern gewappnet.

Mere Exposure: Je bekannter eine Idee, desto besser gefällt sie uns und desto eher trifft sie auf Zustimmung. Gruppeninterne Diversität kann diesem Effekt vorbeugen. Menschen aus anderen Bereichen ist die Idee eventuell nicht so geläufig, und sie besitzen die nötige mentale Distanz in der Evaluation für die Beurteilung.

Backfire Effect oder *Irrational Escalation:* Wir treffen irrationale Entscheidungen, die auf rationalen Entscheidungen aus der Vergangenheit basieren oder damit gerechtfertigt werden. Die oben erwähnte *Sunk Cost Fallacy* ist beispielhaft. Investiertes Geld kann nicht mehr zurückgeholt werden, es ist sunk. Wird eine Idee nicht angenommen, halten wir umso stärker an ihr fest, je höher das bereits getätigte Investment ausfällt. Ist die Verantwortung nun höher in der Hierarchie verankert, sinkt die Angst vor persönlichen Konsequenzen. Es entsteht eine emotionale Distanz, die wir für rationale Entscheidungen benötigen. Ähnlich präsentiert sich die *Effort Justification.* Anstatt Geld wird hier die bereits investierte Arbeit in die Waagschale geworfen. Wer viel Energie und Herzblut in eine Idee gesteckt hat, möchte sie nicht ohne Weiteres verlieren. Wir sehen in der Idee eine Wertigkeit, die wir systematisch überschätzen. Während die *Sunk Cost Fallacy* eine argumentative Aufwandsentschädigung darstellt, präsentiert sich *Effort Justification* als krasse Verzerrung der Gegenwart.

Contagion Bias: Unsere Entscheidungen basieren auf den Berührungspunkten der Gegenwart. Wir adaptieren das Verhalten von Vor- und Leitbildern oder unterwerfen alles dem unternehmerischen Zweck. Unternehmen ohne eindeutig definierbare Existenzberechtigung bzw. Zweck bemessen ihre Entscheidungen auf falscher Basis und verlieren das Wesentliche aus den Augen. Ein konkreter unternehmerischer Leitgedanke muss jederzeit eine Orientierung für jeden Mitarbeiter darstellen.

Confirmation Bias: Als Gruppentier sind wir bestrebt, Bestätigung für unsere Handlungen und Überzeugungen zu erfahren. Konsequenterweise führt das dazu, dass wir nur Informationen sehen, die unsere Idee bestätigen. Dabei nehmen wir mögliche Risiken in Kauf, da jede weitere Bestätigung etwaige Risiken mehr als nur abschwächt. Folglich führt diese Denkfalle zu einem bereits bekannten Denkfehler, dem *Overconfidence Effect.*

Framing Effect: Unser Gefühl lässt uns Gewinn- und Verlustszenarien unterschiedlich bewerten. Die bereits erwähnte Verlustaversion verführt uns zu irrationalem Verhalten. Dank des *Negativity Bias* haften negative Kognitionen länger in unseren Köpfen und beeinflussen unser Tun. Sobald wir uns in diesem Verlustrahmen bewegen, werden Entscheidungen länger diskutiert und Risiken wesentlich ernster eingestuft. Unsicherheit, die niemand so recht leiden kann, birgt gleichwohl immer die Gefahr des Verlustes. Diesem Reiz schenken wir wesentlich mehr Aufmerksamkeit als möglichen Gewinnszenarien. Wir stehen am Ende häufig mit leeren Händen da, obwohl mittlerweile aufgezeigt wurde, dass Gewinnrahmen zum Beispiel bei Präventionsmaßnahmen deutlich stärker gewünschte Änderungen hervorbringen.

Peak-End Rule: Wir erinnern uns an die jüngsten Erfolge und Durchbruchsinnovationen und ignorieren dabei gekonnt die vielen gescheiterten Ideen. Dabei könnte ein Besuch auf dem Ideenfriedhof uns wertvolle Erkenntnisse über den steinigen Weg des Erfolges liefern. Die langwierige Entwicklung geht durch den aktuellen Erfolg unter. Das führt dazu, dass wir beispielsweise Erfindungen denjenigen zuschreiben, die sie marktreif gemacht haben. Galileo Galilei hat das Fernglas genauso wenig erfunden wie Thomas Edison die Glühbirne. Beide waren jedoch smart genug, eine neue Technologie in die richtige Richtung zu hieven. Mit derselben Kurzsichtigkeit übersehen wir, dass Ideen schon jahrelang auf dem Markt vorhanden waren und nicht beachtet wurden. Gesellschaftliche oder technologische Veränderungen haben einer unbeachteten Idee neuen Auftrieb verliehen. Wir feiern dagegen einen Senkrechtstarter, der die Zeichen der Zeit erkannt hat.

Knowledge Bias: Je mehr wir über eine Idee wissen, desto besser finden wir sie im Vergleich zu Ideen, über die wir nicht viel wissen. Das erleichtert den Vergleich, der natürlich alles andere als fair und objektiv ist. Daher sollte bei starken Informationsgefällen eine Entscheidung eher vertagt werden.

Bandwagon Effect: Je mehr Menschen auf den Zug der Überzeugung aufspringen, desto eher tun wir das auch. Wahrgenommener Erfolg lässt manchmal unseren inneren Kritiker verstummen. Wir nehmen es hin, den Mitläufer zu spielen, denn all diese Überzeugten können sich ja wohl nicht irren. In der Evaluation kann dieser Effekt dazu führen, dass wir Bewertungen aus den Medien oder von der Konkurrenz übernehmen, ohne zu überprüfen, ob diese Bewertungskriterien überhaupt auf uns zutreffen.

Dunning-Kruger Effect: Die Kompetenz, Ideen zu bewerten, erfordert die Kompetenz, sich selbst einschätzen zu können. Wir haben bereits gesehen, dass Einschätzungen über die Vergangenheit stark von den tatsächlichen Ereignissen abweichen können. Die allerwenigsten Menschen sind gut darin, innovative Erfolge vorherzusehen, was eine viel schwierigere Aufgabe darstellt. Prognosen über die Zukunft sollten besser aus Gewohnheitsdaten der Vergangenheit abgeleitet werden, denn valide und reliable Daten lügen nicht. Sobald wir um Einschätzungen bitten, spielen Emotionen und persönliche Wertevorstellungen eine Rolle, die das Bigger Picture verzerren.

Distinction Bias oder *Relativity Bias:* Unabhängige Beurteilungen von Ideen gibt es nicht, es braucht objektivierte Kriterien, um möglichst objektiv entscheiden zu können. Sie müssen frei von mentalen, emotionalen oder persönlichen Ankern sein. Gerade bei Möglichkeiten mit verschiedenen Ausprägungen entscheiden wir uns für einen Kompromiss oder die mittlere Lösung.

Execution – umsetzen, experimentieren, scheitern, lernen

Woran scheitern gute Ideen? Großkonzerne besitzen eine Vielzahl an Ideenvernichtungswaffen. Gruppendenken formt Informationssilos, in denen sich Gleichgesinnte austauschen. Diese Gruppen nisten sich ein, sogenanntes *Cocooning,* und verursachen transparente Barrieren, die die Kommunikation einschränken. Neue Ideen verbreiten sich kaskadenartig im eigenen Silo. Die Popularität einer Idee wächst rasant an, denn die Widerstände sind, wenn überhaupt, nur gering oder schnell beseitigt. Eine kritische und qualitative Evolution neuer Ideen findet nicht statt. Schon diese wenigen Beispiele verdeutlichen, wie leicht der Innovationsprozess blockiert werden kann. In der Execution steht wie in der Evaluation die Qualität der Resultate im Vordergrund. Die Evolution der Idee wird vorangetrieben, indem wir anhand unserer Kenntnisse entscheiden, wie eine Idee umgesetzt werden kann, die die Evaluation passiert hat. Diese epistemische Vermittlung erfordert soziale Intelligenz, um Überzeugungsarbeit leisten zu können. Daher müssen wir unser Denken auch an die jeweilige Situation anpassen und zwischen beiden Systemen switchen können. Nicht jeder lässt sich auf gleiche Weise überzeugen. Oftmals müssen auch persönliche Differenzen überbrückt werden. Es muss Klarheit über Rollen und Funktionen herrschen. Nur so können auch vorhandene Informationssilos verbunden werden. Entscheidend für eine erfolgreiche Evolution sind klar zugeordnete Verantwortungen, bei denen möglichst der Vorgesetzte anstelle des ersten Henkers die letzte Bastion einer schlechten Idee repräsentiert.

Illusory Correlation: Treten während der Execution Probleme auf, werden sie der neuen Idee zugeschrieben anstatt dem Projektmanagement. Wir vereinfachen die Ursache-Wirkungs-Beziehung, weil keine objektiven Kriterien für die Probleme ersichtlich sind. Weil wir den vermeintlichen Täter identifiziert haben, nimmt die Vielfalt unsere Lösungsvorschläge ab. „Das haben wir schon probiert" verkommt zur Floskel und verschärft die Frustration. Gleiches gilt für positive Veränderungen der Situation, innerhalb der Organisation oder des Marktumfelds. Sie werden konsequent der Innovation zugeschrieben anstatt den eigenen

Bemühungen. Diese Fehlattribution kann dazu führen, dass Zufallsprodukte mit der eigenen Leistungen verwechselt werden, der *Illusion of Skill.* Dies führt nicht nur zu fehlerhafter Wertschätzung, sondern vernebelt unsere Sicht auf die eigenen Fähigkeiten. Wenn wir Mitarbeiter für etwas loben, für das sie praktisch nicht verantwortlich sind, fällt dieser Denkfehler nicht ins Gewicht. Schlimmer wird es, wenn wir einen Fehler unter den Tisch kehren und ihn als Zufall abstempeln, anstatt ihn zu analysieren und aus ihm zu lernen.

Zero-Risk Bias: Der Wunsch nach Sicherheit und Prognostizierbarkeit von Risiken wird hier auf die Spitze getrieben. Wir investieren alles, was nötig ist, um maximale Sicherheit zu gewährleisten. Anstatt weiterhin nach Lösungen zu forschen, die gewisse Risiken einfach irrelevant erscheinen lassen, fixieren wir uns auf die Absicherung des Status quo. Während der Execution sind Gedanken über unvorhersehbare Risiken fehl am Platz. Schlicht deswegen, weil wir keine Informationen über Risiken besitzen, die wir noch nicht kennen. Deswegen kostet es nur Zeit und Kraft, sich über Was-wäre-wenn-Szenarien den Kopf zu zerbrechen. Je mehr wir abwägen und über Sinn und Unsinn entscheiden müssen, desto stärker setzt die *Decision Fatigue* ein. Entscheidungen benötigen physische Energie. Erschöpfung führt allerdings nicht zum Ziel, sondern zum Verbleib beim Status quo.

Mental Accounting: Wenn wir Geld ausgeben, vermerken wir diese Ausgaben auf unseren mentalen Konten. Der dortige Kontostand entscheidet mit, ob und wofür wir unser Guthaben verbrauchen. Das Budget für unkonventionelle Ideen fällt dabei kleiner aus als das für logisch hergeleitete Konzepte. Die bereits erwähnte *Sunk-Cost*-Problematik besitzt eine gewisse Mitschuld, da die Kosten auf den mentalen Konten auch als Entscheidungsgrundlage herangezogen werden, was höchst irrational ist. Auch die Verlustaversion tritt in unserer mentalen Kontoführung auf. Jedoch stehen sich Gewinne und Verluste buchhalterisch nicht korrekt gegenüber. Unser Kopf weist sie jeweils einzeln auf separaten Konten aus. So rücken Gewinne immer mehr in den Hintergrund, mögliche Chancen werden automatisch abgewertet und wir verharren im Status quo. Die Kommunikation entscheidet über die psychologische Kontoführung. Neben getätigten monetären Investitionen wird auch Buch über verfügbare und verbrauchte Zeit geführt. Unser Zeitkonto plant prinzipiell mehr Zeit für die alltäglichen Dingen ein als für die Erforschung von Neuem. Unternehmen müssen das mentale Kontosystem umstellen und zeitraubende Routinetätigkeiten bestmöglich automatisieren, um ein Guthaben bereitzustellen, das aus Leistungsdruck Zeitdruck werden lässt.

Planning Fallacy: Zeitmanagement ist ein alltägliches Thema. Der neue Berliner Flughafen lässt grüßen. So sehr wir das mangelhafte Zeitmanagement bei Großprojekten belächeln, so unkritisch sind wir gegenüber unseren eigenen Differenzen. Wir quantifizieren unser „Versagen" nicht und verschätzen uns bei den Terminierungen von Abgabeterminen, benötigten Personalressourcen und allem, was dazu gehört. Der *Overconfidence Effect* hat wieder zugeschlagen. Wir investieren nicht ausreichend Zeit, um über unvorhersehbare Schwierigkeiten zu diskutieren, die unbekannten Unbekannten. Ferner beleuchten wir ähnliche Projekte zu wenig, um Informationen über Risiken und Best Practice zu sammeln. Optimieren Sie Ihr Wissensmanagement, indem Sie sich eine Liste erstellen, die Ihnen knallhart ihre eigenen Differenzen zwischen Deadline und tatsächlicher Abgabe aufzeigt. Notieren Sie sich hilfreiche und weniger hilfreiche Methoden.

Beim *Reference Class Forecasting* soll aus Vergangenheitsdaten eine Schritt-für-Schritt-Anleitung entwickelt werden, um sich vom Wunschdenken über die optimale Planung zu verabschieden. Im besten Fall können Sie so in der Execution schon kostspieligen Maßnahmen vorbeugen. Besonders bei bereits überzogenen Deadlines wird zusätzliches Personal akquiriert, um das Projekt so schnell wie möglich zu beenden. Dabei wird geschickt übersehen, wie zeitintensiv die Einarbeitungszeit der neuen Teammitglieder ausfallen kann.

Availability Heuristic: Innovationen entstehen dann, wenn die Evolution Kombinationen von Ideen hervorbringt, die uns bisher nicht ersichtlich waren. Diese Ambiguität führt unweigerlich zu der Frage nach der Machbarkeit. Weil uns aber keine Informationen über mögliche Märkte und Zielgruppen vorliegen, versuchen wir eine Entscheidung hinauszuzögern. Die Ausgangsfrage „Kann das klappen?" entwickelt sich zu „Kann ich mir das vorstellen?" und hebt die Execution auf eine persönliche Ebene. Missglückt diese Vorstellung, führt dies zur Ablehnung. Eine für uns geltende Wahrheit wird mit an Sicherheit grenzender Wahrscheinlichkeit von einer Mehrheit getragen. Dieser Trugschluss, *Introspection Illusion,* kann die Execution ruinieren, da wir gravierende Qualitätseinbußen verzeichnen müssen. Gegner unser allgemeingültigen Wahrheit werden als ignorant, dumm oder boshaft abgestempelt.

Information Bias: Wir fürchten uns davor, eine Entscheidung nicht gewissenhaft genug abgewägt zu haben. Also karren wir sämtliche Informationen, Spezialisten und Studien heran. Es entstehen unnötige Verzögerungen, weil Informationen oder Entscheidungen herangezogen werden, die für das Handeln und Testen nicht nötig sind. Diese zusätzlichen Informationen können dazu führen, dass bisher überzeugte Personen von der ursprünglichen Meinung Abstand nehmen und der Zweifel weiter wächst. Wer sich selbst und seinem Team nicht zutraut, Entscheidungen gegenüber unbegründeten Widerständen zu verteidigen oder Fehler einzugestehen, sollte seine Position möglicherweise überdenken.

Gute Ideen sind kein Zufall

6

Zusammenfassung

Was braucht eine funktionierende Innovationsstrategie? Auf welcher Ebene müssen wir ansetzen, um wirklich innovativ zu werden? Müssen wir Organisationen verändern, Teams umbauen oder Individuen trainieren? Was lohnt sich? Wo liegt der größte Hebel? Was macht eine gute Innovationskultur aus? Wie viel Mut braucht es? Und welche Ängste müssen wir überwinden? Was genau macht Innovation in komplexen Organisationen so schwierig? Wie können Lösungsansätze aussehen?

Puzzlen im Sturm, bei Dunkelheit und völliger Ahnungslosigkeit

Können Sie sich vorstellen, über welche Technologien wir in zehn Jahren lachen werden? Genau diese Vorstellung ist es, die moderne Organisationen von ihren Mitarbeitern erwarten müssen, um dem enormen Druck einer immer schneller voranschreitenden Evolution von Ideen standzuhalten. Denn wir müssen uns klarmachen, dass Unternehmen kommen und gehen, weil sie einem Zweck dienen. Sobald sie diesen Zweck nicht mehr erfüllen, werden sie verschwinden.

Innovation in unserer chaotischen Welt bedeutet vor allem kontinuierliche Anpassung und Veränderung. Kein Unternehmen wird für die Ewigkeit gebaut. Wahrscheinlich können wir uns darauf einstellen, dass unter den globalen S&P-500-Unternehmen in 20 Jahren nur noch Unternehmen sein werden, die wir heute noch nicht kennen, weil sie noch gar nicht existieren.

© Springer Fachmedien Wiesbaden GmbH 2017   133
C. Burkhardt, *Denkfehler Innovation*,
DOI 10.1007/978-3-658-11188-5_6

Zwei Gründe, warum Menschen Veränderung in ihrer Geschwindigkeit unterschätzen: 1) Was es schon lange gibt, wird es auch noch lange geben. Auf der anderen Seite bedeutet das, dass wir nicht zu voreilig schließen dürfen, dass Unternehmen, die es schon lange gibt (so wie einige meiner Klienten), auch in der Zukunft existieren. 2) Was heute unglaublich erfolgreich ist, wird es auch morgen noch sein (Google, Facebook, Starbucks). Viel häufiger, als uns lieb ist, tappen wir in eine der beiden Fallen. Die Konsequenz? Wir sind zu langsam, zu vorsichtig oder nicht gut genug positioniert.

In unserer Welt braucht es bessere Schätzungen, da Wissen aufgrund der enormen Geschwindigkeit rar wird. Menschen machen Fehler beim Schätzen, manche sind größer, andere kleiner. Manche dieser Fehleinschätzungen brauchen wir, andere müssen wir kompensieren. Innovationen zu managen bedeutet, in kürzester Zeit zu erkennen, wie Mitarbeiter gerade denken, und Prozesse so zu steuern, dass es nicht zu den Fehlern kommt, die Fortschritt verhindern oder das totale Ausfallrisiko in Kauf nehmen.

Wie baut man eine Innovationsstrategie?

Auch wenn Innovation als strategischer Pfeiler auf den Fahnen vieler Unternehmen nicht neu ist, fehlt es auf den zweiten Blick an so ziemlich allem, was eine gute Innovationsstrategie ausmacht.

Zunächst muss Innovation als strategisches Ziel definiert sein. Dieses Ziel ist also kein Wert. Es gehört auch nicht in den Bereich Unternehmenskultur. Innovation gehört zum Kerngeschäft von Unternehmen des 21. Jahrhunderts. Im nächsten Schritt muss eine Innovationsstrategie her – und das ist etwas vollkommen anderes. Selbst junge Unternehmen haben oft keine genaue Vorstellung, wie sie dafür sorgen werden, dass ihr Unternehmen innovativ bleibt. Wie genau wollen sie dafür sorgen, dass sie wirklich innovativ arbeiten werden? Nach meiner Erfahrung sind die Unternehmen, die sich Innovation zum Ziel setzen, aber nie in eine Strategie verwandeln, noch weniger adaptiv und überlebensfähig als Unternehmen, die zwar ebenfalls keine Innovationsstrategie haben, aber sich das Thema auch nicht auf die Fahne schreiben. Der Grund liegt in der Rechtfertigung von Innovation als Wert, als Überzeugung und Einstellung.

Innovation ist keine Lebenseinstellung. Sie braucht strategische Durchsetzungskraft, kostet Ressourcen, und nicht alle Mitarbeiter sind geeignet, in innovativen Unternehmen zu arbeiten. Ich schreibe dies in aller Deutlichkeit, da tatsächlich zu einer strategischen Entscheidung über die Implementierung von Innovation im Unternehmen Personalfragen zu klären sind. Und wie in anderen

strategischen Bereichen einer Unternehmung, so gibt es auch mit der Innovationsstrategie unvereinbare Sichtweisen von Mitarbeitern, die mit Veränderungen nicht
mithalten wollen oder können. Und das kann sich ein Unternehmen nicht lange
leisten. Wer auf Innovation setzt, muss Opfer bringen. Wer nicht auf Innovation
setzt, opfert sich selbst.
Wie also bauen wir eine Innovationsstrategie? Eine, die auch in einigen Jahren
noch funktioniert? Leider entscheiden sich viele Unternehmen – darunter auch
einige meiner Klienten – für ein faktisches Outsourcen von Innovation. Dabei
werden Innovatoren eingestellt oder Start-ups gekauft, die mit dem Unternehmen bisher wenig zu tun hatten. Diese Gruppe wird dann Innovation Hub oder
Innovation Center genannt und möglichst weit vom Unternehmen angesiedelt,
etwa in Berlin. Das Management erhofft sich durch die Innovatoren, die in Berlin
„herumspinnen", neue Ideen und Innovationen, die dann im Unternehmen umgesetzt werden. Es ist mir ehrlich gesagt ein Rätsel, wie Unternehmen dies heute als
Innovationsstrategie verkaufen können oder, noch schlimmer, es tatsächlich für
eine effektive Maßnahme halten können. Hier sind fünf Gründe, warum das nicht
funktionieren kann:

1. Die Ausgangsbasis für erfolgreiche Innovationen sind Ideen, die Bestehendes
   weiterentwickeln, neu kombinieren und Reaktionen auf Trends formulieren,
   mit denen sich das Unternehmen innovativ positionieren kann. Dazu braucht
   es Kenntnisse über das Unternehmen, denn wie sollen denn Ideen entwickelt
   werden, die im Unternehmen umgesetzt werden, wenn ich das Unternehmen
   nicht von innen kenne?
2. Ein isolierter Innovationsklub stößt effektiv keine Ideen im Konzern an. Die
   Evolution von Ideen passiert also außerhalb des Unternehmens, das dann
   lediglich mit dem Ergebnis arbeiten kann, einer fertigen Idee, die wenig Bezug
   zum Unternehmen hat. Dabei waren keine Mitarbeiter beteiligt – und das wird
   man den Ideen anmerken.
3. Innovationen machen ein Unternehmen als Arbeitgeber attraktiver. Aber nur
   dann, wenn glaubhaft ist, dass das Unternehmen auch wirklich innovativ ist und
   ich demnach als Bewerber in meinem zukünftigen Job an Innovationen mitarbeiten kann. Das ist nicht der Fall, wenn Innovation nicht im, sondern außerhalb
   des Unternehmens angesiedelt wird. Für zukünftige Führungskräfte entsteht
   also unweigerlich der Eindruck, dass Innovation nicht zur täglichen Arbeit
   gehören wird und etwas ist, was man sich zwar auf die Fahne schreibt, aber mit-
   wirken dürfen nur Leute, die eigentlich nicht zum Unternehmen gehören.
4. Langfristig werden durch diesen Imageschaden Innovatoren abgeschreckt, überhaupt im Unternehmen zu arbeiten. Es werden also immer wieder Menschen

eingestellt, die gar kein Interesse an Innovation haben. Das sind genau die Leute, die garantieren, dass es auch zu keinen Innovationen kommen wird, selbst wenn die „Herumspinner" mit Ideen kommen. Die werden dann eben ignoriert, belächelt oder gleich tot diskutiert.

5. Innovation in wenige Hände zu legen oder besser noch auf wenige Köpfe zu verteilen, sorgt für eingeschränkte Problemräume, also zu kleine Boxen. Ideen leben von der Diversität im Denken, und die ist statistisch einfach wahrscheinlicher, wenn mehr Menschen am Prozess beteiligt sind. In der Ideation lohnen sich mehr Stakeholder im Prozess, weil die Assoziationsbreite einer großen Gruppe fast immer größer ist als die eines kleinen Teams. In der Evaluation lohnt sich die große Gruppe durch ihre kollektive Intelligenz, also die Fähigkeit, durch individuelle Bewertungen aggregierte Evaluationen zu erhalten, die aussagekräftiger und prädiktiver sind als die Bewertungen einer Handvoll Experten. Selbst in der Execution braucht es viele Köpfe, denn ohne Unterstützer geht jede noch so gute Idee unter. Der Tipping Point für lückenlose Umsetzungsbereitschaft muss also zunächst im Unternehmen erreicht werden. Dann erst können Projektteams Verantwortung übernehmen und die Umsetzung starten. Ohne Rückhalt will doch keiner Hochrisikoprojekte umsetzen. Der Rückhalt entsteht einerseits durch den Vorstand, aber noch wichtiger ist der Rückhalt von Mitarbeitern auf allen Ebenen und in allen Bereichen des Unternehmens. Bei isolierten Innovationsteams ist der Rückhalt im Unternehmen quasi ausgeschlossen. Zumindest ist er viel zu unwahrscheinlich, um es zu versuchen.

Was muss also stattdessen passieren? Wie kann eine Innovationsstrategie aussehen, die glaubwürdig und effektiv für Innovationen sorgt? Dazu muss Innovation zum kollektiven Ziel eines Unternehmens werden. Und das ohne Ausnahmen. Es darf nicht in einer neuen Abteilung untergehen, nicht in irgendwelchen Projektgruppen versanden. Natürlich kann es ein Innovation Center oder einen Hub geben, dessen Aufgabe die Umsetzung der Innovationsstrategie im Unternehmen ist. Aber Innovationen selbst müssen zur Arbeit eines jeden Mitarbeiters werden. Wie einst die flächendeckende Einführung von IT-Systemen in Unternehmen große Bedeutung Erfahrung hat, wird jetzt das Thema Innovation auf viele Unternehmen zukommen. Natürlich wird das nicht über Nacht gehen, so wie der Übergang von analogen Prozessen zu digitalen auch in den meisten Unternehmen Zeit gekostet hat. Mitarbeiter müssen akzeptieren dürfen und das braucht Zeit.

Aber Innovation muss zur Eigenschaft aller werden, ein adaptives Grundgerüst mit dem Verständnis, dass die Welt kontinuierlich die Fähigkeit verlangt, sich selbst neu zu erfinden. Veränderungen werden immer weiter Arbeitsalltag werden, und wer adaptive Unternehmen will, braucht ein Grundverständnis von Innovation, so wie wir Word, Excel und Powerpoint beherrschen müssen, egal, wo im Unternehmen wir arbeiten wollen. Einen Computer überhaupt nicht bedienen zu können, ist keine Option. Kaum noch Jobs sind übrig, in denen nicht zumindest ein Grundverständnis von Computern vorausgesetzt wird. Gleichzeitig sieht das im Innovationsbereich noch anders aus. Stellen Sie sich vor, die IT-Abteilungen wären die einzigen, die Computer bedienen könnten, und alle würden ihre analogen Dateien dort abladen, um sie digitalisieren zu lassen. Die IT-Abteilungen würden über Nacht zu den größten und wichtigsten Abteilungen aller Unternehmen. IT ist genau deswegen so mächtig, weil jeder Mitarbeiter sie benutzt und als Werkzeug einsetzt. Und die Einführung einer solchen Technologie geht nicht ohne Widerstand vonstatten. Viele Mitarbeiter sehen nicht ein, warum sich die neue Software lohnt. Und trotzdem gibt es gute Gründe, sie einzuführen. Und genau so ist das eben bei Innovationsstrategien auch. Die Systeme, die gebraucht werden, sind schwer zu lernen, aber mächtig in den Händen von Mitarbeitern, die sie zu beherrschen wissen.

Wir haben gelernt, Computer für unsere Arbeit einzusetzen und ihre Software zu beherrschen. Jetzt ist es an der Zeit, zu lernen, unser Denken für Innovation einzusetzen und ihre Funktionsweise zu beherrschen. Menschliche Kognitionen sind das mächtigste Werkzeug überhaupt, und doch haben die meisten Menschen nie gelernt, es professionell für Fortschritt zu nutzen. Eine Innovationsstrategie muss genau das zum Ziel haben.

Effektive Innovationsstrategien erfordern eine starke Basis mit drei Eigenschaften

Divers – die Strategie unterstützt die Unterschiedlichkeit von Assoziationen

Fünf sehr unterschiedlich denkende Mitarbeiter sind funktionaler als 25 Mitarbeiter mit sehr ähnlichen Problemlösestrategien. Dabei geht es nicht um offensichtliche Unterschiedlichkeit wie Hautfarbe oder Geschlecht, sondern um die Herangehensweise an das vorliegende Problem sowie das Wissen, das eine Person mitbringt. Tatsächlich spielt der Hintergrund eine wichtige Rolle im Wissen einer Person. In vielen Fällen allerdings ist die Ausbildung weniger entscheidend als beispielsweise, in welchem Freundeskreis sich eine Person bewegt, welche Hobbys für zusätzliches Wissen sorgen oder welche Bücher jemand bevorzugt. Diese *Deep-Level-Diversity*-Faktoren sind oft bessere Indikatoren für die tatsächliche Diversität einer Gruppe und damit ihrer Assoziationen.

Diversität zwischen Personen ist ein Politikum und wird oft für Innovations-
fähigkeit verantwortlich gemacht. Tatsächlich geht es aber um die Unterschiedlichkeit von Assoziationen, die zu einer bestimmten Fragestellung auf dem Tisch
landen. Solange alle auf die gleiche Idee kommen, ist garantiert, dass sich auch
alle schnell einigen, dass diese Idee gut ist. Das muss aber überhaupt nicht der
Fall sein. Diversität von Meinungen, die auf Assoziationen basieren, ist also nicht
nur Garant für mehr Ideen und breiter gestreute Ideen, sondern auch für einen
besseren Auswahlmechanismus.

Global – die Strategie unterstützt den Weitblick und erlaubt Ausflüge in unbekanntes Terrain

Trends und Marktentwicklungen sind in den wenigsten Fällen wirklich überraschend. Jedenfalls sind sie keine Überraschung für diejenigen, die die Augen
offenhalten und sich in alle Richtungen umsehen. Eine globale Perspektive
bedeutet, ein kulturübergreifendes Verständnis für Innovation zu entwickeln.
Innovation lässt sich nicht logisch ableiten, weil Menschen nur einen lokal
begrenzten Ausschnitt der Realität wahrnehmen. Diesen Rahmen zu sprengen, ist
Aufgabe einer guten Innovationsstrategie. Neue Ideen kommen von überall und
sie entwickeln sich über viele vollkommen unterschiedliche Kontexte hinweg.

In einer globalisierten Welt kann ein autonomes Fahrzeug am einen Ende
der Welt bereits auf der Straße fahren, während es am anderen Ende noch keine
Elektrizität gibt, aber die Idee eines autonomen Fahrzeugs kommt auch in den
entlegensten Gegenden schneller an, als wir steuern können. Die Idee kann dann
vor Ort alle möglichen Assoziationen und Entwicklungen auslösen, die für lokale
Innovation sorgen. Das Gleiche kann in westlichen Unternehmen passieren, wenn
Mitarbeiter lernen, mit offenen Augen auf ihr Umfeld zu achten und sämtliche
Informationen als Input zu verstehen. Gespräche an der Supermarktkasse, Werbe-
spots und Popmusik sind Beispiele für sehr gute Quellen innovativer Assoziationen. Wir müssen nur genauer hinsehen.

Systemisch – die Strategie bewegt das Denken von Mitarbeitern weg von Produkten hin zu Systemen

Produkte und Dienstleistungen werden nicht verkauft für das, was sie sind, sondern für das System, in dem sie Mehrwert erzeugen. Wir legen uns keinen Netflix Account zu, weil wir Filme mögen. Netflix ermöglicht uns im System von

Flachbild-Fernseher, großer Videoauswahl, smarten Algorithmen und einfacher Bedienung die Erfahrung, die wir assoziativ schon von klein auf aus dem Kino kennen. Wären wir als Kinder nicht ins Kino gegangen, würde Netflix heute wahrscheinlich vollkommen anders aussehen. Die Frage ist also nicht, was eine Innovation ist, sondern in welchem System sie funktioniert.

Dieses systemische Denken lässt sich auf die gesamte Organisation übertragen, denn nicht nur das Enttarnen von neuen Produkten ist systemisch. Die Organisation selbst ist ein System. Veränderungen in diesem System ziehen weitreichende Konsequenzen nach sich. Einen Mitarbeiter zu entlassen, der seine Arbeit nach gegebenen KPIs nur mittelmäßig erfüllt, gleichzeitig aber für die Kultur und Atmosphäre in einem Team unabkömmlich ist, hat möglicherweise weitreichende Konsequenzen für die gesamte Produktivität eines Teams. Wir behandeln Unternehmen zu oft als Sammlung von Individuen, die in Koordination, aber eigenständig ihre Aufgaben erfüllen. Tatsächlich sind Organisationen aller Größe komplexe Systeme mit Strukturen, die systemisches Verständnis erfordern.

In der gleichen Art und Weise verlangen Innovationen heute ein Verständnis für die Systeme, in denen sie entstehen und entwickelt werden, sowie ein Verständnis für die Systeme, in denen wir Nutzer letztendlich ihren Mehrwert realisieren.

Die Innovativität eines Unternehmens hängt von zahllosen Faktoren ab. Viele dieser Faktoren lassen sich beeinflussen, andere nicht. Wir können durch strategische, ganz gezielte Eingriffe in Struktur und Prozesse die Wahrscheinlichkeit für Innovation in einer Organisation erhöhen. Ein Rezept für Innovativität gibt es allerdings nicht. Die Nachfrage nach einer Rezeptlösung offenbart die Unkenntnis und das mangelnde Verständnis für Innovationsprozesse. Viele meiner Klienten wenden sich an mich mit der Bitte um Werkzeuge und Methoden für innovative Ergebnisse. Die gibt es natürlich zuhauf. Kreativitätstechniken haben aber nicht den Zweck, Innovation zu treiben, sondern Denken zu verändern. Strukturell anders zu denken erfordert im Endeffekt jedoch so viel mehr Einsatz und Aufwand, dass Techniken überhaupt nichts bringen, solange sie der einzige Baustein im Innovationsprozess bleiben. Das ist vergleichbar mit der Aufgabe, ein Haus zu bauen, und alles, was Sie bekommen, ist einen Spaten und einen Hammer. Damit können Sie nicht einmal gezielt loslegen, und die Wahrscheinlichkeit, dass Sie ein Haus zusammenbekommen, geht gegen null.

Werkzeuge sind nicht das Problem. Werkzeuge helfen, aber sie sind nur ein kleiner Teil von dem, was Unternehmen und Organisationen im 21. Jahrhundert brauchen, um innovativ zu bleiben. In jahrelanger Auseinandersetzung mit Ideen und kommerziellen wie auch nicht kommerziellen Innovationen ist mir noch keine Innovation begegnet, die jemand mit einer Kreativitätstechnik entwickelt, bewertet und umgesetzt hätte. Wenn das gelingt, halte ich es schlicht für einen statistischen Zufall. Auf der anderen Seite bedeutet das natürlich nicht, dass Unternehmen nicht in die Kreativitätsschulung von Mitarbeitern investieren sollten. Ganz im Gegenteil: Innovationstools zu trainieren ist unabdingbar, aber Techniken produzieren keine Innovationen. Menschen trainieren eine neue Art, zu denken, die in einigen Fällen zu vollkommen neuen Ansätzen und Sichtweisen führt. Das durch langes Training entwickelte neue Mindset ist dann in der Lage, Innovationen zu schaffen. Techniken, Methoden und Tools erschaffen keine Ideen. Menschen tun dies. Und Menschen arbeiten in einem bestimmten Mindset, einer bestimmten Komfortzone und einem Modus Operandi. Die Herausforderung, ein Unternehmen innovativer zu machen, besteht darin, Menschen zu verändern. Wenn Sie ein Haus bauen wollen, brauchen Sie mehr als Spaten und Hammer. Sie brauchen Wissen, Fertigkeiten, einen Plan, Vorstellungsvermögen und Frustrationstoleranz.

Menschen verändern sich nicht gerne. Und man kann sie nicht von außen ändern. Aber wir können durch bestimmte Faktoren dafür sorgen, dass sich Menschen verändern wollen. Keine Organisation der Welt wird innovativ, weil sie soll oder muss. Organisationen werden innovativ, weil sie das wollen. Ohne Volition keine Innovation.

Innovationsstrategie in Aktion

Was genau getan werden kann, um das innovative Potenzial einer Unternehmung zu erhöhen, ist kompliziert. Aber einige Ansätze machen Sinn und stehen auf wissenschaftlich vertretbarer Basis. Angriffsflächen liegen in der Organisation, dem Team und dem Individuum. Idealerweise umfasst eine Innovationsstrategie alle drei Ebenen.

Organisationen auf dem nächsten Level

Ein Faktor bestimmt das Innovationspotenzial von Organisationen wie kein anderer: die Diversität der Ideen, die innerhalb der Organisation produziert werden. Denken Sie an eine Population von Tieren einer bestimmten Spezies. Angenommen, ein vollkommen unbekannter Virus taucht auf und infiziert einige Exemplare der Spezies. Wenn alle anderen Exemplare den gleichen oder sehr ähnlichen genetischen Code in sich tragen, wird der Virus innerhalb kurzer Zeit die gesamte

Spezies auslöschen. Das liegt zum einen daran, dass der Virus so mutiert, dass er maximal effektiv angreift. Gleichzeitig erliegt die Spezies dem Virus wegen mangelnder Anpassungsfähigkeit. Deswegen sind Biodiversität und genetische Vielfalt für unser Überleben von elementarer Bedeutung, und Vielfalt ist nicht einfach eine gute Sache, die wir aus moralischen Gründen unterstützen müssen. Vielfalt ist die Basis für Fortschritt und damit unser Überleben. Je unterschiedlicher der genetische Code unserer Ideen, desto eher werden wir Angriffe und Herausforderungen überstehen. Nicht alle unserer Ideen werden überleben, aber genau die, die es schaffen, retten uns am Ende.

Unternehmen leben von der Diversität der Ideen ihrer Mitarbeiter. Einen gravierenden Denkfehler erlebe ich nahezu täglich bei der Frage nach Diversität. Während kaum noch jemand Diversität kategorisch ablehnt (Organisationen, die das getan haben, sind größtenteils verschwunden), bestehen in der Umsetzung einige Mythen, die zu seltsamen Strategien führen.

Diversität ist keine Eigenschaft, die auf menschliche Gruppen beschränkt ist. Die Produkte auf Amazon ebenso wie die Meinungen in politischen TV-Sendungen und alle anderen Kategorien, in denen wir Vielfalt wollen, lassen sich als mehr oder weniger divers beschreiben. Und dennoch ist unser Blick auf Diversität seltsam auf Menschen fixiert. Um das ganz plakativ zu machen: Wenn Sie den Vorstand eines Unternehmens zur Hälfte mit Frauen besetzen, haben Sie die Diversität des Vorstands nicht erhöht. Ganz im Gegenteil. Die Anpassungsfähigkeit leidet möglicherweise gerade unter einer geringeren Diversität. Bevor wir den Grund hierfür erkennen können, müssen wir genauer hinsehen.

Diversität besteht in der Vielfalt an Wissen, Erfahrungen und Überzeugungen. Je größer die Unterschiede auf diesen drei Dimensionen zwischen Menschen sind, desto diverser ist die Gruppe. Hier ein Gedankenexperiment: Angenommen, Sie haben eine Gruppe von 20 Frauen, alle um die 50 Jahre alt. Alle haben in Deutschland ein wirtschaftsnahes Studium mit überdurchschnittlichen Leistungen abgeschlossen, alle haben im außereuropäischen Ausland Arbeitserfahrung gesammelt, und alle arbeiten seit mehr als zehn Jahren in der gleichen Industrie, mit großem Erfolg. Wie in den meisten Industrien bestehen die Vorstände auch in dieser Industrie zum Großteil aus Männern. Ein Unternehmen will das ändern. Der Vorstand dieses Unternehmens besteht aus Männern im Alter zwischen 35 und 65 Jahren. Der Studienhintergrund variiert von Medizin über Ökonomie bis zu Musikwissenschaften. So kommen auch die meisten auf ganz unterschiedlichen Wegen ins Unternehmen, kaum einer ist noch in seiner Ursprungsindustrie. Die Hälfte des Vorstands wird nun durch Frauen aus unserer Gruppe besetzt. Was passiert? Steigt oder sinkt die Diversität des Vorstands und damit seine Anpassungsfähigkeit? Leider sehr eindeutig: Die Diversität sinkt. Und das wäre bei einem weiblichen Vorstand, der zur Hälfte durch ähnliche Männer ersetzt wird, natürlich genauso. Diversität durch Geschlechterdurchmischung zu erzeugen, geht häufiger nach hinten los, als uns lieb sein kann.

Auch wenn das Geschlecht ein unglaublich ausschlaggebender Faktor für Berufserfolg und zahlreiche andere individuelle Dimensionen ist, stellt das Geschlecht einen überaus schlechten Indikator für die Diversität einer Gruppe dar. Wir haben es mit einem Missverständnis des Begriffes zu tun. Diversität heißt nicht, eine faire, ausgewogene oder gerechte Gruppe zusammenzustellen. Wenn das das Ziel ist, gehören Vorstände natürlich durchmischt. Wenn es allerdings darum geht, eine Gruppe Menschen innovativer zu machen, indem man Wissen, Erfahrungen und Überzeugungen durchmischt, wird man das durch eine Geschlechterparität nicht erreichen. Die Diversität an der Oberfläche ist ein schlechter Indikator der tatsächlichen Diversität im Denken. Und genau diese tiefer gehende Diversität zählt für Innovativität eines Teams – und nur sie.

Nur weil Sie Diversität sehen können, muss sie nicht unbedingt da sein. Nehmen Sie beispielsweise viele Unternehmensberatungen und ihre Schwäche, innovative Lösungen zu generieren. Diese Schwäche beruht auf einer Rekrutierungsstrategie, die mögliche Kandidaten nicht nach Diversität zusammensetzt, sondern nach den exakt gleichen Kriterien für jeden Einzelnen. Das macht die agierenden Berater schnell und leistungsfähig, aber sorgt zwangsläufig für geringes kreatives Potenzial. Unternehmen, die ihre Kandidaten heute aus Tradition immer noch aus dem gleichen Studiengang derselben Top-Universität rekrutieren, begehen einen dramatischen strategischen Fehler. Sie erhalten nicht nur eine Gruppe an Kandidaten, die trainiert wurden, gleich zu denken. Sie erhalten eine Gruppe Menschen mit sehr ähnlichem Wissen, ähnlichen Erfahrungen und ähnlichen Überzeugungen. Diese Strategie gefährdet ganz aktiv das Überleben des Unternehmens.

Teams mit klaren Strukturen und chaotischen Ideen

Neben der Organisationsebene lohnt es sich auch, die Ebene von Teams zu beobachten, wenn es um Faktoren geht, die Innovation entweder begünstigen oder verhindern. Als dynamisches Bindeglied zwischen dem Einzelnen und dem großen Ganzen entscheiden insbesondere Subgruppen in Unternehmen über das Überleben oder Sterben von Ideen. Nahezu alle organisationalen Entscheidungen werden in Gruppen getroffen. Selten entscheidet ein Individuum alleine, selbst der CEO nicht, auch wenn wir fälschlicherweise manchmal den Eindruck gewinnen, vermittelt durch die Tatsache, dass es Individuen sind, die Verantwortung tragen für Entscheidungen. Menschen treffen Entscheidungen ungern alleine. Wir sind soziale Tiere mit dem Bedürfnis, unser Wissen und Denken zu validieren, also andere zur Bestätigung unseres Wissens und unserer Erfahrung zu nutzen. Aus dem Zwang, uns sozial auszutauschen, entsteht eine Reihe bereits beschriebener Probleme. Zwei seien an dieser Stelle noch einmal erwähnt:

Erstens ergibt sich im Bereich Innovation schnell und häufig Verantwortungs-diffusion. Risikobehaftete, also unsichere Projekte will sich keiner auf die Fahne schreiben. Im Falle eines Nicht-Gelingens bestehen häufig die gleichen organisationalen Sanktionen wie beim Scheitern von vorhersagbaren, wenig riskanten Vorhaben. Auf der Liste der beliebten Sanktionen stehen an erster Stelle Sanktionen, die die individuelle Karriere betreffen. Wer schwierige Projekte übernimmt und damit das Risiko verantwortet, läuft insbesondere in deutschen Unternehmen Gefahr, im Falle eines gescheiterten Projektes in Zukunft nur noch stark eingeschränkt Verantwortung übernehmen zu dürfen. Dabei macht es in den meisten mir bekannten Fällen keinen Unterschied, wie hoch die Wahrscheinlichkeit war, dass das Projekt scheitert beziehungsweise wie viel Risiko durch die Komplexität beispielsweise eines unvorhersagbaren visionären Produktes entstehen würde. Die organisationalen Sanktionen unterscheiden nicht zwischen dem Scheitern in einem Hochrisiko- versus einem Niedrigrisikoprojekt. Natürlich werden erfolgreiche Risikoprojekte im Nachhinein gefeiert, auch mehr, als das bei weniger riskanten oder komplexen Vorhaben der Fall ist. Aber im Falle eines gescheiterten Projektes sind die Sanktionen die gleichen. Das sorgt zwangsläufig dafür, dass auf individueller Ebene nach einer Weile keiner mehr Risikoprojekte übernehmen will.

Da Innovationsprojekte fast ausnahmslos riskante – da unvorhersehbare – Projekte darstellen, entsteht Verantwortungsdiffusion im Sinne einer Verteilung von Verantwortung über verschiedene Köpfe hinweg. Anders gesagt, spielt sich aufgrund des Widerwillens gegen individuelle Verantwortung eine kollektive Verantwortung ein, bei der im Grunde jeder und keiner verantwortlich ist. In dieser Verantwortungsdiffusion reden alle mit, aber keiner führt an. So versanden viele Ideen und Projekte.

Ein weiteres großes Problem ist der Druck einer Gruppe, Konsens zu erreichen. Insbesondere bei riskanten Vorhaben mit teilweise unabsehbaren Folgen ist das Verlangen, ein einheitliches Urteil zu fällen, eine große Gefahr. Der Gruppendruck, nicht zu verwechseln mit Groupthink, sorgt dafür, dass Gruppen extremere Urteile fällen und Kompromisse eingehen. Je mehr Individuen am Entscheidungsprozess beteiligt sind, desto langsamer, schwerfälliger und am Ende extremer werden Urteile gefällt. Da bei Zukunftsprojekten die Liste der Gründe dagegen gefühlt immer länger ist als die der Gründe für das Risiko, ergibt sich langfristig, dass Innovationsentscheidungen in Teams künstlich verzerrt sind, mit der Tendenz zu Sicherheit und gegen Innovation. Auch wenn sich die meisten Teams Innovation auf die Fahne schreiben, leben die wenigsten Teams eine Kultur, in der Ideen auch nur eine faire Chance haben. Daran ist niemand schuld. Aber es besteht unsere Verantwortung, es zu ändern, wenn es die Situation verlangt. Genau das ist häufiger der Fall, als wir denken.

Passivität bei Gruppenentscheidungen herrscht dann, wenn Individuen ihre Meinung nicht einbringen, weil sie fürchten, angegriffen zu werden, beziehungsweise das Rechtfertigen der eigenen Sichtweise so große Ressourcen an Energie und sozialen Kosten fressen würde, dass diese in keinem Verhältnis zum individuellen oder dem Gewinn für das Team stehen. Es lohnt sich schlicht nicht, sich einzubringen, wenn ich mich danach rechtfertigen und dann auch noch befürchten muss, dass sich Allianzen zu meinen Ungunsten bilden oder ich gar aus bestimmten Gruppen ausgeschlossen werde. Das klingt hart, passiert aber tagtäglich in Unternehmen in der ganzen Welt. Wenn sich Führungskräfte an mich wenden mit der Bitte um Unterstützung, verbringe ich die Hälfte der Zeit damit, Corporate Politics zu verstehen, um Hebel zu identifizieren, die sich überhaupt bewegen lassen. Erst dann kann ich die andere Hälfte der Zeit damit verbringen, Innovation zu ermöglichen. Es ist eine absurde Vorstellung, man könne ohne ein Verständnis für die informellen Prozesse irgendetwas ausrichten. Wer so tut, als seien Unternehmen und die Menschen in ihnen schlicht das, was im Organigramm und der Jobbeschreibung steht, ignoriert nicht einfach nur wichtige Faktoren. Wer so denkt, lebt in einer Traumwelt und hat mit Verlaub eine unfassbare Ignoranz und Blindheit für die Realität entwickelt.

Menschen haben Freunde, Vorlieben, Feinde, sie bilden informelle Allianzen. Sie formen Gruppen, Teams, Netzwerke und mobilisieren Unterstützer. Corporate Politics ist kein Seitenthema, wenn es um die Innovationskraft eines Unternehmens geht. Corporate Politics ist das Thema. Und Teams sind die Einheit, in der Verbindungen, Allianzen, Unterstützung und Widerstand verhandelt werden. Und genau in dieser Einheit entscheidet sich am häufigsten, welche Ideen überleben und welche nicht. Während Teammitglieder, die übrigens auch ganz ad hoc entstehen können, ihren sozialen und organisationalen Status verhandeln, opfern sie Ideen und Vorschläge. Es wird blockiert, gefördert und bewertet.

Individuen als Meister der Selbststeuerung

Individuen müssen sich genauso anpassen, wie es die Strukturen um sie herum tun. Es reicht nicht, wenn sich Organisationsdesign und Teamstrukturen ändern und dazu neue Regeln eingeführt werden, die das Individuum nicht betreffen.

Nichts ist schwieriger, aber auch gleichzeitig effektiver als die Veränderung von Individuen. Tatsächlich muss aber ein sehr großer Aufwand getrieben werden, damit Menschen ihre Überzeugungen ändern. Das haben wir an verschiedenen Stellen dieses Buches bereits gesehen.

In den nächsten Jahren wird die größte Herausforderung für das Individuum darin bestehen, Ambiguitätstoleranz auszubauen und das Ungewisse in die Komfortzone zu ziehen. Was heute noch außerhalb der Vorstellungskraft der meisten Mitarbeiter liegt, wird schneller Realität, als wir absehen können. Wenn die Fortschritte in Robotik und künstlicher Intelligenz in der Geschwindigkeit voranschreiten, wie sie das heute tun, dann ist absehbar, dass Menschen in Unternehmen vollkommen neue Aufgaben bekommen müssen, auf die sie heute noch nicht vorbereitet sind. Es ist leider auch abzusehen, dass die Institutionen, deren Auftrag die Vorbereitung auf diese neue Arbeitswelt ist, kläglich versagen: Unser Bildungssystem hat den Auftrag, immer wieder neue Generationen auf das vorzubereiten, was auf sie zukommt. Bisher hat das ganz gut funktioniert, denn Veränderungen in den Bedingungen einer industrialisierten Welt waren durch die klaren Kriterien von Effizienz und Optimierung gegeben und konnten von gesellschaftlicher und ökonomischer Seite an die Bildungsinstitutionen zurückgegeben werden, die dann Anpassungen vorgenommen haben. Tatsächlich sieht das heute anders aus. Der Grund? Die Geschwindigkeit dieser Anpassungen.

Universitäten sind Tanker, manche von ihnen sinkende Schiffe. Wie in allen Industrien, die dieser Tage Disruptionen erleben, wird sich der Bildungsmarkt radikal verändern müssen, um den Anforderungen einer chaotischen Welt gerecht zu werden. Heute wissen weder Unternehmen noch Bildungseinrichtungen wirklich, was es braucht, und es macht sich eine Art Resignation breit, in der alle unzufrieden, aber ohne Veränderungsdrang vor sich hinarbeiten – scheinbar in der Hoffnung, dass sich Probleme von selbst lösen. Und das werden sie deswegen auch, die Probleme meine ich.

Wie in jeder erschütterten Industrie wird ein heute noch außerhalb stehender Marktteilnehmer Kernaufgaben übernehmen, die er entweder besser oder effizienter bewältigt, als es die Tanker können. Der Disruptor ist gerade deswegen so flexibel und schnell, weil er nicht abhängig ist von einem komplexen Geflecht aus Regulatorien und Auflagen, denen sich Universitäten beispielsweise ausgesetzt sehen. Wenn der Innovator nicht von innen, sondern von außen kommt, sieht es schlecht aus für den Einzelnen im System. Natürlich werden nicht einfach alle Universitäten verschwinden, zumindest nicht über Nacht. Aber wir müssen uns daran gewöhnen, dass nur, weil wir uns das nicht vorstellen können, es nicht trotzdem passiert. Es muss uns klar sein, dass unsere Vorstellungsgabe so sehr mit dem Status quo verknüpft ist, dass wir nicht anders können, als an ihn zu glauben. Noch während meiner Zeit an der London School of Economics hätte ich mir nicht vorstellen können, dass es in London irgendwann keine roten Doppeldeckerbusse und schwarzen Taxis mehr geben würde. Beide sind heute schon eine aussterbende Spezies, abgelöst durch eine neue, besser an Bedingungen der aktuellen Welt angepasste Generation. Ob wir das nun gut finden oder nicht, spielt wahrscheinlich im Endeffekt keine Rolle dafür, dass es trotzdem so kommt. Denn das zeigt sich überall. Eine adaptive Lösung setzt sich langfristig fast immer durch, auch gegen kurzfristige regulatorische, moralisch-ethische oder auch ökonomische Widerstände.

Es ist ohne Zweifel wichtig, dass wir uns immer wieder klarmachen und definieren, in was für einer Welt wir leben möchten. Diese Welt sollten wir dann im Rahmen unserer Mittel erschaffen. Aber diese Welt kann nie die Welt von gestern sein. Die Dinge so zu belassen, wie sie sind, ist nicht die Lösung. Und fast noch wichtiger: Durch regulatorische Maßnahmen Veränderungen zu verhindern, die sich auf eine Welt beziehen, die wir nicht wollen, verzögert Veränderungen, wird sie aber nicht stoppen. Fortschritt ist unaufhaltsam. Und ich will nicht argumentieren, dass das gut oder schlecht ist. Ich will verdeutlichen, dass es sich lohnt, Fortschritt mitzugestalten, anstatt ihn auszubremsen. Denn im Endeffekt werden Menschen mit adaptiven Ideen unsere Welt verändern und nicht Menschen mit guten Argumenten.

Wenn ich meinen Klienten oder wissenschaftlichen Kollegen diese Hypothesen verdeutliche, erlebe ich fast immer die gleiche Reihenfolge an Reaktionen. Erst Verwunderung über meine Sichtweise, dann ein Belächeln meiner Fortschrittsgläubigkeit, gefolgt von Ungläubigkeit über meine Schlussfolgerungen und schließlich die Feststellung, dass ich wahrscheinlich recht habe. In den letzten Jahren habe ich gelernt, nicht zu diskutieren, solange die Sätze meines Gegenübers noch mit „Das glaube ich nicht" oder „Das kann ich mir nicht vorstellen" beginnen. Wir alle haben unsere Vorstellung von der Zukunft. Und die meisten arbeiten an dieser Vorstellung nicht wissenschaftlich, was sie nicht abhält, ihre Meinung kundzutun. Für ein aufgeklärtes Individuum im 21. Jahrhundert gilt immer noch mit Kant, dass der Weg in unsere Zukunft beginnt, wenn wir unsere „selbst verschuldete Unmündigkeit" überwinden. Wenn jeder von uns die Grenzen der eigenen Logik, die eigenen Überzeugungen und die Restriktionen der eigenen Vorstellungskraft zu akzeptieren lernt, hat auch jeder Einzelne die Chance, Innovationen zu schaffen, die zu Durchbruch und enormem Fortschritt führen. Wer auf seiner Sichtweise beharrt, wird kein Innovator.

Erfolgreiche Innovatoren brauchen heute wie auch in den nächsten Jahren eben ganz besonders eines: Ambiguitätstoleranz. Die Fähigkeit, mit Doppeldeutigkeiten, vielen Wahrheiten, Widersprüchen und Inkonsistenzen zu leben, ohne ständig zu versuchen sie aufzulösen. Die Fähigkeit, die eigene Idee nicht durch Widerstand zu vergeuden, sondern im richtigen Moment den richtigen Hebel zu nutzen, um zu Fortschritt und Wachstum beizutragen und eine Welt zu gestalten, in der es uns besser geht als gestern. Und schließlich die Fähigkeit, den großen Unterschied zwischen dem Unvorstellbaren und dem Unwahrscheinlichen zu erkennen.

Exkurs: Warum deutsche Universitäten ihre Existenzberechtigung verlieren

Für über fünf Jahre habe ich an verschiedenen Universitäten in Deutschland und Europa unterrichtet, die längste Zeit davon an der Ludwig-Maximilians-Universität in München. Ich bin Wissenschaftler und begeistert in der Lehre und Ausbildung künftiger Denker und Lenker. Zunehmend musste ich allerdings zusehen, wie Universitäten unter gewaltigen Druck geraten und das System zu wanken beginnt. Es wird sicher noch eine Weile länger dauern, als ich das üblicherweise in Vorträgen prophezeie. Da gebe ich Universitäten noch fünf bis zehn Jahre. Tatsächlich wird das länger dauern, aber ich will, dass denen, die im System Universität überhaupt Entscheidungsgewalt haben, klar wird, dass die Angelegenheit drängt. Wenn Universitäten in Deutschland überleben wollen, müssen sie ihre Strategie fundamental überdenken.

Woran hängt die Existenzberechtigung einer Uni? Ihr Auftrag ist es, Menschen zu bilden. Im Sinne Kants also, Menschen auf ihre selbst verschuldete Unmündigkeit zu stoßen und ihnen den Weg heraus zu zeigen. Oder pragmatisch ausgedrückt: Unis sollen junge Menschen mit dem Wissen und den Fertigkeiten ausstatten, mit denen sie einen spürbaren Beitrag zum Wohle unserer Gesellschaft leisten. Wie dieser Beitrag aussieht, ist ziemlich offen. Weniger offen ist die Tatsache, dass an deutschen Universitäten nicht nur gelehrt, sondern auch geforscht wird. Forschung wird gelenkt durch Institutionen wie die Deutsche Forschungsgesellschaft, die Anträge finanzieren können oder eben nicht. Gleichzeitig ist das Eintreiben von Drittmitteln immer weiter zum Standard geworden. So steuern auch nicht politische Institutionen wie Großunternehmen, welche Forschung wann mit wem betrieben wird und in welche Richtung sich Forschungsparadigmen entwickeln.

Wissenschaftler werden an ihren Publikationen gemessen, und diese wiederum werden danach bemessen, wo sie publiziert werden. Bestimmte Publikationen sind schwer zu bekommen. Es gibt also – üblicherweise nicht mehr als eine Handvoll – Menschen, die als Reviewer in einem Journal darüber entscheiden, ob ein Artikel dem wissenschaftlichen Anspruch des Journals genügt oder nicht. Faktisch entscheiden diese Reviewer aber auch darüber, ob das eingereichte Manuskript zum Verständnis der eigenen Arbeit passt. Da in vielen Disziplinen die Community an Wissenschaftlern sehr klein ist, die sich mit einem bestimmten Teilthema mit Expertise auskennen, ist auch bei einem scheinbar anonymen Prozess abzulesen, welcher Wissenschaftler welches Manuskript eingereicht hat. Vollständige Objektivität gibt es hierbei also nicht.

Wir haben es in jedem Fall mit einer Reihe von Elementen und Funktionen zu tun. Die Uni und ihre Mitarbeiter haben recht klare Funktionen, den Auftrag zu forschen und den Auftrag auszubilden. Im besten Fall besteht eine Relation zwischen der eigenen Forschung und der Lehre, aber das ist nicht immer gegeben. Beginnen wir mit der Lehre, denn an der scheiden sich die Geister. Universitäre Lehre kommt aus einer anderen Zeit und hat den Sprung ins 21. Jahrhundert nicht geschafft. Mit einigen wenigen Ausnahmen hat sich die Lehre trotz enormer Veränderung der Lernbedingungen und -potenziale kaum verändert. Anders ausgedrückt, kam es zu keinerlei evolutionärer Anpassung an den Wandel der Zeit. Ich sage das in seiner Radikalität auch deswegen, weil ich keine Tür offen lassen will für Ausreden. Natürlich haben Universitäten begonnen, Technologie in der Lehre einzusetzen, Vorlesungen per Video online verfügbar zu machen, Inhalte digital aufzubereiten und virtuelle Klassenräume zu nutzen. Aber im Kern sind Elemente und Funktionen weitgehend unverändert geblieben. Eine Vorlesung ist eine Vorlesung, ob sie online passiert oder offline. Ein digitales Skript oder Buch ist immer noch ein Skript oder Buch, auch wenn es jetzt Links enthält, die ich direkt anklicken kann. Und ein Klassenraum ist ein Klassenraum, ganz egal, ob virtuell oder physisch. Die Weiterentwicklung ist zwar da, und, ja, die Regeln sind online ein wenig anders als offline, aber tatsächlich hat die Universität einen einzigen evolutionären Schritt gemacht und sich dabei keinen Schritt aus ihrer Komfortzone bewegt. Gleichzeitig hat die Welt, insbesondere die Arbeitswelt, Hunderte evolutionäre Schritte vorwärts gemacht.

Wie müssten wir Universität angehen, um mitzuhalten? Zur Vereinfachung des Problems ziehen wir vorerst wieder nur die Lehre an deutschen Unis heran. Beginnen wir mit den Elementen und Relationen:

- Eine Universität ist an einem Ort.
- Studierende kommen dorthin, um zu lernen.
- Dozenten unterrichten inhaltliche Bereiche relevanter Disziplinen.
- Studierende wie auch Dozierende sind nach Fächern sortiert.
- Studiengänge bestehen aus Pflicht- und Wahlmodulen.

- Für das vollständige Abschließen eines Studienganges erhalten Studierende ein Zertifikat, ein Diplom oder einen Abschluss.

Und nun nehmen wir noch einige Annahmen aus dem Umfeld universitärer Lehre hinzu:

- Staatliche Akkreditierung sorgt dafür, dass Qualitätsstandards eingehalten werden.
- Transparenz im Ausbildungsprozess sorgt für Vergleichbarkeit unter Studierenden.
- Universitäre Lehre ist weitgehend steuerfinanziert.

Wir haben definitiv genug Material, an Universitäten zu arbeiten. Also lassen Sie uns eine Evolution der Universität starten. Unsere Annahmen platzieren eine Universität an einen Ort, zu dem Studierende kommen, um zu lernen. Was, wenn es nicht einen Ort gibt, an dem eine Universität existiert, sondern sehr viele? Was, wenn ich meine Universität überall mit hinnehmen könnte? Was, wenn Studierende nicht zur Uni kämen, sondern die Uni zu ihnen?

Was, wenn nicht Dozenten unterrichten, sondern die Studierenden selbst? Was, wenn Dozenten nicht Inhalte ihres Faches unterrichten, sondern nur in der Praxis beobachtet werden? Was, wenn Ökonomie an einer Zentralbank und Jura in einer Anwaltskanzlei unterrichtet würden? Was, wenn Dozenten nicht bestimmten Fächern zugeordnet wären, sondern sich einer großen Herausforderung zuordnen würden? Was, wenn zum Beispiel ganz unterschiedliche Wissenschaftler sich dem Problem der Kinderarmut stellen würden und eine andere Gruppe würde Wasserknappheit bearbeiten?

Was, wenn Studiengänge nicht aus Modulen bestünden, sondern aus Fragestellungen, auf die Studierende Antworten finden müssen? Was, wenn es für ein Studium keine Abschlussprüfung mehr gäbe, sondern Einstiegsprüfungen in die anschließenden Berufe? Was, wenn Studierende selbst entscheiden könnten, wann sie so weit sind, die Uni zu verlassen oder in die Wissenschaft zu gehen? Was, wenn Studierende selbst entscheiden würden, bei wem sie was lernen wollen? Was, wenn wir uns nicht nur an einer Uni für ein Fach einschreiben könnten, sondern an vielen Universitäten zu verschiedenen Themen nach Antworten suchen könnten?

Und nun zu den heiklen Fragen des politischen Machtgefüges, in dem sich höhere Bildung in Deutschland befindet: Was, wenn Akkreditierung in der Hand der Studierenden läge? Was, wenn Organisationen und künftige Arbeitgeber über Studiengänge entscheiden würden? Was, wenn nicht Studierende untereinander vergleichen würden, sondern Dozenten? Was, wenn besonders gute Dozenten entscheiden dürften, welche Studierenden sie unterrichten wollen? Was, wenn Ausbildungserfolg nicht am Studierenden gemessen würde? Was sind überhaupt gute Kriterien für Ausbildungserfolg? Was, wenn Lehre sich rechnen müsste? Was, wenn Dozenten dafür bezahlen müssten, Einfluss durch Lehre auf zukünftige Studierende zu nehmen? Was, wenn Organisationen Dozenten schicken könnten, die bei Bedarf genau die Fähigkeiten vermitteln, die später gebraucht werden? Was, wenn Organisationen bezahlen müssten, um diese Form von Einflussnahme zu rechtfertigen?

Zuletzt für mich die einfache, aber streitbare Frage: Was, wenn jede Form von Standardisierung in Ausbildung, Prüfung und Akkreditierung der universitären Lehre einer sich immer weiter personalisierenden und individualisierten Welt nicht gerecht wird? Was, wenn Unis mit größtem Selbstbewusstsein in die falsche Richtung rennen?

Das Unbekannte, das Unvorstellbare und das Unwahrscheinliche

Wenn in einer chaotischen Welt unser Wissen nicht ausreicht, um zu erkennen, welche Ursache welche Konsequenzen nach sich zieht, wir aber davon ausgehen, dass es Ursachen und Konsequenzen gibt, dann haben wir es mit Unbekannten zu tun. Wir wissen also nicht genau, wie sich das Wirtschaftswachstum Chinas auf unseren Bedarf an Kriminalromanen auswirkt, aber wir können nicht ausschließen, dass es einen Zusammenhang gibt. Oder doch?

Und schon haben wir den Raum des Unbekannten verlassen und begeben uns in den Raum der unbekannten Unbekannten, also der Faktoren, die wir nicht nur nicht kennen, sondern von deren Existenz wir nicht einmal wissen. Unbekannte Unbekannte überraschen uns gerne, wenn wir sie nicht bedacht haben, sie aber plötzlich ihr Gesicht zeigen. So zum Beispiel, wenn wir einen Umsatzeinbruch in einer bestimmten Region nicht erklären können durch die Faktoren, die wir kennen.

Unvorstellbare Faktoren sind auch häufig unbekannte Unbekannte. Wenn wir also sagen würden, dass Chinas Wirtschaftswachstum nichts mit unserem Bedarf an Kriminalromanen zu tun hat, dann liegt das daran, dass wir uns nicht vorstellen können, wo da der Zusammenhang bestehen könnte. Gleichzeitig könnte es einen Zusammenhang geben, der in den Bereich unbekannte Unbekannte fällt. Immerhin zeigen einige Studien zu den Themen in Kinderbüchern, dass bestimmte Motive in diesen Büchern mit der Wirtschaftsleistung der Generation in späteren Jahren zusammenhängen. Zu weit hergeholt? Vielleicht. Unvorstellbar? Keineswegs.

Nun kommt es zu Verschiebungen in unserer Wahrnehmung, was diese Faktoren angeht. Wir verwechseln das Unbekannte mit dem Unvorstellbaren und das Unvorstellbare mit dem Unwahrscheinlichen. Dabei machen wir ganz systematische Fehler.

Wenn wir uns etwas nicht vorstellen können, schließen wir nahezu automatisch darauf, dass seine Existenz oder Realisierung unwahrscheinlich ist. Sobald wir die Vorstellbarkeit einer Zukunftsidee erhöhen, beispielsweise indem wir erklären, wie etwas möglich gemacht wird, steigt mit der Vorstellbarkeit auch die wahrgenommene Wahrscheinlichkeit für die Realisierung der Idee. Aber ist das gerechtfertigt? Wohl kaum.

Lisa führt ein Team von Produktmanagern und -strategen. Das Team ist an zwei unterschiedlichen Standorten verteilt, und Lisa will beide Teamteile über eine Produktneuheit informieren, gegen die es im Rest des Unternehmens viel Widerstand gibt. Das Produkt liegt vollkommen außerhalb des bisherigen Kerngeschäftes. Am Standort A trifft Lisa auf die Hälfte ihres Teams und erklärt in einer halben Stunde, warum das neue Produkt auf welche Weise und wie zum Erfolg werden soll. In aller Detailtiefe beantwortet sie Fragen zur Umsetzbarkeit und räumt Zweifel aus dem Weg. Danach fährt Lisa zu Standort B und trifft auf den Rest des Produktteams. Auch hier beginnt sie, die Vision des Produktes zu erklären, nach fünf Minuten jedoch wird sie aus dem Meeting geholt wegen einer Notfallsitzung der Entwicklungsabteilung. Sie kann also nicht in aller Tiefe und Breite erklären, wie das Produkt umgesetzt werden soll, bittet aber trotzdem um uneingeschränkte Unterstützung für das Produkt. Was wird passieren?

Am Standort A hat Lisa durch ihre Ausführungen die Vorstellbarkeit der Realisierung so erhöht, dass sich nun fast alle am Standort die Umsetzung vorstellen können. Am Standort B sind allerdings alle ratlos, wie das gehen soll. Sie können sich das schlicht nicht vorstellen. Woher wird die Unterstützung für das Projekt dann eher kommen? Standort A, denn durch die gestiegene Vorstellbarkeit ist auch die wahrgenommene Wahrscheinlichkeit für den Erfolg des Projektes gestiegen. Standort B glaubt nicht an den Erfolg des Projektes, weil die Teammitglieder dort sich die Realisierung nur schwer vorstellen können.

Als Fazit lassen sich zwei Schlüsse ziehen: Zum einen müssen wir, wenn wir Zukunftsideen vertreten und ganz generell andere von Plänen überzeugen wollen, für eine Steigerung der Vorstellbarkeit sorgen, denn mit ihr steigt auch die wahrgenommene Erfolgswahrscheinlichkeit. Zum anderen müssen wir uns selbst sehr genau beobachten. Wenn wir um Einschätzung und möglicherweise sogar Bewertung von Zukunftsideen gebeten werden, sollten wir sehr vorsichtig sein, das Unvorstellbare nicht mit dem Unwahrscheinlichen zu verwechseln. Die zwei Dimensionen sind schlicht unabhängig voneinander. Denn wenn wir ganz realistisch auf unser Beispiel schauen, warum sollte unsere Fähigkeit, uns etwas vorzustellen, mit der Umsetzbarkeit des Projektes zu tun haben. Wenn also Standort A an den Erfolg und Standort B nicht an den Erfolg glaubt, liegt das ja nicht an der tatsächlichen Umsetzbarkeit, genauso wenig stellt es einen zuverlässigen Indikator für die Annahme des Produktes durch den Markt dar. Der Unterschied ist alleine auf die Informationstiefe beim Individuum zurückzuführen – und die ist nur ganz indirekt hilfreich beim Bewerten der Produktidee.

Anders ausgedrückt: Was wir uns nicht vorstellen können, wird deswegen nicht weniger wahrscheinlich passieren. Genauso ist auch das, was wir uns gut vorstellen können, deswegen noch lange nicht wahrscheinlicher. Aber es ist der Grund, warum Menschen Lotto spielen. Es ist einfach, sich vorzustellen, der Gewinner einer Lotterie zu sein, denn die bekommen wir in Werbeanzeigen häufig präsentiert. Und genau das ist natürlich kein Zufall. Die Verfügbarkeit des Bildes eines Lottogewinners erhöht unsere Vorstellbarkeit und damit unsere subjekte Wahrscheinlichkeit, auch zu gewinnen. Dass unsere Wahrscheinlichkeit zu gewinnen absolut nichts mit unserer Vorstellungskraft zu tun hat, leuchtet wohl jedem ein. Und dennoch vertrauen wir bei Ideen, die wir uns nicht vorstellen können, darauf, dass diese auch nicht realisiert werden, obwohl auch hier die Wahrscheinlichkeit für die Realisierung so gut wie nichts mit unserer Vorstellungskraft zu tun hat. Aber es fühlt sich eben so an.

Selbst verschuldete Unmündigkeit ist es, in diesem Zustand zu verharren, sich nicht vorstellen zu können und deswegen nicht zu glauben. Diese Unmündigkeit ist selbst verschuldet, weil wir eigentlich genau wissen, dass wir keine guten Gründe haben, unserem Gefühl zu vertrauen, aber auch nicht den Mut aufbringen, unser eigenes Denken infrage zu stellen. Der Innovator und Vordenker des 21. Jahrhunderts wird sein eigenes Denken infrage stellen müssen, es dann auseinandernehmen und nach eigenen Maßstäben neu zusammensetzen.

Sapere Aude! Habe Mut, dich deines Verstandes ohne Hilfe eines anderen zu bedienen.

The manufacturer's authorised representative in the EU is Springer
Nature Customer Service Centre GmbH, Europaplatz 3, 69115 Heidelberg,
Germany. If you have any concerns regarding our products, please
contact ProductSafety@springernature.com

Printed and bound by CPI Group (UK) Ltd, Croydon, CR0 4YY
27/04/2026
02097656-0005